AF532714

Elmar Dod

—

Nihilismus in Aktion

Elmar Dod

Nihilismus in Aktion

Ein philosophischer Leitfaden

Königshausen & Neumann

Bibliografische Information der Deutschen Nationalbibliothek
Die Deutsche Nationalbibliothek verzeichnet diese Publikation in der Deutschen Nationalbibliografie; detaillierte bibliografische Daten sind im Internet über
http://dnb.d-nb.de abrufbar.

Gedruckt auf säurefreiem, alterungsbeständigem Papier
Umschlag: skh-softics / coverart
Umschlagabbildung: Entwurf des Autors. Copyright beim Verlag.

Printed in Europe

ISBN 978-3-8260-7418-9

www.koenigshausen-neumann.de
www.ebook.de
www.buchhandel.de
www.buchkatalog.de

Inhaltsverzeichnis

Kapitel 1
Einführung

Was dieser Leitfaden will

„NIHILISMUS IN AKTION – *Ein philosophischer Leitfaden*" will in eigenständigen Kapiteln in essayistischer Form die „Philosophie des aufgeklärten Nihilismus" ergänzen und fortsetzen, wie sie in zwei Bänden bereits vorliegt und Nietzsches bekannte Metapher im Titel jeweils aufgreift: „Der unheimlichste Gast" und der „Unheimlichste Gast wird heimisch". (1)

So hilfreich die Kenntnis dieser Studien als einer philosophischen Grundlegung des aufgeklärten Nihilismus sein dürfte, ist der vorliegende Band „Nihilismus in Aktion" auch ohne solche Vorkenntnis aus sich heraus durchweg verständlich, nicht nur weil durch Rückgriffe immer wieder verdeutlicht wird, was aufgeklärter Nihilismus bedeutet, sondern weil wir ohnehin diesen „unheimlichsten Gast" kennen, er bereits in unserem Haus „heimisch" geworden ist, auch wenn wir ihn verleugnen wie das schwarze Schaf der Familie, das wir aus unseren Gedanken gerne verdrängen und unserem Haushalt ganz vertreiben möchten.

Nihilismus ist zu einem Schmäh- und Schimpfwort geworden, obwohl Nietzsche, der diesen Begriff als erster im Sinne einer umfassenden Kulturkritik verwendete, bereits überzeugend dargelegt hat, dass *„die Heraufkunft des Nihilismus"*, die er so scharfsinnig diagnostizierte, ein neues Zeitalter begründen werde. (2) Alle Anzeichen sprechen dafür – und die genannten philosophischen Studien versuchen dies zu belegen, dass wir uns mitten in diesem Zeitalter des Nihilismus befinden. Vielfältig sind allerdings die Gründe, weshalb wir vor dieser Tatsache die Augen verschließen wollen. Philosophiegeschichtlich wird die Abweisung des Nichts als Horror Vacui mit Aristoteles verbunden, einer Diskreditierung, die sich über Parmenides bis hin zu Hegel und Heidegger, die den Seinsbegriff gegen das Nichts ausspielten, in der westlichen Geistesgeschichte fortsetzte. Dass wir dabei allerdings auf keine anthropologische Konstante stoßen, zeigt ein Blick auf die östliche Philosophiegeschichte, in der die Begriffe Nichts, Leere und Nirwana positive Konnotationen als Orte des Heils immer schon gehabt haben. (3) Hinzu kommt eine in der Moderne verstärkte Fortschritts- und Wissenschaftsgläubigkeit, in der man sich an Positivitäten klammert, die im Nichts zu verschwinden drohen. Zumal Nietzsches schonungslose Analyse deutlich machte, wie es mit unseren Behauptungen von Wahrheit und Moral letztlich „nichts" ist, wie auch wir selbst ein Nichts sind, sodass der Nihilismus nach all den anderen Kränkungen unseres Selbstgefühls – der Wende zum kopernikanischen Weltbild, in dem unsere Erde ihre Mittelstellung verloren hat, dem Darwinismus mit seinem Verzicht auf eine Sonderstellung unserer Spezies, der freudschen These von der Macht des Unbewussten, über das wir nicht Herr in unserem Hause sind – die ultimative Kränkung unseres Narzissmus darstellt: Wir wollen trotz allem „Etwas" und kein „Nichts" sein, etwas haben, uns an etwas festhalten, etwas Positives im aufwertenden Sinne darstellen. „Es geht mir gut" ist unsere reflexartige Antwort auf die bekannte Frage nach unserem Befinden geworden.

Diesem Reflex entspricht das Bemühen, den Nihilismus, wenn er überhaupt zur Sprache gebracht wird, denn auch gleich überwinden zu wollen. Schon Nietzsche verstand sich nicht nur als Philosoph des Nihilismus, sondern zugleich als dessen Überwinder, „der erste vollkommene Nihilist Europas, der aber den Nihilismus selbst schon zu Ende gelebt hat, – der ihn hinter sich, unter sich, außer sich hat". (4) Doch Nietzsche verfing sich in der Ersatzreligion des „Willens zur Macht", die schließlich als prekärer Ersatz für die von ihm so scharfsinnig destruierten metaphysischen Ideologien fungierte. Bis heute geraten die sogenannten Überwindungen des Nihilismus zumeist zu fadenscheinigen moralischen Aufrüstungskampagnen: „Überwindungen des Nihilismus ... sind allemal schlimmer als das Überwundene ... Der Gedanke hat seine Ehre daran, zu verteidigen, was Nihilismus gescholten wird." (5)

Wir werden in unserem nihilistischen Zeitalter den Nihilismus aushalten und ihm standhalten müssen, bis ins Wort hinein ihn beim Namen nennen und ernst nehmen müssen, ohne gleich nach fadenscheinigen Überwindungen zu schielen. In diesem Sinne spreche ich von einem aufgeklärten Nihilismus, der von sich weiß und sich selbst reflektiert. Er bleibt ein defizitärer Status und eignet sich nicht als Wellness-Philosophie oder Sprungbrett für billigen Optimismus. Zur Vermarktung, die sich auf etwas Positives stützen will, taugt er kaum, auch nicht für Wahlplakate, wenngleich er eine hilfreiche, kaum im Mainstream akzeptierte kritische Grundlage für politische Aktivitäten schafft. Denn der aufgeklärte Nihilismus hat die Qualität an sich, dass er mit der Vorstellung von Ehrlichkeit unsere „Zeit in Gedanken erfasst" und sich ihrem Problem des umfassenden Wahrheitsverlustes mit philosophischer Gründlichkeit stellt. (6) Damit gehe ich mit Nietzsche über Nietzsche hinaus, versuche auf seiner Konzeption des Nihilismus aufbauend diesen weiterzudenken und zu bewältigen, ohne ihn vordergründig überwinden zu wollen. Zu lange hat sich die Nietzsche-Rezeption mit der Frage herumgeplagt, was Nietzsche „eigentlich" sagen wollte, welchen Schwerpunkt seine Philosophie „wirklich" setzt, welches Denkmotiv das „Zentrum" seines Denkens sei. Unsere philosophische Beschäftigung ist nicht nur in diesem Fall zu personenorientiert und zu wenig problemorientiert. Dabei gilt es doch Nietzsches eigene Aufforderung aus Zarathustras Munde zu beherzigen, Nietzsches vorgezogene Absage an den Nietzsche – Kult: „Wahrlich, ich rate euch: geht fort von mir und wehrt euch gegen Zarathustra! ... Man vergilt einem Lehrer schlecht, wenn man immer nur der Schüler bleibt ... Nun heiße ich euch, mich verlieren und euch finden; und erst, wenn ihr mich Alle verleugnet habt, will ich euch wiederkehren." (7)

Nietzsche selbst hat mit seiner Ausdifferenzierung von passivem und aktivem Nihilismus den entscheidenden Hinweis gegeben, wie die Akzeptanz des Nihilismus mit einer lebenserhaltenden und lebensfördernden Haltung verbunden werden könne, sodass sie gar zur „*höchsten Mächtigkeit* des Geistes, des überreichsten Lebens" führt:

> Nihilism als *Niedergang und Rückgang der Macht des Geistes:* der passive Nihilism: als ein Zeichen von Schwäche: die Kraft des Geistes kann ermüdet, *erschöpft* sein, sodass die *bisherigen* Ziele und Werte ... keinen Glauben mehr finden –
> Nihilism als Zeichen der *gesteigerten Macht des Geistes:* als *activer Nihilism.* Er kann ein Zeichen von *Stärke* sein: ... (8)

Es wird deutlich, wie die Verengung zum passiven Nihilismus unser Denken immer noch prägt und die Grundlage für die Diskreditierung des Begriffes bildet: Nihilismus wird mit Kraftlosigkeit, dem Unvermögen lebensdienliche Werte zu setzen, Depression und Lebensverneinung gleichgesetzt. Er wurde zur Philosophie der bloßen Negation, zum „Neinismus", und konnte in solcher Verkürzung als Schreckgespenst der Philosophen dienen: „Nihilism is a fundamental danger of human existence" (9)

Philosophie aber hat die Aufgabe, die volle Bandbreite von Begriffen wiederherzustellen. Und für unsere Konzeption eines aufgeklärten Nihilismus ist der aktive Nihilismus ein unverzichtbarer Bestandteil. Er akzeptiert den Verlust an Wahrheit, sodass wir aus dieser Leere heraus und erst nach dem Durchgang durch diese die aktive Kraft entwickeln, selbst unsere Orientierungspunkte in Freiheit zu erschaffen: „Wir haben die Kunst, damit wir nicht an der Wahrheit zu Grunde gehn". (10) Das diesem Schaffen zu Grunde liegende Vermögen – noch vor aller Kunstproduktion im engeren Sinne – ist die Einbildungskraft, auch wenn Nietzsche selbst diesen Begriff kaum diskutiert hat. Doch schon im Erkennen ist, wie Nietzsches bahnbrechender Aufsatz „Über Wahrheit und Lüge im außermoralischen Sinne" (1883) unmissverständlich darlegt, dieses subjektiv schaffende Vermögen maßgebend, sodass zu Recht von einer Ästhetisierung der Erkenntnistheorie gesprochen worden ist. (11)

Mit der unausgesprochenen Fokussierung auf die Einbildungskraft begibt sich Nietzsche in eine Tradition, die in der Imaginationsbewegung der Romantik einen Höhepunkt erreichte. (12) Hier wurde sie nach einem jahrhundertelangen Misstrauen, das bis auf Platon zurückgeht, zu der zentralen menschlichen Kraft, die der in der Aufklärung blockierten Vernunft neue Impulse geben sollte. Eine Vernünftigkeit der Imagination wurde konzipiert, welche eine in bloßem Rationalismus befangene Aufklärung aus ihrer Verengung herausführen sollte. An solche Gedanken kann der aktive Nihilismus anknüpfen. Dabei verwendet die Philosophie des aufgeklärten Nihilismus die Begriffe Einbildungskraft, Imagination, Phantasie oder Vorstellungsvermögen als Synonyma, da keine durchgehenden Bedeutungsdifferenzen feststellbar sind und sich diese erst aus dem jeweiligen Kontext heraus ergeben. (13)

Die poietische bzw. hervorbringende Einbildungskraft schafft im Sinne des aktiven Nihilismus nicht „die" Wahrheit, sondern ihre flüchtigen Produktionen können nur vorübergehende Evidenzen entfalten, die sich wieder in das Nichts auflösen, aus dem sie kamen. Ich verwende das Wort Evidenz in seiner ursprünglichen Bedeutung von lat. evidere: Etwas scheint hervor, leuchtet uns ein, ohne dass hier – anders als in der englischen Bedeutungsentwicklung zu „evidence“ – ein allgemeiner Beweisbzw. Wahrheitsanspruch formuliert wäre. So bleibt der Begriff des Nihilismus in seiner vollen Bedeutung gegenwärtig und ermöglicht doch lebenserhaltende, lebensdienliche und lebenssteigernde Vorstellungen. Wahrheit und Metaphysik bleiben dabei notwendige Begriffe, die nicht verabschiedet werden, sondern in ihrer negativen Funktion gerade die eminent wichtige philosophische Funktion erfüllen, positive Wahrheitsbehauptungen zurückzuweisen. Von der endgültigen positiven Wahrheit müssen wir uns verabschieden, aber dazu brauchen wir per negationem den Begriff von Wahrheit. Dieser erkenntnistheoretische Prozess ist im deutschen Idealismus und Kants Philosophie bereits angelegt, die sich gegen ihre nihilistischen Konsequenzen, wie sie beispielsweise Jacobi klarsichtig gesehen hat, allerdings wehrte. Kants Vernunftideen entpuppen sich als Anschauungen der Einbildungskraft: Sie sind das Einfallstor des Nihilismus in Kants kritische Transzendentalphilosophie geworden. (14)

Nachdem solche Entwicklungen in den vorangegangenen Studien analysiert worden sind, geht es in dem vorliegenden Band vorwiegend um praktische Konsequenzen: einen Nihilismus in Aktion, einen philosophischen Leitfaden, aber keine Art des Ratgebers, wie sie unsere Buchauslagen in der Regel präsentieren. Solche Ratgeber verstärken in Ermangelung einer philosophischen Basis nur die Orientierungslosigkeit, aus der sie befreien wollen; sie vermeiden die Diagnose des nihilistischen Zeitalters und berufen sich auf Positivitäten, die längst fragwürdig geworden sind. Doch nur durch eine schonungslose Diagnose in Nietzsches Manier kann eine tragfähige Therapie eingeleitet werden. Dabei stellt sich die Frage, ob eine solche Therapie auf eine fragwürdig erscheinende Überwindung des Nihilismus abzielen oder nicht besser innerhalb des Nihilismus verbleiben sollte, um ihm standzuhalten, ihn auszuhalten und seine oft noch verborgenen Potentiale zu entfalten.

Nietzsches Konzeptionen des „Übermenschen“, der „ewigen Wiederkunft“ und einer neuen Metaphysik des „Willens zur Macht“, eine Therapie, die einer angeblichen Überwindung des Nihilismus dienen soll, weist uns meines Erachtens, insbesondere nach den Erfahrungen des 20. Jahrhunderts, keinen überzeugenden Weg, so triftig Nietzsches Diagnose des nihilistischen Zeitalters geblieben ist. Wenn wir dem Nihilismus standhalten und ihn mit einem lebenswerten Leben verbinden wollen, bedarf es zumindest einer breiteren Palette an Lösungswegen. Den passiven Nihilismus haben wir oft schmerzlich erfahren müssen, aber die Möglichkeiten an der Schwelle zu einem aktiven Nihilismus, der uns nicht nur von den großen, sondern ebenso den kleinen Alltagsideologien befreien könnte, haben wir noch längst nicht ausgelotet. Dazu bieten die in diesem Band versammelten Kapitel Leitfäden, die an zentralen Themen aufzeigen, wie wir unsere existenzielle Situation in Akzeptanz des Nihilismus bewältigen können, sogar mit ungeahnt reichhaltigeren Möglichkeiten für eine ideologiefreie Lebenspraxis als je zuvor: Im Schlusskapitel kann ein Leitfaden in 50 Imperativen als Angebote für den aktiven Nihilisten aufgezeigt werden. Die Kapitel davor folgen in lockerer Reihenfolge den bekannten Grundfragen der Philosophie, wie sie Kant formuliert hat und wie sie sich als geeignetes Ordnungsprinzip erwiesen haben: Was kann ich wissen? Was soll ich tun? Was darf ich hoffen? Und zusammenfassend: Was ist der Mensch? Somit folgen nach Kapiteln zur Erkenntnistheorie solche zur Ethik, zur Sprache und unseren teleologischen Hoffnungen in Geschichte, Politik und Ökonomie, wobei die Fragen der philosophischen Anthropologie nach den Menschenbildern in Bezug auf unseren Willen zur Macht immer mitschwingen. Die traditionell als die höchsten eingestuften Bereiche von Kunst und Philosophie werden gegen Ende dieses Buches eigens thematisiert, das doch gemäß seinem Titel und seiner Themenstellung die praktischen Konsequenzen eines wohlverstandenen Nihilismus an den Schluss stellt.

Die Fäden der Kapitel legen sich aneinander zu einem Leitfaden, insofern die unser Leben gestaltende Einbildungskraft immer wieder ihre zielführende Rolle beweist, obwohl sie keineswegs ein Allheilmittel und selbst mannigfachen Gefahren ausgesetzt ist. Denn die Janusköpfigkeit des Nihilismus tritt allerorts zu Tage. Dies verdeutlicht auch die epische Entsprechung zur Philosophie des aufgeklärten Nihilismus in der Romantrilogie „Bunte Schleier des Nichts“, in deren letztem Band der Protagonist – auf der Schwelle vom passiven zum aktiven Nihilismus stehend – das Problem umreißt, zu dem der philosophische Leitfaden des hier vorliegenden Bandes Lösungswege eröffnen möchte:

> Orientierungslosigkeit, Vergeblichkeit, Verzweiflung, Langeweile, Depression – ein Fegefeuer ist dieser Nihi-

> lismus! Aber wofür werden wir bestraft und wozu leiden wir? Wovon und wozu werden wir gereinigt? Gehen wir neuen Himmeln oder Höllen entgegen? Woran werden wir einst glauben können? Was werden uns unsere Einbildungen vorzaubern, sodass wir uns, wenn wir nur könnten, nach diesem Fegefeuer des Nihilismus zurücksehnen würden, das uns immerhin eine leere, beliebige, absurde Freiheit schenkte? (15)

Vielleicht wollen wir gerne Nihilisten bleiben …

Feuerfunken
Cover des 3. Bandes der Romantrilogie
Bunte Schleier des Nichts

Anmerkungen

1) *Der unheimlichste Gast. Die Philosophie des Nihilismus.* Marburg 2013. Sigle PDN 1. – *Der unheimlichste Gast wird heimisch. Die Philosophie des Nihilismus – Evidenzen der Einbildungskraft.* Baden – Baden 2019. Sigle PDN 2. Um die Anmerkungen am Ende jeden Kapitels zu entlasten, wird nur an wichtigen Stellen auf diese Studien zur „Philosophie des aufgeklärten Nihilismus" mit der jeweiligen Sigle hingewiesen. Literaturnachweise erfolgen am Ende jeden Kapitels nach Autor und Erscheinungsjahr bzw. mit Sigle, bei Werkausgaben nach Band (in römischen Zahlen nach „Werke") u. Seitenzahl; alle übrigen Angaben finden sich unter den Literaturhinweisen.
2) KSA XIII, S. 189 f. (Hervorhebung von Nietzsche) Für ihn ist dieses neue Zeitalter, dessen Charakter sich aus der Selbstzersetzung eines positiven Wahrheitsbegriffes im Fortgang unseres Wahrheitsstrebens ergibt, immer schon keimhaft angelegt gewesen, „weil der Nihilismus die zu Ende gedachte Logik unserer großen Werte und Ideale ist, – "(Ebd.)
3) Zu diesen philosophiegeschichtlichen Voraussetzungen und Heideggers Vermeidungsstrategien gegenüber dem Nihilismus s. den *Grundriss einer Philosophie des nihilistischen Zeitalters* PDN 2, Abschnitt 1. – Zu Heideggers Seinsbegriff vgl. Hübner 2007, S. 30: „Spitzt man die Dinge, über die Seienden hinausgehend, philosophisch zu, dann bleibt Heidegger in der Tat nur das Sein – oder das Nichts. Das Nichts der existentiellen, nihilistischen Langeweile ... Solange er sich denkend um die Wahrheit des Seins sorgte, so lange befand er sich auf der existentiellen Flucht vor dem Nichts." Hübner stellt – auch anhand biografischer Begründungen – überzeugend dar, wie Heideggers Seinsphilosophie in einen grandiosen (Selbst-) Betrug mündet, der „das Sein des Seins" (das „Seyn") aufbläht, um eine Auseinandersetzung mit dem Nichts zu umgehen. Dieser Argumentation folgend ist Heideggers Seinsphilosophie eine ungewollte Vorbereitung für die Philosophie des aufgeklärten Nihilismus.
4) KSA XIII, S. 190. Duhamels These (2006, S. 18 f.) ist folglich falsch, dass der Ausdruck „Überwindung des Nihilismus" bei Nietzsche nicht vorkomme und erst von Heidegger ins Spiel gebracht worden sei.
5) W. Adorno: *Negative Dialektik.* FFM 1966, S. 371 f.
6) Gemäß Hegels Forderung in Werke VII (*Grundlinien der Philosophie des Rechts. Vorrede*), S. 26
7) KSA IV, S. 101. – Um ein äußeres Zeichen für die Problemorientierung zu setzen, habe ich auf einen Personenindex zugunsten eines Sachindex verzichtet.
8) KSA XII, S. 353 u. 350 f. Nietzsche nennt zuerst den aktiven Nihilismus, den er betonen will. Gemäß meines Argumentationsganges habe ich die Reihenfolge umgestellt. Duhamel differenziert den

passiven in einen anfänglichen und einen radikalen Nihilismus, der sich der Sinnentleerung voll bewusst wird, sodass dann der *„dritte Nihilismus"* als „starker, aktiver oder extremster Nihilismus" auftaucht (2006, S. 13 – 19). Ich werde im Folgenden an Nietzsches grundsätzlicher Zweiteilung festhalten. Einen guten Überblick über die Erscheinungsformen und historischen Entwicklungsstufen des Nihilismus gibt Rauschning: *Masken und Metamorphosen des Nihilismus* (1954).

9) Aus der unübersehbaren Fülle der Beispiele sei erwähnt: Rosen 1969, S. 196. – Friedrich Lebrecht Goetz verwendete 1733 das Wort „Neinismus" als literarischen Terminus für den Nihilismus, der allerdings das Negieren wiederum negiert bzw. „zernichtet". Es ist folglich das Wechselspiel von Position und Negation, das den Nihilismus ausmacht, sein Schwebezustand, wie Müller-Lauter überzeugend dargelegt hat (in Arendt 1974). Aber selbst auf diesen Schwebezustand ist der über sich aufgeklärte Nihilismus nicht festgelegt, sondern kann durchaus zu Positionen von einiger Festigkeit und Dauer gelangen. An diesem Punkt muss auf die Rolle der ponierenden, d.h. festsetzenden Einbildungskraft reflektiert werden, die solche Positionen hervorbringt, ohne deren subjektiven Charakter letztlich zu transzendieren.

10) KSA XIII, S. 500

11) PDN 2, S. 151

12) Hierzu die Studie: *Die Vernünftigkeit der Imagination in Aufklärung und Romantik.* Bes. Kap.: *Romantik als Imaginationsbewegung.* DVI, S. 233 – 255

13) Zu den Synonyma von „Einbildungskraft" s. PDN 2, §18 *Spielregeln der Arbeit an Begriffsdomen*

14) Zu dieser Genese des Nihilismus PDN 2, bes. § 67 *Das Einfallstor des Nihilismus in Kants System*

15) Die Romantrilogie *Bunte Schleier des Nichts* besteht aus den Bänden *Nachtfahrt* (2006, Sigle NF), *Tag der Erleuchtung* (2007, Sigle TDE) und *Feuerfunken* (2009, Sigle FF). Das hier verwendete Zitat stammt aus dem dritten Band (S. 34).

Kapitel 2
Ich bin Nihilist!

Bekenntnis zu einem Schmähwort

Als ich einen Vortrag über Nihilismus vorbereitete, gab mir der Veranstalter zu bedenken, dass im Titel in jedem Fall ein berühmter Name auftauchen müsse: „Die Leute wollen sich an Namen orientieren! Bekannte Namen sind wie Straßenschilder!" Und da nahm ich gerne Nietzsche in den Titel auf und kündigte die Veranstaltung an: „Nihilismus nach Nietzsche". Aber das war dem erfahrenen Veranstalter zu vage, zumal das Wörtchen „nach" eine irritierende Doppeldeutigkeit besitze. „Die Leute wollen doch auch einen Weg sehen, der ihnen gewiesen wird, etwas Positives aus dem Vortrag mitnehmen." Da war es also wieder: „Und wo bleibt das Positive, Herr Kästner?" Oder Herr Dod, Herr etc.? (1) Ich kündigte den Vortrag nach einigem Hin und Her schließlich mit der Frage an: „Ist Nietzsches Nihilismus noch aktuell?" Immerhin konnte ich die Frage verneinen und Gründe für unsere heutige Überwindung des Nihilismus angeben, wie der Programmgestalter hoffte. Vergeblich allerdings; freilich musste er diese Enttäuschung nicht miterleben, denn während meines Vortrages hatte er Wichtigeres zu tun. Ich entwickelte und begründete also ohne sein Beisein vor einem erfreulich gemischten Publikum meine These, dass wir noch immer in dem von Nietzsche prognostizierten Zeitalter des Nihilismus leben und uns nicht – wie Nietzsche selbst in seiner Metaphysik des Willens zur Macht, des Übermenschen und der ewigen Wiederkehr – in voreilige und unzureichende „Überwindungen" stürzen sollten: Wir müssen den Nihilismus aushalten, ihm standhalten, mit ihm zu leben versuchen; wir müssen – um Nietzsches Metapher zu verwenden – diesen unheimlichsten aller Gäste empfangen und in unserem Haus heimisch werden lassen. So eröffnen sich, mit diesen Gedanken beendete ich meinen Vortrag, sogar ungeahnte Möglichkeiten der Befreiung, die in dem „Nihil", dem Nichts des Nihilismus auf den ersten Blick verborgen liegen.

Trotz dieser auf Umwegen doch noch positiv klingenden Abschlussbilanz trat nach dem Vortrag ein mir bekannter emeritierter Professor der Didaktik der Philosophie an mich heran und fragte mich in leisem Ton: Sind Sie persönlich denn Nihilist? Angesichts seiner besorgten Miene hielt ich den Zeitpunkt geradliniger Ehrlichkeit nicht für gekommen und antwortete diplomatisch: „Ich vertrete in meinem Nietzsche-Buch einen umfassenden Skeptizismus in sokratischer Tradition". Da hellte sich die Miene des Professors deutlich auf, der Bildungsbürger in ihm war's zufrieden und ging nach einigen anerkennenden Worten über meinen Vortrag eilig zu einer der Gesprächsgruppen hinüber, die sich am Getränkebüfett gebildet hatten. Als ich später als er dort angelangte, hörte ich das Wort Nihilismus heraus, das gerade mit meinem Roman „Tag der Erleuchtung" in Verbindung gebracht wurde: „Terroristen wie Osama und sein Bruder Amaso sind doch nichts anderes als Nihilisten", sagte eine ältere Dame und fügte nun mit Blick auf mich hinzu: „Meinen Sie nicht, dass Sie diesen Zusammenhang etwas verharmlosen?" Und ihr Begleiter flankierte ihre rhetorische Frage mit einer deutlicheren Attacke: „Ich denke, Sie haben in ‚Tag der Erleuchtung' selbst das beste Beispiel für die Gefahr des Nihilismus gegeben!" Da versuchte ich geduldig meine These zu vertreten, dass diese terroristischen „Nihilisten" im Roman gerade dem Irrtum verfallen seien, sie hätten den Nihilismus überwunden. Stattdessen hätten sie die Sinnleere mit dogmatischen Ideologien aufgefüllt, um so ihrem Horror Vacui zu entgehen. Der Protagonist Osama sei wie der reale Osama in Afghanistan gerade kein Nihilist, sondern ein Idealist – mit wie auch immer inakzeptablen, menschenverachtenden, pervertierten Ideen. Erst wenn sich solche sogenannten „Nihilisten" dem Nihilismus wirklich öffneten und ihre Ideologien als Einbildungen entlarvten, könnten sie dem Terrorismus absagen. Dazu müssten sie erst wirklich Nihilisten werden – und gerade der Protagonist Osama sei am Romanende auf dem besten Wege dazu. „Er erkennt, dass seine Ideen keine Wahrheit an sich haben, und versucht doch deshalb, die Katastrophe des Raketenangriffs auf das Atomkraftwerk zu verhindern!" Auch andere in der Gesprächsgruppe hörten inzwischen zu, auch wenn sie nur einen Teil meiner kleinen Rede mitbekommen hatten, bildeten dann weitere Gruppen, die fortfuhren, über die Gefahren des Nihilismus zu reden, als sei ich nicht mehr anwesend, von einer ansteckenden Krankheit befallen, von der man sich fernhalten müsse. Aber vielleicht war ich bei diesem Thema zu empfindlich geworden, sah diese bekannten Reaktionen bereits in einem Vergrößerungsglas. Ich kehrte zurück zu meinem Vortragspult, um den Laptop mit der Power Point Präsentation herunterzufahren.

Während der gewohnten Handgriffe blieb ich wieder einmal allein mit meiner Frage: Was an dem Wort Nihilismus und der Rede von Nihilisten ist denn eigentlich so verstörend? Weshalb wird jemand, der sich zu diesem Wort bekennt, es gar nur gebraucht, geschnitten, gemieden, geschmäht und stigmatisiert? Dabei haben doch die meisten unter uns zumindest Sinnkrisen erlebt, Erfahrungen von Sinnlosigkeit und Hohlheit in unserem Leben, den Abgrund des Nihil vor sich gesehen. Wir folgen hier offenbar einer reflexhaften Abwehr gegenüber einer Gefahr, die wir sehr wohl kennen, der wir ausweichen und der wir nicht bewusst entgegentreten wollen. Verstärkt wird dieser Reflex durch eine Gesellschaft, die den Wert des Habens über alles stellt. Wir wollen und müssen „etwas" vorweisen, „jemand" sein bzw. darstellen. Wir treten dem Anderen gegenüber mit der Fragehaltung: Was bist du, was kannst du, was hast du? Die Antwort: „Nichts" wäre hier die Selbstbestätigung der Ausgrenzung aus der ordentlichen Gesellschaft, die Ächtung. „Nichts" ist hier keine negative quantitative Angabe, sondern eine qualitative moralische Abwertung: Der Nihilist hat es nicht geschafft ein ordentlicher Bürger zu werden, der „etwas" darstellt, es zu „etwas" gebracht hat. Denn er hat auch keine Moral, keinen Anstand, keinen Halt. In solcher Haltlosigkeit ist er eine Gefahr – weniger für sich selbst, denn auf ihn könnte man gerne verzichten, sondern für die Gesellschaft, die er mit seinem Virus des Nihil infizieren könnte. Die philosophische Vorstellung des Horror Vacui, die auf Aristoteles zurückgeht, ist demgegenüber noch eine harmlose, physikalisch deskriptive Analyse. Dem Nihilisten als einem gesellschaftlichen Virus aber muss eine Kampfansage gelten. Ihn gilt es im Interesse aller anständigen Bürger auszumerzen, zumindest indem man ihn zunächst als politisch und philosophisch inkorrekt in die Quarantäne schickt. Ein amerikanischer Philosophieprofessor einer Elite-Universität fasst umissverständlich zusammen: „Nihilism, to repeat, is a perennial human danger … perennial pestilence". (2)

Da wirkt der Sprung in die Zahlenwelt der Mathematik zum Nichts als der Null wohltuend sachlich. Freilich entwickelt diese Null eine umfassende „Vernichtungskraft", insofern alle Produkte mit ihr im Nichts der Null enden, wenn auch der jeweilige numerische Wert nach dem „annihilierenden" Vorzeichen erhalten bleibt. Nullstellen von Funktionen zu errechnen ist „etwas" wert und liefert Aufschlüsse über ihre grundlegende Systematik.

Auch in der Physik ist das Nichts, wenn wir es mit dem Vakuum gleichsetzen, „etwas“, insofern hier Kräfte der Vakuumfluktuation wirken und im Haushalt, wie wir wissen, ein Sog von unserem „Vacuum cleaner“ beim Staubsaugen ausgeht, obwohl dem „absoluten“ Vakuum wohl keine reale physikalische Existenz zukommt, es aber als hilfreiche Arbeitshypothese dient. In der extraterrestrischen Physik kommen die unheimlich, aber auch faszinierend wirkenden „schwarzen Löcher“ unserer Vorstellung vom Nichts am weitesten entgegen, auch wenn Sogwirkungen und Massenbewegungen hinter einem ins Nichts führenden „Erlebnisrand“ feststellbar sind. Vor diesem Hintergrund wird die Besonderheit der philosophischen Rede vom Nichts deutlich: Sie meint keine Nichtvorhandenheit an Gegenständlichkeit im Sinne des kantischen nihil privativum (3), sondern das Fehlen an Bedeutung und Sinn auf der phänomenologischen Ebene: Dinge sind zwar da, aber ohne unser Bedürfnis nach Sinn zu erfüllen – in der ursprünglichen Bedeutung von Richtung (vgl. den „Uhrzeiger*sinn*“). Die Gegenständlichkeit erscheint nicht sinnvoll auf ein Ziel hin geordnet, insofern die Dinge gleich – gültige Adiaphora sind. (4) Damit ergibt sich als Grundstruktur des nihilistischen Zeitalters die Addition, das unverbundene, „sinnleere“ und für unser Sinnbedürfnis sinnwidrige Nebeneinander der Dinge. Wir wissen nicht, „was die Welt im Innersten zusammenhält (...)“ (5) Der platte Vorwurf gegenüber dem Nihilisten, es sei doch offensichtlich etwas da und er brauche nur die Augen aufzumachen, statt über das Nichts nachzudenken, zielt also in eine ganz unangemessene Richtung.

Die moralische Diffamierung des Nihilisten hat diesen Bezug zu Sinnzuweisungen in pervertierter Form begriffen: Der Nihilist hat keinen Halt, keine Orientierung, hat es nicht geschafft, einen Sinn zu finden, wie dies natürlich seinen Kritikern dank ihrer überlegenen Geistesgaben und Lebensführung gelungen ist. „Wie geht es Ihnen?“ „Es geht mir gut“ – diese Phraseologie zeigt uns täglich, wie wir an das Positive angepasst worden sind. Schon lange habe ich mir angewöhnt, wenigstens die Relativierung hinzuzufügen: „Aber es könnte noch besser gehen.“ Wir führen anderen eine Postkartenexistenz vor, die so schön sein muss, wie der Urlaub, der natürlich ein gelungener war, oder das Weihnachtsfest, das selbstverständlich harmonisch gefeiert wurde. Demgegenüber entwickelt der Nihilist eine Ehrlichkeit, eine Wahrheitsliebe, die zunächst paradox erscheint, denn er ist es doch, der Wahrheitsbehauptungen relativiert, ablehnt, ihnen zumindest mit Skepsis begegnet. Dieses nihilistische Paradoxon ist bei genauerem Verständnis dessen, was Nihilismus meint, auflösbar: Wahrheitsbehauptungen können nur dann relativiert oder negiert werden, wenn ein negativer Wahrheitsbegriff im Spiel ist. Der Nihilist verneint zwar die Möglichkeit, eine vollgültige, positive Wahrheit zu finden, kann dies aber nur tun, wenn per negationem an der Vorstellung von Wahrheit festgehalten wird. Nietzsche, der moderne Begründer des Nihilismus, ist gleich auch das Paradebeispiel für dieses nihilistische Paradoxon gewesen: Seine Absage an die erkenntnistheoretischen und moralischen „Wahrheiten" der Tradition paarte sich mit einer radikalen Wahrheitsliebe, deren Ehrlichkeit zu der schonungslosen Destruktion des traditionellen Wahrheitsbegriffes und einer vernichtenden Genealogie der abendländischen Moral führte.

Das „Totschlagargument" gegen die Philosophie des aufgeklärten Nihilismus, sie habe doch auch eine Wahrheit, wenn auch negative gefunden und dogmatisch vorausgesetzt, verkennt somit, dass das nihilistische Paradoxon ein nur scheinbarer Widerspruch ist. Solcher Missbrauch dialektischen Denkens vermengt in sophistischer Spitzfindigkeit die Ebene positiver Wahrheitsbehauptung mit der Negation der Möglichkeit endgültiger Wahrheitsfindung, von der auch die letztlich subjektiven Evidenzen der Einbildungskraft hinreichend differenziert werden.

„Sind Sie etwa Nihilist?" „Ja, denn ich bin ein ehrlicher Mensch." Dies wäre ein Schlagabtausch, der das nihilistische Paradoxon auflöst und ein kämpferisches Bekenntnis all denen entgegensetzt, welche das Schmähwort zur Ausgrenzung verwenden wollen. Zu diesem Bekenntnis gehört auch die Insistenz darauf, dass auch der Nihilist zu Erkenntnissen und moralischen Urteilen fähig ist, allerdings nicht im Sinne von endgültigen Wahrheiten, sondern – in ihrem Geltungsbereich begrenzten – positiven Aussagen und Urteilen, die aber letztlich in dem Nichts verschwinden können, dem sie entstammen. Der Begriff des passiven Nihilismus ist in dieser Hinsicht um den aktiven Nihilismus in Nietzsches Sinne zu erweitern. Gerade die Verkürzung zum passiven Nihilismus schafft die Basis für die Verwendung als eines diskreditierenden Schmähbegriffes. Deshalb bekennt der Autor dieses Buches unumwunden: Ja – ich bin Nihilist und möchte dies in diesem philosophischen Leitfaden begründen. Denn ich möchte ehrlich mit dem Begriff der Wahrheit umgehen!

Tag der Erleuchtung
Cover des 2. Bandes der Romantrilogie
Bunte Schleier des Nichts

Anmerkungen

1) Vgl. Erich Kästners Gedicht mit eben diesem Titel. In: E. K.: *Zeitgenossen, haufenweise. Gedichte*. München, Wien 1998. S. 170f.

2) Rosen 1969. *Preface* S. XX. – Zur Wort- und Begriffsgeschichte s. den Eintrag in der Brockhaus-Enzyklopädie (Online): Nihilismus. http://brockhaus.de/ecs/enzy/article/nihilismus (aufgerufen am 2021-03-27). In diesem Artikel wird deutlich, dass der Ausdruck „Nihilismus", wie er durch I. Turgenjews Roman *Väter und Söhne* (1861) Verbreitung fand, bereits Fehleinschätzungen provozierte: „*Turgenjew* bestimmte den Nihilisten als einen Menschen, »der sich vor keiner Autorität beugt« und keine tradierten Prinzipien unbesehen übernimmt. Im Anschluss an diesen Roman übernahmen ihn die sozialkritischen russischen Anarchisten als Selbstbezeichnung." Diese Gruppen hatten sehr wohl ein Wertsystem, das sich nur radikal von dem herrschenden unterschied. Beide Seiten verwendeten den Terminus „Nihilisten" als eristischen, kämpferischen Begriff, wollten mit ihm etwas bewirken und sich gegeneinander positionieren, ohne an der strikten Wortbedeutung des „Nihil" festzuhalten.

3) KrV S. 307 (A 292). Kants Nihil privativum könnte jedoch auch auf die Bedeutungsebene von Gegenständlichkeit bezogen werden.

4) Adiaphora sind nach der Lehre der Kyniker und Stoiker die nicht unterschiedenen, gleich-gültigen, belanglosen, weder guten noch bösen „Mitteldinge“, wie sie dem Status der bloß additiven Gegenständlichkeit im passiven Nihilismus entsprechen. Aus ihm heraus können in einem zweiten, aktiven Schritt subjektive und vorübergehende Bedeutungs- und Sinnzuweisungen vorgenommen werden, in denen die Epoché, das Zurückhalten des Urteils, verlassen wird, das wieder ins Nichts zurückfallen kann, da ihm keine vollgültige Wahrheit zukommt. An dieser Bandbreite von passivem und aktivem Nihilismus, die sich wechselseitig bedingen, gilt es festzuhalten.

5) Goethe: *Faust I*, V. 382 f., hrsg. von E. Trunz. München 1986

Kapitel 3
Nichts als Erkenntniskritik

Zur Eristik des Nihilismus

In der „Kritik der reinen Vernunft“ hat Kant dargetan, dass wir das „Ding an sich“ nicht erkennen können, sondern unser Erkennen in seinem Bemühen um Objektivität auf die Welt der Phänomena verwiesen bleibt: Unsere Erkenntnis richtet sich nicht nach den Gegenständen, sondern die Gegenstände nach unserer Art von Erkenntnis. Die Konstruktionsbedingungen zu erkennen, unter denen unser Erkenntnisapparat arbeitet, bietet folglich die einzige Möglichkeit, eine eingeschränkte, weil letztlich im Subjektiven verbleibende „Objektivität“ von Erkenntnis zu erreichen. (1)

Schon der Kant unmittelbar folgende Idealismus wollte sich mit dieser unbequemen, negativen Wahrheit nicht abfinden. In den unterschiedlichsten Konstrukten versuchten Denker, doch an das von Kant als „Unding“ gemeinte „Ding an sich“, das Noumenon heranzukommen. Untersuchen wir diese Konstrukte genauer, lösen sie sich auf – hier nur summarisch gesagt – in Einbildungen zu „Objektivität“ verdinglichter Subjektivität, welcher der Status einer höheren Vernunft, eines absoluten Geistes, einer intellektualen Anschauung oder Intuition etc. zugesprochen wurde. Gemeinsam ist all diesen Versuchen, dass sie sich mit Kants scharf und unbequem gezogener Grenzlinie zwischen dem, was wir wissen, und dem, was wir nicht wissen können, nicht abfinden wollen und auf den Schleichpfaden der Einbildungskraft, die als solche nicht mehr durchschaubar bleibt, sich des „Dings an sich“ zu bemächtigen versuchen. Kurzum, bis heute tut sich die Eitelkeit unserer stolzen, auf die Herrschaft über die Welt fixierten Vernunft schwer damit, sich Kants unbequemer Wahrheit zu beugen, dass wir diese Welt nicht vollends in den Griff und Begriff zu bringen vermögen. Uns daran zu erinnern und zu Bescheidenheit zu mahnen, ist Sinn des immer noch unverzichtbaren, im aufgeklärten Nihilismus aber negativ gewendeten Wahrheitsbegriffes. Schon im Wort bezeichnet der Nihilismus diesen neuralgischen Punkt: Er ist ein eristischer Begriff, der gegenüber Wahrheitsbehauptungen sogleich auf unser letztendliches Nichtwissen hinweist und insofern als aufgeklärter Nihilismus fungiert.

Kants philosophisches „Basta“ mag trocken und langweilig erscheinen, zumal wenn es als ceterum censeo die fortgesetzten Versuche monoton begleitet, die behaupten, sie hätten etwas gefunden, „was die Welt im Innersten zusammenhält“, oder könnten doch zumindest die eine oder andere Aussage über das „Ding an sich“ machen. Doch weil dieses „Basta“ unbequem ist und sich wiederholt, ist es nicht falsch. Wir müssen bis heute seine negative Wahrheit akzeptieren, dass Wahrheit im vollen Sinne uns nicht gegeben ist. Die Validität unserer Urteile hat letztlich nur vorläufigen Charakter, sodass wir von einer Endgültigkeit dieser Vorläufigkeit sprechen können. (2) Mehr noch müssen wir heute – nach dem Verblassen der Dignität des kategorialen Apparates einer Allgemeinvernunft, die sich als Fiktion entpuppt hat, sowie der immer stärker ins Bewusstsein rückenden Bedingtheit der Spezies Mensch – die in Kants Erkenntniskritik bereits angelegten nihilistischen Konsequenzen ziehen und akzeptieren, die seine Zeitgenossen, wie z.B. der weitsichtige Jakobi in seinem Nihilismusvorwurf gegen Kant und Fichte, bereits prognostizierten. (3)

Immer noch müssen wir geduldig die negative Wahrheit akzeptieren, dass Wahrheit im vollen Sinne uns nicht gegeben ist. In dieser Negativität aber brauchen wir den Begriff von Wahrheit: als kritisches Instrument gegenüber anmaßenden Wahrheitsbehauptungen, die dem beständigen Reiz des Unerforschlichen erliegen. Dabei gibt uns der Nihilismus in seiner radikalen Erkenntniskritik, die darauf hinausläuft, dass es mit all unserem Wissen letztlich „nichts“ ist, die Freiheit zurück, uns gegenüber verdinglichten Formen des Bewusstseins – wie z. B. dem heutigen Wissenschaftsaberglauben und den gängigen Geboten vorgeblicher Sachzwänge – zu wehren oder zumindest von ihnen zwecks kritischer Reflexion Abstand zu nehmen, wenn dies uns evident erscheint. Der aufgeklärte Nihilismus ist die philosophische Methode, mit welcher ein solcher Abstand herstellbar wird, das Wort Nihilismus wird zum Kampfbegriff. Es nimmt im Sinne des Begriffspragmatismus von Ch. S. Peirce die Wirkungsabsicht auf, im Voraus in der Semantik auf unsere Wissensbegrenzung polemisch hinzuweisen, noch bevor allerlei positives Wissen mit Wahrheitsanspruch vor uns ausgebreitet wird. (4)

Fassen wir die Antwort auf Kants erkenntnistheoretische Grundfrage „Was kann ich wissen?“ mit dieser eristischen Absicht zusammen, so lautet sie: „nichts“. Denn von Wahrheit im Sinne der völligen Gewissheit eines ergebnisorientierten Denkens sind wir prinzipiell abgeschnitten, so wie wir nie über die Phänomena zum Noumenon gelangen können. Wohl aber ist Erkenntnis im Einzelnen möglich, wobei diese Gewissheit von bestimmten Voraussetzungen wie den transzendentalen Strukturen im Sinne von Kants Erkenntnistheorie abhängt, damit aber kein letztgültiges Wissen ermöglicht. Was uns in philosophischer Hinsicht bleibt, ist – bei all der imposanten Anhäufung von Erkenntnissen und Fortschritten der Einzelwissenschaften – nichts als Erkenntniskritik, d.h. das Nichts als Erkenntniskritik: ein Verschwinden allen für wahr gehaltenen Wissens ins Nichts, indem wir das Denken denken, d.h. dessen Leere als seine letzte „Form“ erkennen. In ihr verschwinden selbst die uns als Menschheit zugehörigen transzendentalen Strukturen, wenn wir uns bewusst bleiben, dass wir in der Weltzeit nur ein vergleichsweise kurzes Gastspiel als menschliche Spezies haben dürften. (5)

Somit hat der aufgeklärte Nihilismus die Idee der Wahrheit nicht aufgegeben. Sie „ist da“ in der Negation, indem sie behauptete „Wahrheiten“ ihrer Vorläufigkeit, Bedingtheit und letztendlichen Nichtigkeit überführt. Dieses „Nichts als Erkenntniskritik“ bleibt als kritische Instanz die negative Wahrheit des Nihilismus, sein schon im Wort erhobener Vorwurf, seine im Wort angelegte Polemik. Deshalb ist es nur ein scheinbarer Widerspruch, dass Nietzsche alle hergebrachten „Wahrheiten“ demontierte, in den Nihilismus überführte und zugleich leidenschaftlicher Wahrheitssucher gerade auf der Basis seines anfänglichen Nihilismus war. Sein Denken geriet erst in Ungereimtheiten, als er den „Willen zur Macht“ bzw. die „ewige Wiederkehr“ als neue, positive Wahrheit hypostasieren wollte und damit den Nihilismus, in den er die abendländische Geistesgeschichte – der Logik ihres eigene Wahrheitsbegriffes unerbittlich folgend – geführt hatte, ohne überzeugende Gründe zu verlassen und zu überwinden vorgab.

Die Weisheit des Nichtwissens, dieses Wissen um unser grundsätzliches Nichtwissen entlastet zuweilen von der Herrschaft des Begreifen-Wollens. Die Aporie des sokratischen Dialogs führt im Zeitalter des Nihilismus in die Nichtigkeit und Leere, in der – in Erinnerung an das einstige Daimonion – nur unbeständige Evidenzen der Einbildungskraft, die unser fragmentiertes Wissen ordnen und transportieren, Orientierung zu bieten vermögen. Wird die grundsätzliche Nichtigkeit unserer Erkenntnisbemühungen erkannt – so ernsthaft wir uns auch im Einzelnen bemühen, Erkenntnisse zu erweitern, dann entlastet uns solches Wissen um unser grundsätzliches Nichtwissen von dem geradezu zwanghaften Bemühen, alles unter die Herrschaft des Begriffs zwängen zu wollen: Wir werden gelassener, können Gedanken an das, was sich uns nicht erschließt, loslassen. „Ich weiß, dass ich nicht weiß" – dieses Wort des Sokrates kann immer noch als Eingeständnis unserer menschlichen Begrenztheit im Wissen und als Weisheit der Akzeptanz solcher Grenzen gelten, als Negation von angemaßtem Wissen im Sinne einer aufklärerischen Haltung. Wir sind uns des unterschiedlich interpretierten Kontextes dieses dem Sokrates zugeschriebenen geflügelten Wortes und dessen Ferne von einem dezidiert nihilistischen Denken bewusst. Auch die Frage, inwieweit das elenktische Verfahren eine bewusste Methode des Sokrates war oder ob sie erst bei Platon systematisiert wurde, kann hier offengelassen werden, wo wir den nihilistischen Kern im sokratischen Denken herausschälen und produktiv in Richtung des aufgeklärten Nihilismus weiterdenken wollen. (6)

Wenn wir Sokrates in Verbindung mit der Philosophie des aufgeklärten Nihilismus bringen, sei an unser methodisches Vorgehen erinnert, das nicht primär darauf abzielt, was Philosophen wie Sokrates oder Nietzsche „wirklich" gemeint haben, sondern was unser selbstständiges Durchdenken eines philosophischen Problems, vornehmlich das des Nihilismus, im Abstoß von seiner vorgedachten Vorgeschichte von uns heute fordert. Denn es trägt wenig zur Erhellung bei, der medienkonformen Tendenz zur Personalisierung von Problemen zu folgen. Selbstverständlich ist Sokrates kein Nihilist gewesen und seine vielzitierte Äußerung zielte nicht auf die Suche nach dem Nichts, sondern im Gegenteil auf eine unverbrüchliche Wahrheit im Durchgang durch das Nichtwissen ab. Doch wenn wir solcher Wahrheit nunmehr verlustig gegangen sind, dann hat dieser anfängliche Weg des Sokrates, den er mit ganz anderen Zielvorstellungen gewiesen hat, heute in eine Auseinandersetzung mit dem Nichts hineingeführt. Diese Erfahrung des Nihilismus denkerisch zu bewältigen soll der Rekurs auf Sokrates unterstützen; solche Bewältigung dürfte unsere Aufgabe sein, wenn wir problemorientiert denken und das „sapere aude" beherzigen. Dies dürfte von der Grundintention her wiederum dem entsprechen, was Sokrates wollte – und schließlich auch Nietzsche meinte, wenn Zarathustra seine Schüler mahnt, ihn als Lehrer zu „verlieren“, damit sie sich selbst „finden“ können. (7) So hat die Elenktik des sokratischen Dialogs in einem langen Prozess der Selbstaufdeckung des Nihilismus in die Nichtigkeit und Leere geführt, der die Vernunft innegeworden ist; das Daimonion gewährt uns allenfalls Evidenzen der Einbildungskraft, die nur fragil und unbeständig unsere Wissbegier zu stillen vermögen.

Angesichts solch negativer Bilanz können wir mehr denn je im Zeitalter des Nihilismus in Fausts Klage einstimmen, „dass wir nichts wissen können! Das will mir schier das Herz verbrennen.“ Und es gibt keine Hoffnung, dass unser metaphysisches Bedürfnis zu erkennen, „was die Welt im Innersten zusammenhält“, jemals gestillt werden könnte. (8) Wird der Begriff des Nihilismus jedoch in seiner vollen Breite entfaltet, bezieht sich solche Verzweiflung nur auf die eine Seite dieser Begriffsspanne und ist in dieser Einseitigkeit unzutreffend. (9) Denn was mit der Erkenntnis der Nichtigkeit allen Wissens zugleich möglich wird, ist die Kritik an den sich als „wahr“ aufspreizenden Positivitäten, wie sie uns gerade in unserem Zeitalter in Form von rationalen Sachzwängen und wissenschaftlich unterfütterten Scheinwahrheiten Demut erheischend entgegentreten. Dass „die" Wissenschaft etwas über den Menschen und sein Leben festgestellt habe – selten spricht sie aus einem Munde und noch seltener werden ihre Ergebnisse im Laufe der Zeit nicht revidiert – gehört zu den modernen Mythen, die mit dem Gestus der Aufgeklärtheit daherstolzieren und denen wir uns angeblich zu beugen haben, wenn wir nicht als ungebildet, naiv und unaufgeklärt unser Selbstbewusstsein beschädigen lassen wollen. Hier gibt uns der Nihilismus in seiner radikalen Erkenntniskritik, die darauf hinausläuft, dass es mit all unserem Wissen letztlich „nichts“ ist, die Freiheit zurück, uns gegenüber verdinglichenden Formen des Bewusstseins zu wehren und von ihnen Abstand zu nehmen. Der aufgeklärte Nihilismus ist die philosophische Methode, mit der solcher Abstand herstellbar wird, lässt sich definieren als Wissenschaft vom Abstand-Nehmen. (10) So verbindet das radikalisierte sokratische „Ich weiß nur, dass ich nicht weiß“ in dem aufgeklärten, die volle Bedeutung des Begriffes „Nihilismus“ ausschöpfenden Bewusstsein die Verzweiflung über unsere letztliche Unwissenheit mit einer selbstbewussten Freiheit, die sich erst im Bezug auf das Nichts herstellen und dann dem Gestus des „So ist es" Widerstand leisten kann.

Das Nichts wird zur entscheidenden Instanz von Erkenntniskritik. Gerade in der Corona – Zeit, in der ich dieses Kapitel abfasse, wird solches Wissen um die gewaltige Dimension unseres Nichtwissens eindrucksvoll wiederhergestellt. Bereits ein A. G. Bierce (1842-1914) zugeschriebenes Zitat fasste diesen Sachverhalt prägnant zusammen: "Wissen nennen wir jenen kleinen Teil unserer Unwissenheit, den wir geordnet und klassifiziert haben." (11) Ohne Zweifel ist jener kleine Teil im Zeitalter des Nihilismus zu einem imposanten Berg angeschwollen, der uns mit World Wide Web und Big Data über unser grundsätzliches Nichtwissen leicht hinwegtäuschen kann. Doch wir müssen die täuschende Strahlkraft dieses akkumulierten Wissens von unserem Nichtwissen her relativieren, den Tag von der Nacht her denken. (12) Wir mögen das Genom entschlüsselt haben, aber woher haben wir die Konstruktionsanleitung für diesen Schlüssel? Welche Lösungen unserer drängenden existenziellen Probleme erschließt er? Welche Schlüssel fehlen uns noch? Was ist hier wirklich erkannt worden? Die Gesetze der Verteilung der Gene, die Prinzipien der Genlotterie bleiben unbesprochen, ausgeklammert – mit gutem "Grund": denn hier herrscht der Zufall, die Kontingenz, das Nichts, dessen Dunkel unerhellt bleibt. Doch auch dieses Nichts müssen wir in der Wissenschaft zur Sprache bringen und uns zu einem grundsätzlichen Nihilismus durchringen.

Immer wieder werden uns Wahrheiten präsentiert, die bei genauerem philosophischen Blick, den der aufgeklärte Nihilismus schärft, sich als vorläufiges Wissen entpuppen und dessen Nachtseite ausblenden möchten. In der Eristik des Begriffes Nihilismus wird im Wort selbst dieses in Überheblichkeit gemiedene Ignoramus, gar Ignorabimus inkorporiert und provozierend vorgebracht, noch bevor allerlei Wahrheiten uns wieder einmal verkündet werden.

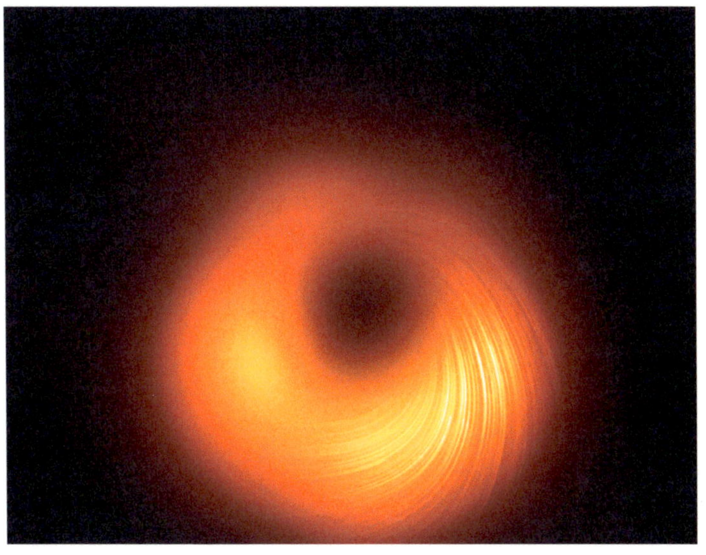

Schwarzes Loch der Galaxie M 87

Anmerkungen

1) Zur Erkenntnistheorie des aufgeklärten Nihilismus PDN 2 Abschn. 2. 1.
2) Schmidt, Siegfried J. 2010
3) Zu dieser bereits im Umkreis von Kant einsetzenden Diskussion s. Pöggeler, Otto: *Hegel und die Anfänge der Nihilismus-Diskussion*. In: Arendt, Dieter (Hrsg.) 1974. S. 307–349
4) Vgl. Charles Sanders Peirce' „Pragmatische Maxime", deren Grundlage für zahlreiche Variationen in *How to make our ideas clear* (1878) gegeben wird.
5) Vgl. PDN 2, § 41: *Von den Eitelkeiten des Anthropozentrismus*, § 84: *Nichts als Erkenntniskritik*
6) Zu Sokrates PDN 2 §§ 75, 91, 201
7) KSA IV, S. 101. – Zu der Kritik, dass unsere Philosophie, genauer gesagt der heutige Philosophiebetrieb, zu personen- und zu wenig problemorientiert geworden ist, siehe PDN 2 §§ 8, 10, 11, 23, bes. 24.
8) Goethe: *Faust I*. Hrsg. von Erich Trunz. München 1986, S. 20
9) Vgl. Nietzsches grundlegende Unterscheidung von aktivem und passivem Nihilismus in KSA XII, S. 350 f.
10) PDN 2, S. 204
11) Vgl. PDN 2, S. 181
12) Vgl. PDN 2 § 39: *Von der Nacht her den Tag denken*

Kapitel 4
Mit Verstand leben wir von Fiktionen

Zur Kasuistik imaginations-basierter Selbstsorge

Gegenstand dieses Kapitels sollen Beispiele für lebenserhaltende bzw. lebensfördernde Fiktionen sein, deren Begründung auf die „Philosophie des aufgeklärten Nihilismus" zurückgreift. Aber auch ohne den theoretischen Bezugsrahmen der diese Philosophie entwickelnden Publikationen, auf die im laufenden Text und den Anmerkungen verwiesen wird, dürften die Beispiele in ihrer Darstellung aus sich heraus plausibel sein. (1)

Dass wir mit Verstand von Fiktionen leben, ist ein Leitgedanke der theoretischen wie praktischen Philosophie des aufgeklärten Nihilismus. Indem die Einbildungskraft eng verwoben mit unserem Erkenntnisprozess und unseren Handlungsmotivationen ist, sogar da, wo wir rein rational zu denken und zu handeln wähnen, sich bei genauerer Analyse als treibende Kraft erweist, fungiert sie als das schaffende, subjektive Vermögen, das uns aus dem passiven Nihilismus und dessen Verlust an jeglicher

Blick ins Unendliche III (Ferdinand Hodler 1905)

objektiver, subjektunabhängiger „Wahrheit“ herauszuführen vermag: „*Wir haben die Kunst*, damit wir nicht an der Wahrheit zu Grunde gehn“. (2) Dabei ist dieses schöpferische Vermögen der Einbildungskraft als Kunst im weitesten Sinne zu verstehen und noch vor aller Kunstproduktion im engeren Sinne in unserer Erkenntnis tätig, unserer Welterfahrung und unserem Weltentwurf, sodass seit Nietzsche von einer Ästhetisierung der Erkenntnistheorie gesprochen werden kann. (3)

Bei lebensfördernden Fiktionen denken wir für gewöhnlich an eine von der Realität abgehobene Phantasiewelt, die sich leicht dem Eskapismus anbietet, selbst wenn diese abgehobene Welt mit der für normal erachteten Realität verschränkt wird – wie in Joanne K. Rowlings Harry Potter Romanen oder Ian McEwans „The Daydreamer“ (2009) – hier allerdings in subtilerer, anspruchsvollerer Weise. Wir sollten aber bedenken, dass die Einbildungs*kraft* bereits in dem Bereich wirkt und schafft, den wir für die „normale“, alltägliche Wirklichkeit halten, die in anschaulicher Gestaltung, Bedeutungszuweisungen und Bewertungen von uns mitgeschaffen wird. (4) Dies tun wir schon, indem wir selektieren, was wir einerseits in unsere Anschauungen, in unsere Reflexionen und Erinnerungen, unsere Gedanken aufnehmen und andererseits abweisen, aussortieren, als bloß hinderlich negieren. Es ist also nicht nur „die Welt der Phantasie“, in der diese produktiv werden kann, sondern bereits die Alltagswahrnehmung und das alltägliche Denken, in dem die Einbildungskraft als Erkenntnisquelle und gestaltende Kraft praktisch tätig ist. Von diesen Anfängen führt ein imaginativer Erkenntnisweg, der den Verstand einbezieht, bis hin zu den Vernunftideen, die ein Titel für die unseren Erkenntnisprozess leitenden und abschließenden Leistungen der Einbildungskraft sind: Mit Verstand leben wir von Fiktionen. (5)

Als erstes Beispiel für die alltägliche, grundlegende Rolle einer lebensfördernden Fiktion möchte ich die Bedeutung unserer Körperhaltung herausgreifen und dabei an Hodlers Gemälde „Blick ins Unendliche“ zu Beginn des Kapitels anknüpfen.

Die im Mittelpunkt des Gemäldes auf einer Erhebung stehende Aktfigur begegnet der Unendlichkeit, in welche sie herausfordernd blickt, mit einer aufrechten und selbstbewussten Haltung, die konträr zu der Kleinheit und Nichtigkeit steht, die wir als „Erdenwurm“ mit dieser Perspektive empfinden. (6) Der Zeigegestus auf die eigene Brust unterstreicht dieses Selbstbewusstsein, das durch Gedanken an Nietzsches Konzeption des Übermenschen – für Hodler ein aktueller Bezug – gestärkt sein mag, sodass die Leerstelle nach dem Verschwinden Gottes durch ein Bewusstsein der Selbstermächtigung des Menschen ausgefüllt werden konnte. Doch halten wir, ohne auf Nietzsches Konzeption hier einzugehen, zunächst fest, dass diese standhafte Figur in eine Unendlichkeit blickt, deren Leere sie durch die eigene Einbildungskraft auszufüllen bestrebt ist. Dargestellt wird die nihilistische Befindlichkeit, in welcher der passive Nihilismus durch den Menschen selbst aktiv ausgefüllt wird: Er will Meister dieser Leere werden, in welche er mutig und seiner Nichtigkeit trotzend hineinblickt. Es ist ein heroischer Nihilismus (7), in dem der Mensch standhaft bleibt, seine Nichtigkeit angesichts einer leer gewordenen Unendlichkeit bewusst und ohne Verzagen erträgt. Einem solchen heroischen Selbstbewusstsein verleiht Hodler in der zentralen Figur in seinem Gemälde durch die stolze Körperhaltung Ausdruck. Positioniert auf einem Felsen mag sie sich von dem Gefühl gestärkt fühlen, in ihrer aufrechten, geradlinigen Haltung den Erdradius zu verlängern, wie dies der französische Kunsttheoretiker Charles Blanc (1813 – 1882) in seinem einflussreichen Zeichenlehrbuch gefordert hatte. Auch für den Betrachter mag eine solche Hilfskonstruktion bestätigend hinzukommen, soweit sie mit den naturwissenschaftlichen Ergebnissen und mathematischen Gesetzmäßigkeiten in Einklang bleibt. In einer unterstützenden Imagination werden Linien einer geometrischen Figur gleichsam verlängert, um eine neue geometrische Konstellation zu entwerfen. Dies ist ein treffliches Beispiel dafür, wie lebensdienliche Imaginationen reflexive, rationale Momente aufgreifen können, nicht irrational sind, wie eine landläufige Unterstellung meint, sondern Rationalität einschließen und zielführend verwenden. Aber auch ohne diese subsidiäre Imagination, die zusätzliche Plausibilität verleihen mag, ist die aufrechte Haltung dieser die Zentralperspektive reflektierenden Aktfigur ein sinnfälliger Ausdruck der selbstgeschaffenen, fingierten Bedeutung und Standfestigkeit dieser Körpergestik angesichts der Unendlichkeit einer sinnlosen Leere. Diese provoziert die Selbstbehauptung des seiner Nichtigkeit opponierenden Menschen, der geradezu übermenschliche Kräfte mobilisieren muss, um sinnvoll weiterleben zu können. (8)

In nihilistischer Perspektive fallen wir jedoch immer wieder in die Kleinheit des menschlichen „Erdenwurms“ zurück.

Dennoch können wir die Vorstellung von uns erneut entwickeln, mit uns herumtragen und ihr körperlichen Ausdruck geben, dass wir doch von Bedeutung seien, indem wir aufrecht, geradezu stolz einhergehen. Dies ist eine „erhebende" Fiktion, die uns durchsichtig bleibt, uns aber auch gesundheitlich hilft, die rechte, uns bekömmliche, sogar orthopädisch günstige, Schäden vermeidende Haltung einzunehmen. Es ist eine lebensdienliche, uns transparent bleibende Fiktion, eine Arbeitshypothese: In unserer Haltung drückt sich – es ist kein zu großes Wort – heroischer Nihilismus aus gegenüber der Erfahrung, zugleich ein unbedeutender „Erdenwurm" zu sein, der mühsam dahinkriecht. Diese Imagination von uns selbst hat folglich ganz praktische, auch medizinisch relevante Auswirkungen, bleibt nicht „bloße" Fiktion, sondern ist Einbildungs*kraft.* Wir bilden unser Selbstbewusstsein in unsere Körperhaltung hinein und geben in dieser Ein-Bildung der geradezu kämpferischen Haltung Ausdruck, dass wir uns durch unsere Nichtigkeit nicht niederdrücken lassen, uns nicht „hängen lassen", sondern ihr in aufrechter Haltung „mit Rückgrat" begegnen. Die äußere Haltung wird hier zum Ausdruck einer fiktions-basierten inneren Haltung.

Dennoch bleibt diese Fiktion, wenn auch nicht in jeder momentanen Situation, so doch im Prinzip durchsichtig: Wir sind uns unserer faktischen Kleinheit und Unbedeutendheit bewusst, aber konterkarieren sie mit Vorstellungen unseres Wertes, unserer Würde, unseres trotzigen Stolzes. Verschiedene Wertvorstellungen wirken hier zusammen, wobei wir auf die Denkmotive des Nietzscheanischen Übermenschen im Einzelnen nicht einzugehen brauchen. Auch ohne diese großsprecherische Rede vom Übermenschen bleibt ein brauchbares und handfestes Substrat dieser fiktionalen Konzeption übrig: Wir geben unserer selbstbewussten inneren Haltung, die sich nicht durch unsere Nichtigkeit angesichts der Unendlichkeit „unterkriegen lässt", durch eine äußere Haltung Ausdruck, die auf den von uns bewusst geschaffenen Fiktionen unseres Wertes und unserer Würde beruht, unseres Kampfesmutes, mit dem wir unser – wie auch immer von Nichtigkeit und Erbärmlichkeit gezeichnetes Leben – zu bewältigen suchen. Bei der Mehrzahl der Menschen wirkt diese Fiktion bereits unerkannt in ihrem alltäglichen Leben, ihrem in vielem unreflektierten Selbstbewusstsein, das sich in ihrer Körperhaltung widerspiegeln mag. Die Leistung der philosophischen Betrachtung ist es, eine solche bereits wirksame Einbildung ins

Bewusstsein zu heben, durchschaubar zu machen, zielführend zu unterstützen und zu verstärken. In solcher Selbstdurchsichtigkeit der Einbildung von unserer „Größe“ wirken wir zugleich einer dogmatischen Selbstüberschätzung und Überheblichkeit entgegen, wohl wissend, dass wir unsere bedeutungsvolle „Größe“ einer „bloßen“ Einbildung verdanken. Dass eine solche Einbildung aber eine bloß unnütze Vorstellung sei, dürfte durch die vorangegangenen Ausführungen hinreichend widerlegt sein, denn wir sind auf eine lebenserhaltende, lebensfördernde und gar lebenssteigernde Fiktion in unserer aufrechten, Kraft und Gesundheit erhaltenden Körperhaltung gestoßen, eine Fiktion, die – von Verstand durchdrungen – unserer Selbstsorge dient, wie sie bereits Sokrates als Epimeleia ins Zentrum der Philosophie gerückt hatte.

Als zweites Beispiel mögen Imaginationen unseres Tagesablaufes dienen, wie wir ihn rückblickend etwa abends sehen: Er mag uns als unzusammenhängende Anhäufung von einzelnen Aktivitäten, Erledigungen, Besorgungen etc. erscheinen, die wir in der Sichtweise unserer Einbildungskraft in-eins bilden, um dann vom Ablauf dieses oder jenes Tages sprechen zu können. Einer solch oberflächlichen In-eins-Bildung widerstrebt jedoch die Reflexion, dass der Tag im Grunde in Einzelheiten zerfallen ist, ein bloßes Nebeneinander von Aktivitäten. Wir können dann den Eindruck der Sinnlosigkeit dieses Tages gewinnen, in der ursprünglichen Wortbedeutung von Sinn als Richtung. Stärker noch wird dieses Bewusstsein eintreten, wenn wir diesen einen Tag in einen größeren Zusammenhang setzen, ihn im Zusammenhang des Jahres, unseres Lebens, des Lebens der Menschheit, gar sub specie aeternitatis imaginieren. Ein Gefühl der Nichtigkeit, der Sinnlosigkeit mag sich dann einstellen, die Perspektive des passiven Nihilismus, der an dem defizitären Status solcher Leere leidet. Dies ist ein treffendes Beispiel dafür, dass Nihilismus sich nicht auf das Nicht-Vorhandensein von Gegenständlichkeit bezieht, also das Vakuum in einem physikalischen Sinne, das auch in der Physik nur eine Arbeitshypothese ist, der realiter im strengen Sinne wohl kein vollständiges Vakuum entspricht. Im Sinne der Philosophie des aufgeklärten Nihilismus bezieht sich das Nichts auf die Bedeutungsebene und Sinnhaftigkeit von Gegenständlichkeit: Diese ist zwar greifbar da, bildet kein Nichts im kantischen Sinne des Nihil privativum, befindet sich aber im Zustand der Zusammenhanglosigkeit, der bloßen Addition, welche eine Grundstruktur der nihilistischen Erfahrung ist. Nihilismus bedeutet nicht Verlust an Gegenständlichkeit, sondern die Erfahrung von Sinnlosigkeit oder Sinnwidrikeit in der Begegnung mit additiver Gegenständlichkeit. Deshalb kann uns ein Tag, obwohl voller Aktivität, gar Hektik und rastloser Umtriebigkeit, dennoch rückblickend als sinnlos erscheinen, als ein Nichts an Bedeutung.

Sinn wird erst dann entstehen, wenn wir tiefere Zusammenhänge in den Additionen aufspüren, Sinn mit unserer Einbildungskraft hineinbilden, sodass sie nicht nur oberflächliche Zusammenhänge aufweisen, sondern mit Substanz in-eins gebildet werden. Dies wird nicht immer in Bezug auf den ganzen Tag möglich sein, sondern wir werden einzelne Augenblicke, Phasen, Episoden auf diese Weise durch unsere Aktivität der Bedeutungszuweisung als sinnvoll, gewinnbringend oder schön qualifizieren können. Es ist oft angeregt worden, in der Situation einer solchen Retrospektive eine Dankbarkeitsliste anzufertigen, bei der wir uns gerade auf die kleinen, alltäglichen und zunächst unscheinbaren Dinge konzentrieren, denen wir Sinn abgewinnen, denen wir somit dankbar sein können. Es wird deutlich, dass wir die Leere, die Erfahrung der Sinnlosigkeit im passiven Nihilismus erst durchlaufen mussten, um zu solcher Dankbarkeit zu finden. Erst diese Erfahrung der Leere bietet der Einbildungs*kraft* den Antrieb für Bedeutungszuweisungen, die trotz aller Sinnlosigkeit im Ganzen doch einen begrenzten Sinn ergeben. Gerade der Verzicht auf die große, umfassende Sinngebung in einem Jenseits des Alltags ermöglicht diesen Blick auf das Kleine, Triviale, aber doch Kostbare und Bedeutungsvolle in unserem Leben. Nietzsche hat von einer „Casuistik der Selbstsucht“ gesprochen, mit der wir die „Nachtunholde“, all die Ideologien, die uns von unserem durchaus bedeutungsvollen Alltag ablenken wollen, vertreiben, um uns dem zu widmen, was für unsere „Selbstsucht“ – ich würde diesen negativ konnotierten Begriff durch „Selbstsorge“ ersetzen – förderlich ist:

> Man wird mich fragen, warum ich eigentlich all diese kleinen und nach herkömmlichem Urteil gleichgültigen Dinge erzählt habe; ich schade mir selbst damit, um so mehr, wenn ich große Aufgaben zu vertreten bestimmt sei. Antwort: diese kleinen Dinge – Ernährung, Ort, Clima, Erholung, die ganze Casuistik der Selbstsucht – sind

> über alle Begriffe hinaus wichtiger als Alles, was man bisher wichtig nahm. Hier gerade muss man anfangen *umzulernen.*
> Wir müssen wieder *gute Nachbarn der nächsten Dinge* werden und nicht so verächtlich wie bisher über sie hinweg nach Wolken und Nachtunholden hinblicken. (9)

Nietzsche schrieb diese Zeilen, als er – müde und enttäuscht von den Alltagsideologien des Wissenschaftsbetriebes im Basler Professorenleben – seine Aphorismensammlung „Menschliches, Allzumenschliches", ein Buch für von Ideologien „freie Geister" schrieb. Hier bietet sich eine Hoffnung an, die im sich selbst erkennenden und sich selbst anerkennenden Nihilismus kein leeres Versprechen ist: Wenn wir die Ideenblasen der kleinen wie der großen Ideologien, gar der nationalen und religiösen Fanatismen zerplatzen sehen, solche „Nachtunholde" im Kleinen wie Großen vertreiben, treibt uns nichts mehr, uns auf ihre Schlachtfelder zu stürzen.

> Das, was die Menschheit bisher ernsthaft erwogen hat, sind nicht einmal Realitäten, blosse Einbildungen, strenger geredet, *Lügen* aus den schlechten Instinkten kranker, im tiefsten Sinne schädlicher Naturen heraus – alle die Begriffe ‚Gott', ‚Seele', ‚Tugend', ‚Sünde', ‚Jenseits', ‚Wahrheit', ‚ewiges Leben' ... Aber man hat die Grösse der menschlichen Natur, ihre ‚Göttlichkeit' in ihnen gesucht ... Alle Fragen der Politik, der Gesellschafts-Ordnung, der Erziehung sind dadurch bis in Grund und Boden gefälscht, dass man die schädlichsten Menschen für grosse Menschen nahm, – dass man die ‚kleinen' Dinge, will sagen die Grundangelegenheiten des Lebens selber verachten lehrte. (10)

Auch im Alltag können wir uns von den banalen, oft unerkannten Egomanien befreien, wenn sich unsere Großmannssucht nicht mehr auf Ideale und Bildungsgüter richtet, d. h. Ideologien folgt wie der, z. B. ein bedeutender, allgemein anerkannter Künstler etc. zu werden. Trotzdem kann Kunst ein lebendiger und wertvoller Gegenstand unseres Alltags sein. Nur weil sich die Egomanie auf Intellektuelles richtet, muss sie nicht besser sein als der Traum des Jungen, ein Fußballstar zu werden, der

Traum des Mädchens, als Model Karriere zu machen. Der Bildungsdünkel, d. h. die undurchschaute Einbildung des Bewusstseins, gebildeter und bedeutender zu sein als andere, hält uns oft von solchen Vergleichen mit trivialerem Karrierestreben ab. Es ist ein Akt der Aufklärung, in solchen Fällen die „Nachtunholde" am Werk zu sehen, d. h. die Gier nach Anerkennung, Macht, Geld, Selbsterhebung: die vielfältigen Formen der Aufblähung unseres unbedeutenden Ich, die Egomanie, die sich epidemisch in all den Vollkommenheitsideologien bis hin zum jüngsten Optimierungswahn und seinen technischen Hilfsmitteln ausbreitet. (11) Erst in nihilistischer Perspektive mögen wir uns verschiedenen Evidenzen einer bescheidenen, aber umso solideren Selbstfindung und Selbstsorge zuwenden, wie sie Sokrates in der Epimeleia ins Zentrum des antiken Denkens rückte und damit der Tradition der Selbstsorge ein philosophisches Fundament gab.

Ich war zunächst darauf aus, Beispiele für solche Listen von Alltagsspuren von Sinn, solche Dankbarkeitslisten für Alltägliches hier zu geben. Aber die Beispiele, wenn sie isoliert gegeben werden, wie dies bereits in den zahlreichen Ratgebern und Online-Portalen geschieht, wirken schal und substanzlos: die im Sonnenlicht aufleuchtenden Blumen auf dem Balkon, das gute Mittagessen, das nicht selbstverständlich ist, wenn man an all die hungernden Menschen denkt, das Lächeln der freundlichen Verkäuferin im Supermarkt etc. Überzeugungskraft, ja Evidenz gewinnen solche Beispiele einer Dankbarkeitsliste erst im Kontext einer Episode, einer Erzählung, welche einen konkreten Lebenszusammenhang überzeugend darstellen. Es sind „Feuerfunken", die erst in der Nacht aufglühen, die uns alle umgibt und die wir erfahren müssen, um dieses spärliche Licht zu sehen und zu schätzen. Ich habe in meinem Roman „Feuerfunken" solche nihilistisch grundierten Erfahrungen in einem epischen Zusammenhang darzustellen versucht und halte sie dort für angebrachter. (12) Hier habe ich deshalb auf isolierte Beispiele von Sinn- bzw. Dankbarkeitslisten verzichtet und mich auf philosophische Begründungen konzentriert, welche in den zahllosen Ratgebern ausgeklammert werden, erst recht, wenn es um das Eingeständnis gehen würde, auf die nihilistische Grundierung heutiger Sinnfragen zu reflektieren.

Deutlich wird in diesem Zusammenhang, wie sich Evidenz nicht in willkürlicher Bedeutungszuweisung ergibt, auch nicht anderen vollgültig mitteilbar ist, sondern unverfälscht nur in Lebenskontexten aktuell erfahren werden kann. Die evidente

Imagination muss gleichsam auf uns zukommen, muss als etwas erscheinen, das nicht bloß von uns gemacht ist, sondern aus sich heraus uns „einleuchtet“, auch wenn solche Evidenz sich letztendlich als unsere subjektive Veranstaltung entpuppt, keine allgemeingültige, objektiv verbindliche Wahrheit ist, sondern eine flüchtige Erfahrung von Sinn im Zustand allgemeiner Sinnlosigkeit. Mit der in der Philosophie des aufgeklärten Nihilismus verwendeten Bedeutung von „Evidenz“ beziehe ich mich auf die lateinische etymologische Wurzel „evidere“ als „hervorscheinen“, nicht auf die Bedeutungsverschiebung zu „evidence“ als „Beweis“ im Englischen, die sich später auch im Deutschen durchgesetzt hat. Somit bieten die im Sonnenlicht aufleuchtenden Blumen auf dem Balkon nur demjenigen eine Erfahrung von Dankbarkeit, dem sich dieser Blick aus eigener Sicht heraus erschließt. Es ist nicht der Sinn des Lebens, sondern eine flüchtige Spur dessen, was unserem Leben als Ganzem ermangelt.

Was für den einzelnen Tag gilt, können wir in unserem Lebenslauf als drittes Beispiel einer fiktions-basierten Imagination auffinden. Nur selten lässt sich ein Leben als Ganzes abgerundet erzählen, sein roter Faden ungebrochen verfolgen. Vielmehr merken wir, dass es uns und der Ehrlichkeit unserer Erzählung guttut, auf eine solche Vorstellung von Ganzheit zu verzichten, sodass wir Brüche und Ungereimtheiten nicht zu überspielen brauchen. Der Biografiearbeit kann solcher Verzicht nur nützen. Wie unser Tag zerfällt unser Leben zumeist in Fragmente, unterschiedliche Befindlichkeiten und inkonsistente Erfahrungen, kurzum Additionen, wiewohl wir bestrebt sind, Ordnung in diese chaotische Mannigfaltigkeit hinein zu imaginieren.

Wenn wir dabei retrospektiv nach einer Logik unseres Lebens suchen, biografische Linien hineinbringen, die kontingenten Einzelheiten unter Gesichtspunkte ordnen, unser Leben gar als ein Ganzes sehen möchten, bilden wir Richtung und Sinn hinein, bilden wir die Additionen von kontingenten Fakten in Eins. Nietzsche analysiert diesen Glauben an erkennbare Kausalitäten als eine Mythenbildung, mit der wir von der im Dunkeln liegenden Kontingenz unseres Lebens absehen wollen:

> Das Leben als ein wacher Traum; je feiner und umfänglicher ein Mensch ist, um so mehr fühlt er die ebenso schauerliche als erhabene Zufälligkeit in seinem Leben, Wollen, Gelingen, Glück, Absicht heraus; er schaudert,

> wie der Träumer, der einen Augenblick fühlt ‚ich träume'. Der Glaube an die causale Necessität der Dinge ruht auf dem Glauben, dass wir wirken; sieht man die Unbeweisbarkeit des Letzteren ein, so verliert man etwas den Glauben an jenes Erste. Es kommt hinzu, dass ‚Erscheinungen' unmöglich Ursachen sein können. Ein ungewohntes Ding zurückzuführen auf schon gewohnte Dinge, das Gefühl der Fremdheit zu verlieren – das gilt unserem Gefühl als Erklären. Wir wollen gar nicht ‚erkennen', sondern nicht im Glauben gestört werden, dass wir bereits wissen. (13)

Auch wenn wir die individuelle menschliche Biografie gerne unter einem Gesichtspunkt abrunden und als ein Ganzes sehen möchten, entpuppt sich diese Betrachtung als Fiktionalisierung des Lebenslaufes. Bourdieu hat die Annahme entlarvt, eine Lebensgeschichte habe eine objektiv gegebene Logik; vielmehr ist sie auch in dem Sinne eine Geschichte, als ihr Eindruck von Geschlossenheit und Sinnhaftigkeit einer narrativen Konstruktion entstammt. Die dabei entstehende Kohärenz dient als Arbeitshypothese für die (auto-) biografische Tätigkeit. (14)

Die Rede von einer „Lebenslüge“, mit der wir der Kontingenz der chaotischen Einzelheiten unseres biografischen Verlaufs Sinn und Richtung zu geben versuchen, verliert aber ihren moralisch abwertenden Sinn, wenn wir einen solchen Versuch nicht als Selbsttäuschung, sondern bewusste Fiktionalisierung erkennen und entsprechend differenzieren. Wir sind uns dann unseres subjektiven Lebensentwurfes als einer spielerischen, erzählerischen, imaginativen Konstruktion bewusst. Diese wird – ganz im Sinne von Nietzsches Abhandlung (15) – zu einer „Lüge im aussermoralischen Sinne“, einer besonderen Form des Für-Wahr-Erklärens, das freilich nicht willkürlich ist, sondern auf einer besonderen Evidenz fußt, mit der wir „(d)es Lebens labyrinthisch irren Lauf“ geordnet haben. (16) Denn es wäre eine Simplifizierung anzunehmen, wir könnten unser Leben willkürlich mit Fiktionen ausgestalten und dabei mit den sog. Fakten frei schalten und walten. Vielmehr ist dies ein komplexer, vielschichtiger Prozess, bei dem sich Vorstellungen auf verschiedenen Ebenen überlagern und um Evidenz konkurrieren.

Solche Evidenz muss Voreinstellungen, sprachliche Übereinkünfte, kollektive kulturelle Deutungsmuster auf den verschiedenen Ebenen der Wirklichkeitserfassung abgleichen, wobei wir vor allem auf der Ebene der Bedeutungszuweisung und Sinnfindung die größte Deutungshoheit erhalten. All diese Ebenen sind in komplexer Weise aufeinander abzustimmen, wenn für uns Überzeugungskraft entstehen soll. Die These von der Subjektivität von Erkenntnis und dem Verlust an Wahrheit darf nicht dahingehend missverstanden werden, nun sei ungezügeltem Dafürhalten und Behaupten Tür und Tor geöffnet. Auch die transzendentalen Vorbedingungen unserer Erkenntnis als menschlicher Spezies bis hin zu den kollektiven Deutungsmustern der Sprachen gehören zu solcher Subjektivität von Erkenntnis und drücken ihr einen quasi-objektiven Stempel auf. Nur wenn es uns gelingt, unser Leben als evidente, überzeugende Konstruktion unter Berücksichtigung dieser komplexen Vorgaben zu erzählen, kann eine solche Fiktionalisierung, ohne dem Anspruch auf Wahrheit zu genügen, „wirklich" einige Plausibilität für uns selbst und andere haben. Insbesondere in Zeiten, in denen die Rede von den alternativen Fakten bzw. Fake News umgeht, müssen Missverständnisse ausgeräumt werden, die sich mit der These von der subjektiven Fiktionalisierung von Lebensläufen oder geschichtlichen Abläufen im Kontext einer radikalen Erkenntniskritik in der Nachfolge Nietzsches verbinden können. Diese konstruktivistische Erkenntnistheorie hat die nihilistischen Konsequenzen unmissverständlich gezogen, sodass sie es ist, die den Namenszusatz des radikalen Konstruktivismus verdient. Radikal heißt hier offensichtlich nicht, dass wir zu Äpfeln auch Birnen sagen können oder umgekehrt. Die sprachlichen Übereinkünfte und Strukturen, die sich Gemeinschaften von Subjekten geben, müssen wir berücksichtigen, selbst wenn wir sie durchbrechen. Doch diese objektiven Strukturen bleiben eine subjektiv vermittelte Objektivität, gewähren keine subjekt-unabhängige Wirklichkeit und Wahrheit. Nihilismus, wenn er über sich selbst aufgeklärt sein will, erweist sich nicht in der bloßen Negation solcher „objektiver" Fakten, sondern in der Erkenntnis der in ihnen noch ganz unbeantworteten existenziellen Lebensfragen, für die wir keine positive Wahrheit finden. Wenn wir dennoch zu plausiblen Antworten für unser Erkennen und Handeln gelangen wollen, dann haben wir in einem komplexen Vorgang solche instabilen Evidenzen, die unsere poietische Einbildungskraft hervorbringt, mit den Ebenen der letztlich subjektiv vermittelten „objektiven" Fakten abzustimmen, damit uns solche evidenten Antworten „einleuchten".

Missverständnisse ergeben sich auch in der trivialisierten Rede vom Leben als Kunstwerk, wobei gemeinhin unterstellt wird, dass es sich um den klassischen, harmonischen Begriff von Schönheit handele und nicht etwa die „nicht mehr schönen Künste“ (17), geschweige denn eine Ästhetik des Hässlichen. Unser Leben ist allenfalls Kunstwerk, indem wir einzelne fragmentarische Gestaltungen vornehmen können, die sich immer wieder an Widerständigem reiben und von diesem zunichte gemacht werden, also eine vollendete künstlerische Gestaltung nur ahnen lassen. Wenn hier überhaupt von einem Kunstwerk sinnvoll gesprochen werden kann, dann sind es solche versprengten Fragmente, die wir wie „Feuerfunken“ in der Finsternis der Kontingenz, dem „labyrinthisch irren Lauf“ unseres Lebens zum Leuchten bringen.(18) Gerade wenn wir die Chimäre eines einheitsstiftenden Sinnes vergessen und mit „mikrologischem Blick“ in unseren Lebenslauf eindringen, werden wir in Vergangenheit wie Gegenwart erleuchtete, augenblickshafte Bruchstücke entdecken können, die in sich Sinn erscheinen lassen, ohne vom Ganzen her eine teleologische Rechtfertigung zu erfahren, oder einen solchen ganzheitlichen Sinn nur erahnen lassen. (19)

Für den aufgeklärten Nihilisten wird das Chaos, in das wir Sinnzusammenhänge und Ziele unseres Lebens hineinbilden, immer wieder als dessen Nachtseite, Ur- und Abgrund und ebenso als Ermöglichungsgrund von Freiheit und den durch sie geschaffenen Fiktionen ins Bewusstsein rücken. Er wird auf einheitsstiftende Mythenbildungen von dem *einen* Sinn eines Lebens gerne verzichten, um Evidenzen von Sinnfragmenten glaubhafter in der biografischen Arbeit hervortreiben zu können. Wir schaffen zumeist mehr Evidenz, wenn wir auf einheitsbildende Mythen in der Darstellung unseres oder eines fremden Lebenslaufes verzichten. So ist der Verzicht auf die Mythologeme von Konsistenz und Ganzheit geeignet, die Glaubwürdigkeit und Evidenz unserer Biografiearbeit zu erhöhen, insofern wir diese mit der Vorstellung vom Selbstanspruch auf Ehrlichkeit vorantreiben und nicht bestrebt sind, Brüche und Widersprüche zu glätten. Dies gilt auch für die Biografien vieler sogenannter öffentlicher Vorbilder: Die Mythenbildungen, die sie umranken, lösen sich bei zeitlichem Abstand und genauerer Analyse bekanntlich mit großer Regelmäßigkeit auf.

Die Rede von einer Fiktionalisierung des Lebenslaufes treibt dennoch beständig den Gedanken des Lebens als eines kompakten Kunstwerkes hervor. Bereits Nietzsches Geliebte Lou Andreas-Salomé hat im vorangestellten Motto zu ihrem „Lebensrückblick" die Phrase vom Leben als Kunstwerk abgewiesen. (20) Sie weist darauf hin, dass das Leben mitgestalte, uns Reibungsflächen und widerständiges Material für unsere „künstlerische" Arbeit liefere, diese gar vereitele, sodass hier von einem „Kunstwerk" nur in einem viel differenzierteren und eingeschränkteren Sinn, als dies gewöhnlich geschehe, gesprochen werden könne: „Weit, weitab von der alten Phrase vom ‚Sich-das-Leben-zum-Kunstwerk-machen'; wir sind nicht unser Kunstwerk." Es verwundert nicht, dass dieser „alten Phrase" vom „Leben als Kunstwerk" bzw. vom „schönen Leben" in der Folgezeit in einer von Reklame und Wellness – Angeboten geprägten Kulturindustrie noch eine steile Karriere bevorstehen sollte, die – wenn man den Buchmarkt überblickt – noch nicht beendet ist und eine glänzende Vermeidungsstrategie gegenüber dem Nihilismus darstellt, welcher die Grundierung jeglicher Fiktionalisierung unseres Lebens bildet. Jene Phrase könnte aber in einem viel differenzierteren und tragischen Sinne ihre Gültigkeit behalten: Nach der großen Ent-Täuschung gilt es, nicht den passiven Nihilismus als Endzustand festzuschreiben, sondern gleichsam auf dessen Trümmerfeld die vereinzelten Bruchstücke von Erhaltenem und Erhaltenswertem zu sammeln, die aktive Kraft der Deutungshoheit über solch versprengtes Material zu behalten, in diesem die künstlerischen „Feuerfunken" wahrzunehmen …

Das Leben ist somit Kunstwerk in dem Sinne, dass es eine „Zweckmäßigkeit ohne Zweck" in Kants Verständnis des ästhetischen Geschmacksurteils inkorporiert. (21) Mit aller Vorsicht ließe sich zusammenfassen: Der Sinn des Lebens ist, dass es gelebt wird, und diese seine immanente Zweckmäßigkeit ist tendenziell keine durchgehende eines „roten Fadens", sondern eine vielfach zerfaserte, gebrochene, fragmentierte Zersplitterung in ein Allerlei von Zwecken, in Lichtspuren von Sinn, die ein Kunstwerk nur erahnen lassen. Was uns dabei bleibt, habe ich eine „gebrochene Fiktionalisierung des Lebenslaufes" genannt. (22) Solche Sinnfragmente werden durch gültige, lebenserhaltende und lebensfördernde Imaginationen konstituiert, auch wenn diese rein rechnerisch bzw. prozentual einen verschwindenden Anteil an unserem additiv strukturierten Lebensmaterial ausmachen sollten. Solche Überbietung des rechnerischen Kalküls hat

Hölderlin in dichterischer Zuspitzung ausgedrückt: „Einmal / Lebt ich, wie Götter, und mehr bedarfs nicht.“ (23)

Was mit lebensfördernd gemeint ist, erhellen konträre Imaginationen, die sich retrospektiv mit alternativen Lebensentwürfen beschäftigen. Insbesondere mit fortschreitendem Alter bedrängen uns zuweilen solche Imaginationen von Alternativen, die wir in unserem verwirklichten Lebenslauf vielleicht versäumt haben, aber vielleicht hätten wählen sollen. Wir merken jedoch bald, wie fruchtlos solche Beschäftigung mit diesen Imaginationen für unsere Gegenwart und unsere Biografiearbeit ist. Es sind nicht lebensdienliche Imaginationen im Unterschied zu denen, mit deren Hilfe wir Möglichkeiten unserer realen Lebenssituation ausschöpfen oder rückblickend unserem Leben einen in Fragmente versprengten Sinn zuweisen. Die imaginierten alternativen Lebensentwürfe lassen uns aber gewahr werden, dass auch unser vorliegender Lebenslauf nur eine – wenn auch verwirklichte – Möglichkeit ist. Sie lassen unser gegenwärtiges Leben in einer Brechung erscheinen, als eine – nun zu unserer Wirklichkeit gewordene – Fiktion, in die wir mit unserer Einbildungskraft weiterhin hineinwirken können. Eine kleine Anekdote möge dieses dritte Beispiel abrunden. Ein offensichtlich unter Depressionen leidender Bekannter vertraute mir an, er habe den Sinn seines Lebens verfehlt. Ich entgegnete ihm kurzerhand, als „bekennender“ Nihilist sei ich der Auffassung, es gebe keinen Sinn des Lebens, sodass er ihn auch nicht verfehlt haben könne. Er müsse seinem Lebenslauf nur andere Sinndeutungen rückblickend zukommen lassen und dem nihilistischen Imperativ folgen: „Es sei der Sinn in Eurem Leben, dem Leben einen Sinn zu geben.“ (24) Ich fundierte diese zunächst salopp und simpel wirkende These, indem ich zusammen mit ihm seine Biografie im Einzelnen aufarbeitete. Wir waren beide überrascht, wie sich neue und lebensdienliche, vereinzelte Sinndeutungen überzeugend dabei ergaben und ihm zu einer lebensbejahenden Perspektive schrittweise verhalfen, ohne auf Phrasen vom glücklichen Leben als Kunstwerk zurückgreifen zu müssen.

Imaginationen begleiten uns maßgebend auf unserem Erkenntnis- und Lebensweg bis in den Tod hinein, der für unsere auf Selbstsorge abzielenden Imaginationen die größte Herausforderung darstellt. Sie sollen dieses Kapitel als viertes Beispiel abschließen. Diese große Leere, dieses Nichts, das uns alle erwartet, muss geradezu zwangsläufig zu einer Projektionsfläche unserer Einbildungskraft werden. Kaum haben wir das Nichts gedacht, bilden wir etwas hinein. (25) Und welches Verbot sollte gerade den Nihilisten davon abhalten, auch tröstliche, heilsame und befreiende Imaginationen mit dem Tod zu verbinden, solange diese nicht zu „Wahrheiten“ dogmatisiert werden? Es ist reizvoll, gehaltvolle und überzeugende Imaginationen über den Tod und sein mögliches Jenseits zusammenzustellen (26). Die Beispiele sind Legion. Eines davon möchte ich hier herausgreifen, ein flüchtiges Bild des Todes, ein ins Unendliche zerfließendes Bild des Nichts. Es stammt aus Shakespeares "The Tempest“ (27) und wurde als Epitaph Percy Bysshe Shelleys auf dem protestantischen Friedhof von Rom gewählt:

> Nothing of him that doth fade
> But doth suffer a sea-change
> Into something rich and strange.

Auf dem Grab des mit Shelley geistesverwandten englischen Dichters John Keats findet sich eine ähnliche Wassermetaphorik:

> Here lies One
> Whose name was writ in Water –

Jeder mag selbst entscheiden, welche Evidenz solchen Bildern des Todes zukommt. Ein für mich nicht nachvollziehbares Beispiel war in einem Vortrag eines amerikanischen Anthroposophen die Behauptung, die mit dem Gestus der Wissenschaftlichkeit vorgetragen wurde, es sei ein Ergebnis der „spiritual science“, dass nach unserem Tode unsere Seele eine „space travel“ von zwei Jahren durchlaufe, in der sie von allerlei Geistern gereinigt werde etc. Man wird hier gewahr, dass Imaginationen als Imaginationen selbstdurchsichtig bleiben müssen, um Glaubwürdigkeit zu bewahren; sonst beanspruchen sie ein Wissen, das ihnen nicht zukommen kann. (28) Gerade das mystische Erleben ist der Gefahr ausgesetzt, dass das wertvolle imaginative Erleben als Offenbarung umgedeutet und so die Einsicht in eine „Wahrheit“ erschlichen wird. (29)

Während sich unsere Imagination direkt mit dem Tode in den Lebensphasen beschäftigen kann, in denen wir unserer Vergänglichkeit bewusst werden, ist ihre Indirektion viel häufiger, geradezu der Regelfall: Unsere Fiktion, der Tod käme nicht unweigerlich und schrittweise auf uns zu, führt uns in Todesvergessenheit durch das Leben, dem wir uns dann ganz zuwenden. Diese Fiktion einer Ewigkeit im Leben, dem wir uns in Todesvergessenheit und Nichtsvergessenheit ganz zuwenden, hat Nietzsche in seinem bewegenden Aphorismus „Der Gedanke an den Tod“ dargestellt:

> Es ist immer wie im letzten Augenblicke vor der Abfahrt eines Auswandererschiffes: man hat einander mehr zu sagen als je, die Stunde drängt, der Ozean und sein ödes Schweigen wartet ungeduldig hinter alle dem Lärme – so begierig, so sicher seiner Beute. Und Alle, Alle meinen, das Bisher sei Nichts oder Wenig, die nahe Zukunft sei Alles: und daher diese Hast, diess Geschrei, dieses Sich-Uebertäuben und Sich-Uebervortheilen! Jeder will der Erste in dieser Zukunft sein, – und doch ist Tod und Todtenstille das einzig Sichere und das Allen Gemeinsame dieser Zukunft! Wie seltsam, dass diese einzige Sicherheit und Gemeinsamkeit fast gar Nichts über die Menschen vermag und dass sie am Weitesten davon entfernt sind, sich als die Brüderschaft des Todes zu fühlen! Es macht mich glücklich, zu sehen, dass die Menschen den Gedanken an den Tod durchaus nicht denken wollen! Ich möchte gern Etwas dazu thun, ihnen den Gedanken an das Leben noch hundertmal denkenswerther zu machen. (30)

Angesichts ihres Todes hebt sich das ausschließlich rationale Denken dieser Auswanderer auf in lebensdienlichen, heilsamen Fiktionen, die ihre Vernünftigkeit gerade in der Todesvergessenheit entfalten, die wiederum rationale Gedankenketten in Gang setzt. Es sind lebenserhaltende und lebensfördernde Imaginationen, die uns an das Leben binden und den Tod vergessen lassen. Da die Auswanderer ihre Fiktionen aber nicht als Fiktionen durchschauen, sind sie in einer unangemessenen Hast und einem gegenseitigen Kampf befangen. Was den Philosophen von ihnen abhebt, ist seine bewusste Selbstaufhebung des Denkens durch das Denken selbst. Damit bleiben für ihn die Fiktionen als Fiktionen im Prinzip durchschaubar, d.h. selbstdurchsichtige, vernünftige Einbildungen. Dieser Schwebezustand verlangt von ihm ein besonderes Maß an geistiger Energie und Differenzierungsvermögen. Die Selbstnegation des Denkens führt angesichts des

Todes in lebenskluge Fiktionen von Todesvergessenheit, die der Philosoph als selbstdurchleuchtete Fiktionen aufrechtzuerhalten vermag. Wieder begegnet uns hier das Paradoxon, dass Nicht-Denken vernünftiger als Denken sein kann, ein Paradoxon, dessen Sinn sich nur erschließt, wenn auf die Rolle der Einbildungskraft reflektiert wird, die vorübergehende Evidenzen schaffen kann und der somit Vernünftigkeit im Denkprozess zukommt.

Aufgeklärte Nihilisten sind mit der menschlichen Existenz als einem Endspiel befasst. Auch hier ist es die Dichtung, welche eindrucksvoll den Nihilismus über sich selbst in die Aufklärung führt. Becketts „Warten auf Godot" wie sein „Endspiel" rücken in den Dialogen über Sinn und Sinnwidrigkeit unserer Existenz die Sinnlosigkeit bildhaft vor Augen, ohne dass wir ihr Endgültikeit zusprechen könnten. (31) Der Tod ist der große Lehrmeister des Nihilismus, „die große Zurechtweisung", „die große Enttäuschung". (32) Viele nihilistische Denkmotive verdichten sich, wenn Becketts Pozzo über die Menschen sinniert:

> Sie gebären rittlings über dem Grabe, der Tag erglänzt einen Augenblick und dann von neuem die Nacht.

Die Nachtfahrt unseres Lebens gelangt hier zu einem beklemmenden Ausdruck, diese „Umnächtigung" unserer Existenz, die – nur von Tagen der Erleuchtung erhellt – zu einem flüchtigen Augenblick zusammenschrumpft. Wie vermögen wir dieses Bild auszuhalten, mit dieser bestürzenden, alptraumartigen Vision zu leben? Es fragt sich, weshalb angesichts solcher Bilder die Rolle der Einbildungskraft so wenig diskutiert worden ist, mit deren Hilfe wir Tod und Vergänglichkeit mit lebensklugen Fiktionen ausblenden: Mit Verstand leben wir von Fiktionen. Es ist, als ob die Philosophen wie schon Platon die Einbildungskraft aus ihrem Gebiet exilieren wollten, weil sie – schon vor aller Kunstproduktion im engeren Sinne – das schöpferische Vermögen ist, in Fiktionen unsere Vergänglichkeit zu übertrumpfen, die von der philosophischen rationalen Reflexion doch als unumgänglich erkannt wird.

Es gibt nur eine plausible Antwort auf die Frage nach den Gründen unserer todesvergessenen Lebensenergie, die in eine Betrachtung der Leistungen der Einbildungskraft mündet: In von Dauer und gar Ewigkeitshoffnungen getragenen Einbildungen täuschen wir uns wie die Auswanderer in Nietzsches

Aphorismus über das offene Meeresgrab hinweg, das doch vor uns liegt. In Feuerfunken rebellieren wir gegen unsere Vergänglichkeit. In ihnen hebt sich das diskursive Denken – sich selbst negierend – auf und führt uns in die Evidenz lebensdienlicher Fiktionen, die unsere Flucht vor dem Tode zu verlängern vermögen, ihn zeitweilig vergessen lassen. So drückt Becketts verstörendes Bild in einer sich selbst reflektierenden Einbildung die Nichtigkeit unserer Existenz aus und evoziert die Möglichkeit, in „erglänzenden Augenblicken" von heilsamen Fiktionen zu leben. In deren Scheincharakter holen wir Vergänglichkeit und Tod in das Leben hinein, das erst auf solcher Grundierung seinen Wert behauptet. Somit gibt es neben dem epistemologischen Perspektivismus, der uns in grundsätzlicher, transzendentaler Hinsicht nicht erlaubt, über den Tod hinaus ein sicheres Wissen zu erlangen, einen voluntaristischen Perspektivismus, der uns von allen rationalistischen Gedanken an den Tod Abstand nehmen lässt zugunsten von lebensklugen, selbstdurchsichtigen Imaginationen, dass dieser nicht das Letzte sein könnte.

Das philosophische Bewusstsein wird in besonderer Weise die Gedanken und Bilder der Vergänglichkeit und des Todes pflegen und dabei gerade das Leben zu bereichern suchen. Wie sich dem Leben und dem Tod zugewandte Imaginationen verschränken können, deutet Wassily Kandinskys Gemälde „Arabischer Friedhof" (1909) an, welches dieses Kapitel beschließen soll. Leuchtende Farben vermischen sich in Fragmentierungen mit dem Dunkel des Friedhofes, der im Vordergrund die Begegnung einer lebendigen blauen Gestalt mit einer Mumie inszeniert. Das Leben kann durch die Bilder des Todes gewinnen, seine Lebendigkeit steigern, die nicht nur in der Abwesenheit des Todes besteht, sondern gerade in der Todesahnung gewonnen wird. Erst in ihrer Vergänglichkeit werden die Dinge lebendig, gewinnen sie ihre Besonderheit und Einmaligkeit, ihren Wert für unser Leben. Wenn so das Vergänglichkeits- und Todesbewusstsein als Hintergrundfolie unseres Lebens von den Bewusstseinsrändern her durchscheint, kann die Farbigkeit unseres Lebens aufstrahlen, können dessen „Bunte Schleier des Nichts" sich mit Lebendigkeit bewegen. (33)

Wassily Kandinsky: „Arabischer Friedhof" (1909)

Anmerkungen

1) Insbesondere geben folgende Paragraphen in PDN2 den Ausführungen in diesem Kapitel ihre philosophische Begründung: § 53: *Vernünftigkeit der Einbildungskraft statt Vernunft*, § 56: *Die virtuelle Trennung von Einbildungskraft und Verstand*, § 67: *Das Einfallstor des Nihilismus in Kants System*, § 77: *Einfall des Nihilismus*, § 81: *Der imaginative Erkenntnisweg*, § 82: *Mit Vernunft leben wir von Fiktionen.* – Entsprechend der Bedeutung der Imagination für unsere Erkenntnis sind die Bilder, welche die Kapitel dieses Buches begleiten, nicht bloße Bebilderungen, sondern Bestandteil der sich entwickelnden Denkprozesse.
2) KSA XIII, S. 500
3) PDN 2, S. 51, 151, 175, 497 unter Bezug auf Arbeiten von Wolfgang Welsch
4) Hier sind zwei Erkenntnisebenen, wie sie Watzlawick unterscheidet, von Wichtigkeit: Während wir auf der Ebene der „objektiven" Fakten, die letztlich unseren gemeinsamen Setzungen und damit einer subjektiv vermittelten Objektivität entstammen, weitgehend gebunden sind, können wir auf einer zweiten Ebene der Bedeu-

tungszuweisungen und Sinngebungen „unsere" Wirklichkeit viel freier definieren und gestalten. Hierzu PDN 2, S. 163 f. – Watzlawick, Paul: *Wirklichkeitsanpassung oder angepaßte ‚Wirklichkeit'? Konstruktivismus und Psychotherapie*. In: Gumin / Meier, 2010, S. 89 – 107. Diese Begrifflichkeit sollte nicht vergessen lassen, dass auch jene erste Ebene keine Wahrheit verbürgt, da die objektiven Strukturen den Setzungen und Übereinkünften einer Gemeinschaft von Subjekten entstammen, also letztlich subjektiv und keine Aussagen über eine subjekt-unabhängige Wirklichkeit und Wahrheit sind. Dabei werden wir unsere Bemühungen um Evidenz mit diesen objektiven Strukturen abgleichen, und selbst wenn wir sie durchbrechen wollen, dies aus uns überzeugenden Gründen tun. Die Meinung, wir könnten im Sinne einer konstruktivistischen Erkenntnistheorie nach deren Absage an Wahrheit mit den sog. objektiven Fakten nach Belieben frei schalten und walten und somit einfach unsere „alternativen Fakten" generieren, ist eine Simplifizierung des Erkenntnisproblems im über sich selbst aufgeklärten Nihilismus, der positiven Wahrheitsbehauptungen eine Absage erteilen muss, gerade weil er an einem grundsätzlichen Begriff von Wahrheit festhält. Was bleibt sind instabile Evidenzen, die ohne jede Berücksichtigung von vorgegebenen Strukturen ihres „einleuchtenden" Charakters zumeist ermangeln dürften.

5) Deshalb habe ich in dem Titel des § 82 aus PDN 2 *Mit Vernunft leben wir von Fiktionen* bei der Übernahme in dieses Kapitel den Begriff „Vernunft" durch „Verstand" ersetzt, da sich die Vernunftideen als Produkte der Einbildungskraft erweisen; vgl. PDN 2 §§ 67, 77

6) In PDN 2, § 166: *Eine Hymne dem Erdenwurm* wird diese Befindlichkeit dargestellt. Zu Nietzsches „Übermensch" insbesondere §§ 173, 174

7) Zu dem Begriff „Heroischer Nihilismus" PDN 2, S. 276 – 297

8) Vgl. PDN 2, S. 403: „Der menschliche Erdenwurm, der seiner Nichtigkeit bewusst geworden ist, muss die Kräfte eines Übermenschen entwickeln, wenn er weiterleben will, wenn er seine Nichtigkeit durchschaut und dennoch kraftvolle Imaginationen aufbringt ..."

9) KSA VI, S. 295 f.; KSA II, S. 550 f.

10) KSA VI, S. 295 f.

11) Zum Optimierungswahn, dem das Modewort „suboptimal" dient, PDN 2, S. 430 – 432

12) Als Beispiel könnte in diesem Roman Aschenbachs letzte Stunde vor seinem Tod dienen, s. FF S. 114 – 116. Selbst diese Episode zusammenzufassen verfehlt die Evidenz, die sie entwickeln kann, wenn wir uns im Lesen in diese Begebenheit hineinversetzen.

13) KSA XI S. 502 f.

14) Bourdieu, Pierre: *Die biographische Illusion*. In: *BIOS. Zeitschrift für Biographieforschung und Oral History*. 3 (1990), S. 75 – 81. – Die Gestalttheorien der Psychologie bieten plausible Erklärungsmöglichkeiten für die In-Eins-Bildung von Additionen, denen in

ihrer gestalteten Gesamtheit durch „Übersummativität“ eine über die isolierten Einzelteile hinausreichende Qualität zukommt, die der poietischen Einbildungskraft entstammt.

15) KSA I (*Über Wahrheit und Lüge im aussermoralischen Sinne*) S. 875-890
16) Goethe rückblickend über sein Leben in *Zueignung* (V. 14) zu *Faust*, hrsg. von Erich Trunz. München 1986
17) Vgl. den Titel eines Kolloquiums (Jauß 1966)
18) Wir greifen hier ein Bild aus dem 3. Band *Feuerfunken* der nihilistischen Romantrilogie *Bunte Schleier des Nichts* auf, FF bes. S. 170 f. u. 188.
19) Zum „mikrologische(n) Blick“ vgl. W. Adorno (1966), S.398
20) Andreas-Salomé, Lou: *Lebensrückblick*. Frankfurt am Main 1968
21) KU § 17, S. 319
22) So der Titel des § 127 PDN 2
23) Hölderlin: *An die Parzen*, Kleine Suttgarter Ausgabe 1966, Bd. I, S. 247 (Schlussvers)
24) Das Verspaar findet sich in Josh Goldbergs sehr beachtenswertem philosophischen Theaterstück: *Kristina und Descartes.* Hamburg 2019. S. 46. Ich habe den Zweizeiler in einem der „nihilistischen Imperative“ im letzten Kapitel zitiert (Nr. 29).
25) Vgl. PDN2 §1: *Vom Sinn des Anfangens* mit Anregungen zu einer Imagination
26) Vgl. PDN 2 § 187 mit einer kleinen Zusammenstellung
27) Shakespeare, William: *The Tempest*. The Arden Shakespeare. Third Series. London 1999, S. 178, V. 400 – 402 (I, 2)
28) Damit ist keine pauschale Kritik der Anthroposophie Rudolf Steiners verbunden, sondern nur eine Tendenz aufgezeigt, die in ihr wie anderswo als Gefahr auftauchen kann. Zur Anthroposophie PDN 2, S. 386 f.
29) Vgl. PDN 2, § 180: *Mystik – die erschlichene Einsicht*
30) KSA III S. 523. Nietzsche hat die Bedeutung von Fiktionen in diesem Aphorismus nicht eigens thematisiert; ein dezidiertes Eingehen auf die Rolle der Einbildungskraft fehlt insgesamt in seiner Philosophie, ist aber in seiner Betonung der Rolle des Künstlerischen und der Kunst in Hinblick auf den Verlust von Wahrheit impliziert. So bleibt offen, was das Wort „denkenswerther“ im letzten Satz meint. Hier deutet sich an, dass das Imaginieren als wesentlicher Teil in die Analyse unserer Denkvorgänge einbezogen werden muss.
31) Das folgende Zitat aus Beckett, Samuel: *Warten auf Godot*. Frankfurt am Main 1971. S. 221
32) Schopenhauer, Arthur: Werke II, S. 589
33) Vgl. die Romantrilogie *Bunte Schleier des Nichts* u. Bd. 1 (NF) S. 192: „Es gibt eine Verfallenheit an das Alltägliche, die dem Tode gleichkommt – ein Leben, das erst aufblüht in der Auflösung des Alltäglichen ins Nichts. In diesem unwiederbringlichen Verschwinden wird alles für Augenblicke schön.“

Kapitel 5
Mit Ockhams Rasiermesser gegen Depressionen

Zur Diätetik des Denkens

Rodins berühmte Bronzeplastik „Le Penseur“ scheint auf den ersten Blick den Philosophen darzustellen, den typischen „Denker“, der ganz in seine Gedanken versunken grundlegenden Fragen der Existenz zugewandt ist. Nicht umsonst ist er eine in Lehrbüchern der Philosophie oft verwendete Illustration. Doch bei genauerer Betrachtung stellen sich Zweifel an dieser Deutung der Plastik „Der Denker“ als Personifikation des Philosophen ein. Noch schärfer möchte ich die These vertreten, dass „Le Penseur“ – von Rodin beabsichtigt oder nicht – ein Zerrbild des Philosophen vor Augen führt, dem es nicht gelingt, seine denkerische Tätigkeit zu vollgültiger Philosophie zu entfalten. Denn

Rodin: *Le Penseur* (1880/82)
Musée Rodin in Paris

er philosophiert nicht, sondern grübelt – gequält von Gedanken, die ihm ersichtlich jede Lebensfreude und jeden Kontakt zur Außenwelt rauben.

Doch was ist der Unterschied zwischen Philosophieren und Grübeln? Liegt es nicht in der Konsequenz gerade der Philosophie des Nihilismus, dass sich die Gedanken endlos fortbewegen, ohne einen Abschluss und „die Wahrheit“ zu finden, von der die nihilistische Philosophie nur noch in der Negation zu reden vermag? Dann wäre Rodins Plastik doch die in Bronze gegossene Philosophie unseres nihilistischen Zeitalters!

Es dürfte als negatives Fazit der modernen Erkenntnistheorie gelten, dass der Verstand zu keiner abschlusshaften Erkenntnis von Wahrheit fähig ist. Seine Urteile, deren Objektivität in Kants Transzendentalphilosophie auf Allgemeinheit und Notwendigkeit abzielen, können nicht die grundlegenden Fragen unserer Existenz beantworten. Auch die Vernunft, mit der Kant den Verstand gleichsam verlängert und damit dessen Ansprüche auf Allgemeinheit und Notwendigkeit, verstrickt sich in den letzten Fragen in Antinomien, die unauflösbar bleiben. (1) In den regulativen bzw. hypothetischen Ideen der Vernunft verbergen sich, wie die „Philosophie des Nihilismus“ aufzeigt, Produkte der Einbildungskraft, denen die weitreichende Erkenntniskraft nicht zukommt, die Kant ihnen zusprechen möchte. (2) Vielmehr sind sie das Einfallstor des Nihilismus in Kants System. Es bleibt bei der für uns unübersteigbaren Trennung von Erscheinung und Ding an sich. Unser Verstand irrt letztlich führungs- und orientierungslos dahin, wenn wir nicht die Rolle der Einbildungskraft erkennen, die freilich nicht als den Verstand verlängerndes Vermögen, sondern als schöpferische Kraft in einer Ästhetisierung der Erkenntnistheorie „Wahrheiten“ setzt. Diese haben nur subjektiven und ephemeren Charakter und ihnen kommt keine vollgültige Objektivität zu. Hier bietet sich also die Möglichkeit, den Verstand zu partiellen Lösungen hinzuleiten und unser Handeln durch solche evidenten Fiktionen anzuleiten, ganz im Sinne des lateinischen Wortes fingere, denn wir haben sie geschaffen, gemacht, „erdichtet“. Damit ist das Gedankenkarussell vorübergehend zur Ruhe gekommen, die Jagd des Verstandes, der zu jeder These eine Antithese setzt, wenigstens intermittierend beendet. Denn wir wollen lebens- und handlungsfähig bleiben, in unserem Leben Wohl erlangen und Weh vermeiden. Diesen entscheidenden Schritt hat „Le Penseur“ nicht tun können, denn als Denker hat er noch nicht zu einer heilsamen Imagination gefunden, welche die Gedankenketten, an die er in seinem Denken gefesselt ist, aufschließt. Wir müssen uns Sorgen um seine und unsere Seele machen, denn seit Sokrates hat Philosophie diese Aufgabe der Epimeleia, die Sokrates, nachdem er nach aller dialogischen Verstandesarbeit das Nichtwissen ins Bewusstsein gerückt hatte, dem Daimonion zuschrieb, einer leitenden Stimme im Inneren, die wir nach diesen zweieinhalb Jahrtausenden mit unseren imaginativen, intuitiven Fähigkeiten verbinden. (3)

Wenn wir mit dieser Blickrichtung „Le Penseur" als einen Philosophen sehen, dem es nicht gelingt, den Weg der Philosophie zielführend zu beschreiten, dann wird zugleich deutlich, welche Aufgabe heilsame Imaginationen im Rahmen unseres Denkprozesses haben. Umgekehrt können wir mit dem Fehlen solcher Imaginationen verstehen, was der Grund für Verwirrungen unseres Denkens bis hin zu psychischen Erkrankungen ist. Nicht zufällig ist Rodins Plastik auch vor der psychiatrischen Klinik in Istanbul im Stadtteil Bakirköy aufgestellt worden. Ich möchte als Beispiel für psychische Erkrankungen im Folgenden die Depressionen anführen, die immer wieder als Volkskrankheit unserer Zeit bezeichnet werden.

Wir können sie als Dammbrüche im Bewusstsein verstehen, die dazu führen, dass es von Erinnerungen und belastenden Gedankenketten, welche diese Erinnerungen zum Gegenstand haben, überflutet wird, ohne dass imaginative „Denkstopper" wirksamen Einhalt gebieten können.(4) Erinnerungen gar traumatischer Art, Sorgen und Befürchtungen, verbunden mit durchaus logischen Gedankenketten, belasten die Person dann beständig, sodass sie die für den Alltag lebensnotwendigen Fokussierungen nicht mehr zu leisten fähig ist. Was unter dem Titel Depressionserkrankungen gemeinhin zusammengefasst wird, sind solche störenden, „niederdrückenden" Gedanken- und Bilderketten, denen keine ponierende Einbildungskraft in der Konzentration auf lebensfördernde Einbildungen mehr Einhalt gebieten kann. Oft liegt der Fokus solch evidenter Imaginationen im Hier und Jetzt, nicht in der Vergangenheit oder Zukunft, die irritierende, hyperaktive Vorstellungen unaufhörlich in Gang setzen können. Wenn diese lebensfeindlich und unfruchtbar werden, sollten wir sie mithilfe der ponierenden Einbildungskraft gleichsam in eine Ablage verweisen oder auf einer Mülldeponie unnützer Vorstellungen entsorgen.

In gesteigerter Form kann der Verlust der ponierenden Fähigkeit unserer Einbildungskraft dazu führen, dass wir den Überlebenskampf unseres Bewusstseins verlieren. So ist hier der Auslöser, wenn nicht Grund vieler psychischer Schwierigkeiten und Erkrankungen zu suchen, wobei zu bezweifeln ist, ob der Mainstream unserer etablierten Psychotherapie und Psychiatrie gezielt die Hebel ansetzt, um solche Dammbrüche durch eine Pflege ponierender imaginativer „Denkstopper" zu beseitigen. Man muss die erkenntnistheoretischen Zusammenhänge berücksichtigen und die Diagnose auch in philosophischer Hinsicht zu Ende führen, um die Therapie sinnvoll anzugehen und – dann eventuell unter Verzicht auf Psychopharmaka – die mentalen Selbstheilungskräfte zu aktivieren, die erst zu reifen beginnen, wenn wir Verstand und Einbildungskraft im täglichen Denken und Handeln ins rechte Lot gebracht haben. Erst die Herausbildung eines Bewusstseins von diesem rechten epistemologischen Lot kann Heilung nachhaltig begründen und dadurch eine sinnvolle Therapie bewirken, wenn diese sich nicht durch einen anderen Lebensdenkstil bereits erübrigt hat.

Erst wenn in einer solchen Diätetik des Denkens die Rolle der Einbildungskraft in unseren Denkprozessen gewürdigt worden ist, kann die scheinhafte Logik der Gedankenketten, welche den Depressiven quälen, aufgelöst werden. Seine Gedanken sind keineswegs unlogisch, sondern entfalten gerade durch die unerbittliche Verstandeslogik ihre unheilbringende Kraft. Wenn aber erkannt wird, dass diese Logik nicht das letzte Wort sprechen muss, weil wir auch generell in unserem gesunden Bewusstsein zumeist uneingestanden den Vorstellungen einer lebensdienlichen Einbildungskraft folgen, dann wird der Bann der Verstandeslogik leichter gebrochen. Ich maße mir nicht an, hier psychiatrische Behandlungsmethoden im Einzelnen zu kritisieren oder in Frage zu stellen, möchte aber gezielt auf erkenntnistheoretische Zusammenhänge hinweisen, die Grundlagen auch für Psychiatrie und Psychotherapie sein müssen, sodass sie dann in entsprechende Behandlungskonzepte umgesetzt werden.

In diesem Zusammenhang ist in Anlehnung an Nietzsches Erkenntnistheorie der Perspektivismus hervorzuheben, der sich aus der „Diaspora der Vernunft in der Einbildungskraft" ergibt. (5) Vernünftige, genauer gesagt: evidente Einbildungen machen eine Revision des traditionellen Wahrheitsbegriffes erforderlich, da der einbildende Perspektivismus auf ein möglichst breit gefächertes Zergliedern und umfängliches Analysieren verzichten muss. So ist im Perspektivismus der Zerfall des Wahrheitsbegriffes beschlossen: Der Widerspruch, dass Nicht-Denken vernünftiger als Denken sein kann, wird erst begreifbar, wenn wir ihn auf die Vernünftigkeit der perspektivischen Einbildungskraft zurückführen: einen voluntaristischen Perspektivismus, der dem grundsätzlichen, epistemologischen nachgeordnet ist und die Ausschnitthaftigkeit unseres imaginierenden Denkens bejaht. (6) Das Lynkeus – Gedicht, das in den Roman „Nachtfahrt" integriert ist, zeigt diese Ausschnitthaftigkeit, welche in der nihilistischen Befindlichkeit zunächst als Verlust erfahren wird:

DEM NEUEN
www.LYNKEUS.de

Zum Sehen verurteilt,
Zum Klicken bestellt,
Erblickt er gevielteilt
Nur Teilchen der Welt –

Und die Welt zerfällt ihm in Fenster,
Und die Scherben schneiden ihn scharf:
Verloren das Bild für immer
Das niemand für alle entwarf.

Von diesem Verlust an Wahrheit, der mit der Diaspora der Vernunft in der Einbildungskraft und einem passiv erfahrenen Nihilismus einhergeht, führt nur ein Schritt in den aktiven Nihilismus, der sich die grundsätzlich vorgegebene Ausschnitthaftigkeit unserer Gedankenbilder in einem voluntaristischen Perspektivismus zu eigen und zunutze macht. Wir folgen dann in den Perspektiven, die unseren Denkprozess begrenzen, unserer Einbildungskraft, wenn deren Ausblendung des Weiterdenkens vernünftiger ist als der isolierte Verstand, der am Gedankenkarussell weiterdrehen möchte. In solch „einbildendem" Perspektivismus bei der Bildung abschlusshafter Synthesen erweist sich die Einbildungskraft als das, was in Anlehnung an die Verstandestätigkeit oft „die Vernunft" genannt worden ist. Daraus erklärt sich, dass solchen Perspektiven Allgemeinheit und Notwendigkeit, d.h. logische Stringenz aus der Sicht des Verstandes nicht zukommt, da den Setzungen der Einbildungskraft eine subjektive Willkürlichkeit und Begrenztheit anhaftet, die vom Verstandesdenken her als „unvernünftig“, eben als Verzicht auf formal-logisches Denken zu beurteilen ist. Die Einbildungskraft bietet kein ungebrochenes Verlängerungsmodell unserer Verstandestätigkeit. Wenn wir den lebensfördernden Imaginationen ihre eigene, über die Verstandeslogik hinausgehende „vernünftige“ Bedeutung zuerkannt haben, werden wir alle – auch die an Depressionen erkrankten Patienten – es leichter haben, sich in einem von engstirniger Rationalität geprägten Zeitalter der zielführenden Einbildungskraft anzuvertrauen, insofern sie uns zu evidenten, d.h. lebenserhaltenden und lebensfördernden Hineinbildungen in unsere mentalen Prozesse führt, welche den Verstand keineswegs ausschließen, sondern einbeziehen.

Das Alltagsbewusstsein spricht bei diesem einbildenden Perspektivismus von Konzentration, Achtsamkeit, Fokussierung etc. oder warnt vor übertriebener, fruchtloser Nachdenklichkeit und Grübelei. Solche Warnungen müssen aber fehlschlagen, wenn sie sich an den Verstand richten und die Rolle der Einbildungskraft außer Acht lassen. Der Widerspruch, dass Nicht-Denken vernünftiger als Denken sein kann, wird erst begreifbar, wenn wir ihn auf die Vernünftigkeit der Einbildungskraft zurückführen, ihre Möglichkeit, evidente Einbildungen als „Denkstopper“ bzw. Denkgrenzsteine zu setzen. Wir können nicht dabei stehen bleiben, die Grenzen des Verstandesgebrauches in ihrer weitesten Ausdehnung im Sinne des epistemologischen Perspektivismus zu ziehen, sondern sollten auch – im Sinne einer Diätetik des Denkens – uns in solcher Verstandes- bzw. Vernunftkritik mit den Parametern beschäftigen, inwieweit wir unser Denken in sinnvoller Weise im Rahmen eines voluntaristischen Perspektivismus betätigen. Erst in der Beschäftigung mit den lebensdienlichen, lebensfördernden und lebenssteigernden Imaginationen werden solche Denkgrenzsteine sichtbar, die uns einen „vernünftigen Vernunftgebrauch“ oder genauer gesagt: eine Steuerung unseres Denkens durch evidente Imaginationen anzeigen und Antworten auf die an Kant anknüpfende gedoppelte Grundfrage geben: Was kann und will ich wissen? (7)

Wir alle wissen um die Richtigkeit der Redensarten, dass Glück ohne eine Portion von „Blindheit“, „Dummheit“ oder die „angelegten Scheuklappen“ nicht eintrete. Diese Zusammenhänge werden philosophisch nur begriffen, wenn wir uns auf die ponierende Funktion der Einbildungskraft besinnen, die unser rationales Denken durch vernünftige Einbildungen überbieten, d.h. es zu begrenzten Perspektiven synthetisierend abschließen kann. Dass solche vernünftigen Einbildungen eine Revision des traditionellen Wahrheitsbegriffes erforderlich machen, liegt auf der Hand, da der einbildende, voluntaristische Perspektivismus in einem begrenzten Kontext auf ein möglichst breit gefächertes Zergliedern und umfängliches Analysieren in Verzweigungen und Verästelungen gerade verzichtet, wie sie herkömmlicher Weise als die alleinige Voraussetzung von Wahrheitsfindung gelten.

So muss dem landläufigen, ernstzunehmenden Vorwurf gegen die Philosophie, sie führe in fruchtlose Spekulationen und Grübeleien hinein, mit den Mitteln der Philosophie selbst begegnet werden. Nach einer umfassenden epistemologischen Auslotung der Möglichkeiten unseres Verstandes muss ebenso bedacht werden, inwieweit wir diesen in sinnvoller Weise in empirischen Zusammenhängen einsetzen können. Erst wenn wir die Bedeutung der Einbildungskraft in diesem Zusammenhang reflektieren, können wir den Ressentiments gegenüber der Philosophie in philosophischer Weise begegnen.

In Kunst und Philosophie selbst werden diese durchaus angesprochen; aus der Fülle der Beispiele sei Rousseau herausgegriffen: Er sieht den Schlüssel zu seiner Kritik an der Erkrankung der Kultur darin, „dass der Zustand der Reflexion ein Zustand wider die Natur ist und dass der Mensch, der nachdenkt, ein entartetes Tier ist.“ (8) In solcher Sicht nimmt der Philosoph die Pose des grübelnden, von Zweifeln seiner Lebensfreude beraubten Denkers ein, wie Rodin ihn plastiziert hat. Doch zu beiläufig hat die Philosophie diesen Vorwurf zu ihrem philosophischen Thema gemacht und zu selten auf philosophischem Wege die Abgründe zu schließen versucht, die sich in ihr auftun. Erst eine Besinnung auf die Evidenzen der Einbildungskraft, die Denkgrenzsteine setzen und das Denken in Zielprojektionen sistieren können, vermag eine philosophisch befriedigende Antwort zu bieten, die über das Niveau von trivialen Ratgebern zur Lebenshilfe mit ihren Hinweisen hinausgeht, doch öfter mal abzuschalten, achtsamer zu sein etc. Die Scheinlogik der Gedankenketten überrollt zwangsläufig einen solchen Rat, da ihm das ermangelt, was jene Scheinlogik durchschaubar macht. Gleichzeitig kann im nihilistischen Zeitalter eine absolute, positive Wahrheit in philosophisch aufgeklärter Weise nicht mehr verkündet werden. Die „Philosophie des aufgeklärten Nihilismus" vollführt mit ihrer Konstruktion der „evidenten" Imagination diesen Balanceakt zwischen dem Verzicht auf eine im traditionellen Sinne objektive Wahrheit und einem in hoffnungsloses, depressives Grübeln verfallenden Geisteszustand, der zu keinem Ende des Nachdenkens mehr findet.

Zusammenfassend ließe sich mit einer Metapher Nietzsches sagen, dass diese Diätetik des Denkens auf der Wirkung imaginativer Gegengifte beruht. Die ponierende Kraft einer Imagination sistiert einen Denkvorgang, wiewohl sie Reflexionen in sich aufnimmt und neue anstößt oder begleitet. Die Selbstaufhebung des Denkens endet dann nicht im Nichts, sondern in einer „Einbildung", in der – wenn sie heilsam ist – das Denken zur Ruhe kommt und sich abschottet gegen die nichtige Mühsal endloser Gedankenketten. Diese Rede von den heilsamen Imaginationen ist nicht beschaulich und harmonistisch gemeint, sondern deutet auf das Leiden hin, das sie ausschließen: Sie umhüllen sich mit ihrer ponierenden Kraft wie ein Verband die heilende Wunde schützt vor der negierenden Reflexion, die davon abgehalten wird, ihn aufzureißen. Mit einem anderen Vergleich könnten wir sagen, dass die lebensfördernde Imagination mit ihrer ponierenden Kraft ihr Gedankengebilde wie ein bedeutsames, wertvolles Gemälde in ein Passepartout einrahmt.

Ohne im Einzelnen auf die Formen solcher Selbstaufhebungen des rein verstandesmäßigen Denkens in der Imagination einzugehen, bleibt diese Grundlinie zu verfolgen, dass wir mit Verstand von solchen Fiktionen leben, die dem rationalen Denken die Möglichkeit eröffnen, in einer Einbildung sich selbst aufzuheben, als brauche für eine Weile nicht weiter darüber nachgedacht zu werden, was in einer solchen Einbildung festgelegt ist, nachdem sie als evident erfahren wurde. Was wir für gewöhnlich unter psychischer Gesundheit und Stärke verstehen, einer guten Konzentrationsfähigkeit, beruht auf eben dieser ponierenden Kraft heilsamer, lebensdienlicher Imaginationen, die sich als „Denkstopper" gegen anzweifelnde, störende andere Imaginationen bzw. Gedanken abzuschotten wissen. Wir stoßen hier auf das Paradoxon, dass es zur Intelligenz des Menschen gehört, das rein verstandesmäßige Denken in bestimmten Kontexten sein zu lassen und sich dem erweiterten Denken in der Vernünftigkeit bzw. in den Evidenzen seiner Imagination anzuvertrauen.

Als Konsequenz formuliert Nietzsche in seiner „Kunst der Gesundheit", die in seiner Philosophie impliziert ist, ganz praktisch – medizinisch, dass es eine „Gelegentliche Schädlichkeit der Erkenntnis" gebe, gegen die unsere Kultur durch „das stete Vorhandensein von Gegengiften zu sorgen hat." (9) Zu diesen gehört die Kultivierung heilsamer Imaginationen gegen ein metastasierendes Überwuchern fruchtloser Rationalität, wobei Nietzsche den Begriff der Einbildungskraft nicht ausreichend thematisiert hat. Dieses Rationalitätsproblem wird – wie oben schon angesprochen – in unserem nihilistischen Zeitalter in einer Flut von Ratgebern zwar aufgegriffen, doch ohne den erkenntnistheoretischen Zusammenhang zu entfalten. Entsprechend vage fällt der therapeutische Rat aus, Bauchgefühle zu aktivieren, mehr der Intuition zu vertrauen etc., wobei Diät, Nahrungszusätze, Kurse und nicht selten Medikamente zur Unterstützung angeboten bzw. verkauft werden.

Aber unser Geist hat die Fähigkeit zur Selbstheilung und die Imagination gehört als wesentliches Element zu ihm, indem sie rationale Momente aufgreifen, diese in unser Denken integrieren und sich selbst als eine Form des Begreifens in ihren imaginativen Evidenzen erweisen kann. Wir können die Probleme des Nihilismus erst einer Lösung zuführen, wenn wir seinen Begriff zu dem eines aufgeklärten Nihilismus voll entfaltet und die Bedeutung der Evidenzen der Einbildungskraft als integralen Bestandteil erfasst haben. In dieser Hinsicht muss sich Philosophie als Fiktionswissenschaft verstehen.

Im Folgenden sei am Beispiel der Großstadt verdeutlicht, wie die in unserem Kapitel entwickelte Diätetik des Denkens auch die alltägliche, als normal und gesund geltende Verfassung des Menschen betrifft. (10) Bereits 1903 hat Georg Simmel in „Die Großstädte und das Geistesleben" angesichts der Fülle und Dichte äußerer und innerer Eindrücke insbesondere im Großstadtleben von einem Überlebenskampf des menschlichen Bewusstseins gesprochen, das sich nicht auf alles „einlassen" könne, obwohl dies der menschlichen Natur entspräche. Jeder von uns kann bei einem Gang durch eine Großstadt die mehr oder weniger bewussten Selektierungen und Fokussierungen unseres Anschauungs- und Denkapparates reflektierend beobachten. Es wird an diesem Beispiel besonders deutlich, wie Leben und Denken als Negieren bzw. „Vernichten" verstanden werden müssen bzw. von eingebildeten Wirklichkeiten bestimmt sind, mit denen andere Wirklichkeiten ausgeblendet werden. Das Ziel dabei ist die intermittierende, heilsame Reduktion von überwältigender

Komplexität. Die ponierende, Ausschließlichkeit schaffende Einbildungskraft wird dabei zu einer kulturanthropologischen Errungenschaft, denn: „Der Mensch unterliegt einer durchaus untierischen Reizüberflutung, der ‚unzweckmäßigen' Fülle einströmender Eindrücke, die er irgendwie zu bewältigen hat." (11) Es sind Einbildungen, die uns im Überlebenskampf des Bewusstseins vor der Überflutung durch Sinnesreize, Informationen, Meinungen etc. bewahren, indem die Imagination durch ihre ponierende Kraft unser Bewusstseinsfeld eingrenzt und gegen Anderes abgrenzt. Wenn diese Reduktion von Komplexität mit Bedachtsamkeit erfolgt, haben wir die Chance den Überlebenskampf des Bewusstseins zu gewinnen. Gleichzeitig bündeln und steigern wir durch solche Abschottung unsere Kräfte, verleihen ihnen Emergenz.

Angesichts immer größer werdender Komplexität – Internet und Big Data sind zwei markante Beispiele – sind wir in besonderem Maße auf die Reduktion von Komplexität angewiesen. (12) Unser Bewusstsein aber hat die Tendenz, sich auf alles einzulassen, unser Verstand will der Kettenlogik und deren Eigendynamik folgen. Würde er der uns umgebenden Komplexität folgen, liefe er in einem buchstäblichen Sinne in die Irre. Der hier entstehende „Überlebenskampf des Bewusstseins" kann nur gewonnen werden, wenn unsere Einbildungskraft die vielfältigen Eindrücke und Informationen in-eins-bildet, Abschlusshaftigkeit und Einheit in sie hineinbildet, ein-bildet. Um unser zentrales Leitmotiv der „Philosophie des aufgeklärten Nihilismus" aufzugreifen: Wir schaffen Lichtkreise auf unserer „Nachtfahrt", von denen wir nicht mit letzter Sicherheit, sondern nur größtmöglicher Evidenz sagen können, dass sie zur Erhellung wirklich beitragen und nicht nur Irrlichter sind. Jedenfalls sollten wir bewusst die Bildung solcher Lichtkreise kultivieren, um den „Überlebenskampf" unseres Bewusstseins auf unserer „Nachtfahrt" zu gewinnen.

Bei Beantwortung der Frage, wie sich eine evidente Imagination im Rahmen unseres Denkprozesses einstellt und bewusst geformt werden kann, möchte ich die Metapher von „Ockhams Messer" gebrauchen, mit welcher dieser Scholastiker des 13. / 14. Jahrhunderts das Prinzip der Parsimonie bzw. Sparsamkeit bei der Bildung von Hypothesen und Theorien eindrucksvoll dargestellt hat: In diesem reduktionistischen Ansatz werden wie mit einem Rasiermesser überflüssige Erklärungen einschließlich zusätzlicher Variablen zur Reduzierung von Komplexität weggeschnitten, wenn *eine* zureichende Erklärung ausreicht. Was wir das Ponieren einer Imagination genannt haben, hat bereits diese gewaltsame Aktivität an sich: Wir setzen eine Vorstellung fest, schneiden sie aus allen Möglichkeiten heraus, negieren mit ihrer „Fest-Stellung" andere mögliche Gedankengebilde, denn „omnis determinatio est negatio". Eine evidente Argumentation, die sich zu einer plausiblen Vorstellung kristallisiert, wird also gleichsam mit Ockhams Rasiermesser aus der Komplexität unseres Denkprozesses mit seiner verwirrenden Vielzahl von Möglichkeiten herausgeschnitten, indem wir eine evidente Imagination festsetzen, mit der die anderen Denk- und Vorstellungsmöglichkeiten „erledigt" sind. Dieses Ponieren einer Imagination hat etwas Spontanes, vom Verstand her betrachtet etwas Unlogisches, Willkürliches und Gewaltsames an sich: Doch diese Gewalt ist es, dieser Wille zur Macht, mit dem wir Herr über unsere Gedanken und Vorstellungen bleiben, die in ihrer desorientierenden Komplexität sonst zu einem Dammbruch führen würden, der uns überschwemmt und denk- und handlungsunfähig, ja lebensunfähig macht. Das Herausschälen, Herausschneiden einer evidenten Imagination lässt sich auch als ein „Verdichten" verstehen, womit die in-eins-bildende, fingierende Einbildungskraft vom Wort her angesprochen ist.

Die Frage bleibt, an welchem Punkt wir die Evidenz einer Imagination genau feststellen können und ob es ein objektives Kriterium dafür gibt, das unabhängig von den einzelnen evidenten Imaginationen Gültigkeit beanspruchen könnte, sie also vorab definiert. Ich habe in einem Vergleich mit Platon bereits in 10 Thesen dargelegt, was unter Evidenz genauer zu verstehen ist und das Fazit gezogen, dass es im Zusammenhang der Philosophie des aufgeklärten Nihilismus ein objektives Gütesiegel für evidente Imaginationen nicht geben kann. (13) Eine evidente Imagination ist keine vernünftige Idee und auch nicht die *eine* Stimme der Vernunft, sondern wir haben es mit subjektiven Veranstaltungen der Einbildungskraft zu tun, die ihre vorübergehende Evidenz im jeweiligen Einzelfall und dessen Vollzug beweisen müssen. In einer evidenten Imagination „leuchtet uns etwas ein": Erst dann können wir für uns in einer bestimmten Situation und nur in dieser von Evidenz sprechen, weil dann die Zeit für sie gekommen ist. Evidenz ist nicht durch Rezepturen herstellbar, sie muss sich einstellen.

Genauso evident wie die Achtsamkeit aufs Detail ist es in bestimmten Situationen, sich in die Komplexität der Verstandesarbeit hineinzubegeben wie ein Schachspieler, der vor einem Zug alle Möglichkeiten, soweit er sie nur überblicken kann, durchdenkt. Dies wäre mit dem epistemologischen Perspektivismus vergleichbar, der mit seinem „Durchrechnen" aller Möglichkeiten so weit vorausblickt, wie es ihm die Grenzen der Vorstellungskraft und Verstandestätigkeit erlauben. Wenn der Schachzug dann getan oder "poniert" ist, wird in unserem Beispiel der voluntaristische Perspektivismus aktiviert: Die Kombinationen, die sich mit dem neuen Zug erübrigt haben, werden „weggeschnitten", in die Ablage des Denkens verwiesen, sodass sich der Schachspieler vorausschauend auf den vor ihm liegenden Spielablauf konzentrieren kann. Dies ist eine voluntaristische perspektivische Imagination, die ausschnitthaft nur die zukünftigen Kombinationsmöglichkeiten des Verstandes einschließt und ermöglicht. Verallgemeinernd können wir festhalten, dass solche Fokussierung sich zwischen einer Ausschnittvergrößerung oder Ausschnittverkleinerung von Anschauungen, Vorstellungen, Gedankenbildern, kurzum Imaginationen bewegt, in deren schrittweiser Eingrenzung nach innen bzw. Abdichtung nach außen sich das vollzieht, was wir als das Ponieren der Einbildungskraft bezeichnen, ihre Zoomfunktion, die durch den Gebrauch des „Ockhamschen Rasiermessers" ermöglicht und intensiviert werden kann.

Überall in unseren Bewusstseinsvorgängen stoßen wir auf die antreibende wie abschließende Rolle von Imaginationen, die wir „ein-gebildet", erschaffen, fingiert und im weitesten Sinne „erdichtet" haben, sodass sich mit Fug und Recht behaupten lässt: „Mit Verstand leben wir von Fiktionen". (14) Deren Rolle ist lebensnotwendig, lebensfördernd und heilsam, wiewohl sie nicht der vollständigen Überprüfung durch den Verstand standhalten, der ihnen immer wieder eine Antithese, andere Möglichkeiten, Alternativen etc. entgegensetzen und sie als „bloße" Fiktionen auflösen wird. Aber wir wollen nicht das Opfer dieses Gedankenkarussells werden und verlassen es – zum rechten, durch Evidenz indizierten Zeitpunkt durch eine Fiktion bzw. Imagination, die wir ponieren, wie mit einem Rasiermesser aus allen möglichen Gedanken und Vorstellungen herausschneiden. (15) Im Sinne der Bedeutung von Philosophie ließe sich auch sagen, dass wir den richtigen Zeitpunkt „schmecken", an dem wir das Rasiermesser ansetzen, wie der „philosophos“ die Wahrheit in einem ganz unintellektuellen Sinne auch „schmeckt“:

„So in der Tat erscheint mir *jetzt* jene lange Krankheits-Zeit: ... ich *schmeckte* alle guten und selbst kleinen Dinge ... ich machte aus meinem *Willen zur Gesundheit, zum Leben, meine Philosophie.*“ (16)

Ein solcher Spürsinn für den rechten Moment des imaginativ Einleuchtenden trägt zur Resistenz gegen psychische Störungen bei, als deren Beispiel ich die Volkskrankheit Depression gewählt habe. Ein solcher Spürsinn geleitet uns ebenso in verschiedenen Bewusstseinsgraden durch die Normalität des Alltags, wie folgendes, persönlich gefärbtes Beispiel einer etwas komplexeren Kaufentscheidung erhellen mag:

Ich hatte schon lange vor, ein Bild in dieser Kunsthandlung für die leere Stelle im Flur unserer Wohnung zu kaufen, deren Dübelbohrungen auch verdeckt werden sollten, zumal für das Wochenende Besuch erwartet wird. Ich habe schon verschiedene Reproduktionen von Gemälden bekannter Künstler in Erwägung gezogen, bin aber irgendwie von einem Bild ohne Titel angetan, das drei Mädchen zeigt: Ihre Bewegungen bilden eine fließende Gesamtbewegung, sodass ich fast den Eindruck habe, sie tanzen. Aber sie verrichten alltägliche Beschäftigungen: Die beiden hinteren frisieren sich, die eine lässt herabgebeugt ihre Haare fallen, die andere steht hoch aufgerichtet; das etwas dickliche Mädchen vorne hält die Hände in den Gesäßtaschen seiner Hose verborgen, während es mit dem Mädchen gegenüber Blicke und wohl auch Worte austauscht. Auch die Farben drehen sich im Kreise, das helle Braun der halbbedeckten Körper wendet sich in das etwas dunklere Braun des Hintergrundes unmerklich hinein, wobei die blauen Shorts des vorderen Mädchens und die Röcke der beiden anderen einen Farbkontrast bilden. Der schwarze Fleck am Boden gibt den anmutig bewegten Körpern einen festen Grund; das ganze Bild drückt Ruhe in tänzerischer Bewegung aus, eine Entspanntheit in der Aktivität. Die Verkäuferin in der Kunsthandlung wirft mir nun häufiger Blicke zu und ich sehe auf meiner Armbanduhr, dass die Öffnungszeit gleich vorbei ist. In Hinblick auf die bekannten Künstler schwanke ich immer wieder, ohne mich entscheiden zu können. Das Gemälde mit den drei Mädchen ist von einer unbekannten Künstlerin S. D., die – wie das ergänzende Schild informiert – Deutsche ist, aber zurzeit in Frankreich lebt, abwechselnd in Paris und einem Ort im Département Aveyron im Süden Frankreichs. Aber meine Gedanken schweifen ab und ich will mich auf die Kaufentscheidung konzentrieren. Das unbekannte und unbetitelte Originalgemälde mit den drei Mädchen ist wesentlich teurer als die bekannten Reproduktionen. Was werden Besucher denken, die dieses Bild in unserer Wohnung sehen? Werden sie Gefallen finden an dem Werk einer No-Name-Künstlerin? Werden Sie insgeheim etwas spöttisch lächelnd einen Bezug zu meinem Buch über Schillers Ästhetik und den Homo ludens herstellen, für dessen spielerischen Charakter das Gemälde ein Beispiel abgeben könnte? Drei anmutige Mädchen, das eine im Hintergrund mit entblößten Brüsten – das alles eine wissenschaftlich verbrämte Marotte eines älteren Herrn, dem nichts anderes einfällt, als seine Vorlieben an die Wand zu hängen? Doch da bin ich wohl zu skeptisch gegenüber Anderen geworden. Trotzdem, diese Degas-Reproduktion dort drüben oder dieser Toulouse-Lautrec wären doch für bildungsbürgerliche Besucher unverfänglicher, würden keine Begründung erfordern, obwohl … Noch als ich die Verkäuferin anspreche und mein Kaufinteresse bekunde, gehen mir die Alternativen durch den Kopf, wobei doch irgendwie die Zeit gekommen ist, mich zu entscheiden. Irgendwann muss man sich zufriedengeben, denke ich, und die drei Mädchen in ihrer in sich ruhenden, zugleich spielerisch-aktiven Bewegung sind genau das, was ich gesucht habe, nicht für die Gäste, sondern die Wohnung, in der ich zufrieden leben will und die ein Spiegel meiner Persönlichkeit sein darf. Jetzt möchte ich mich endgültig entscheiden, das Bild kaufen und gehe langsam zur Kasse; 750 Euro sind viel Geld für eine unbekannte, allerdings begabte Künstlerin und die Degas-Reproduktion wäre viel preisgünstiger gewesen. Doch an alles andere als an dieses Bild in unserem Hausflur will ich jetzt nicht mehr denken, ein Machtwort spreche ich, lege das Geld auf den Ladentisch und fühle mich wohl bei der Vorstellung, die drei Mädchen heute noch an der Wand ohne Dübellöcher zu sehen.

Da hatte mir schließlich der sanfte, aber entschiedene Gebrauch von Ockhams Rasiermesser an der Kasse helfen können. Gerne möchte ich es auch Rodins „Le Penseur" in die Hand drükken oder ihm das Gemälde mit den drei Mädchen zeigen, denn der sonnige Garten des Musée Rodin, in dem ich „Le Penseur" als dominierende Statue im Eingangsbereich fotografiert habe, lädt am heutigen Julimorgen statt zu Grübeleien zu einfachen, aber schönen Dingen des Lebens ein, die wenig Begründung verlangen und sicherlich nur vorübergehend von Belang sind. Doch der Denker selbst bzw. all die, welche er vertritt, müssen sich eigenständig entscheiden, herausfinden, ob es hilfreich sein könnte, wie ich jetzt hier einen Café Crème im Gartenrestaurant zu trinken, eine Gedankenkette aufzuschließen oder abzuschließen, mit dem befreienden Schlüssel eines mir einleuchtenden Gedankengebildes, einem Kapitel wie diesem, dessen Abschluss ich jetzt für gekommen halte und niederschreibe.

Ohne Titel (S. D. 2017)

Anmerkungen

1) „Die menschliche Vernunft hat das besondere Schicksal in einer Gattung ihrer Erkenntnisse: dass sie durch Fragen belästigt wird, die sie nicht abweisen kann, denn sie sind ihr durch die Natur der Vernunft selbst aufgegeben, die sie aber auch nicht beantworten kann, denn sie übersteigen alles Vermögen der menschlichen Vernunft... Der Kampfplatz dieser endlosen Streitigkeiten heißt nun M e t a p h y s i k."
Immanuel Kant: *Vorrede* zur ersten Auflage der KrV, S. 11
2) Zu diesem Nihilismus, der bei Kant angelegt ist, und den hier nur kursorischen Bemerkungen zur Erkenntnistheorie vgl. den Abschnitt 2. 1. in PDN 2, bes. § 77
3) Zu Sokrates PDN 2 § 201
4) Zu den folgenden Ausführungen über *Denkstopper*, *Imaginative Gegengifte*, die *Ponierende Einbildungskraft* als Elementen einer *Diätetik des Denkens* vgl. PDN 2, §58 – § 66
5) PDN 2, § 59
6) Zu den Termini epistemologischer und voluntaristischer Perspektivismus s. PDN 2, S. 148 f. – Die Lynkeus–Adaption des Goethe–Gedichtes (*Faust. Zweiter Teil.* V, Vers 11 288 ff.; hrsg. von Erich Trunz. München 1986) ist in den Roman *Nachtfahrt* integriert (NF, S. 80).
7) Zu Kants Leitfragen PDN 2, § 39
8) Rousseau 1998, S. 40 f.
9) Vgl. Carbone / Jung (*Friedrich Nietzsche. Die Kunst der Gesundheit*) 2014. – KSA II, S. 385
10) PDN 2, S. 162 f.
11) Vgl. Gehlen, Arthur: *Der Mensch, seine Natur und seine Stellung in der Welt.* (1940) Wiesbaden 1976, S. 33 ff.
12) Zu Beispielen hilfreicher imaginativer Reduktionen PDN 2, S. 166 f.
13) Vgl. PDN 2, § 54: *Eros und Evidenz: Zehn Antithesen zu Platon*
14) Dieses Denkmotiv findet sich nicht nur als Basissatz zu Beginn von §1 in PDN 1 u. PDN 2, sondern auch als ein Leitmotiv der Romantrilogie *Bunte Schleier des Nichts*, welche die nihilistische Befindlichkeit in erzählerischer Form entfaltet; siehe z. B. Bd. 2 *Tag der Erleuchtung*, S. 277. Ich habe oben den Begriff der Vernunft durch den des Verstandes ersetzt, denn die „Philosophie des Nihilismus" entwickelt die These, dass sich im nihilistischen Zeitalter „die Vernunft" in die „Diaspora der Einbildungskraft" aufgelöst hat. Vgl. PDN 2 § 59
15) Als ein erhellendes Beispiel seien in diesem Zusammenhang die Gedankenketten angeführt, mit denen sich Wittgenstein in seinem Philosophieren herumgeplagt hat. Geier schreibt zu dieser Plage in: *Das Sprachspiel der Philosophen* (1989), S. 29 Anm. 4 (Wittgenstein zit. nach Geier): „Wittgenstein hat als ersehntes Ziel dessen, der philosophiert, ‚Friede in den Gedanken' postuliert ... Auch in den ‚Philosophischen Untersuchungen' findet sich ein ähnliches

Motiv: ‚Die eigentliche Entdeckung ist die, die mich fähig macht, das Philosophieren abzubrechen, wann ich will. – Die die Philosophie zur Ruhe bringt, sodass sie nicht mehr von Fragen gepeitscht wird, die *sie selbst* in Frage stellen' ... Aber eine solche ‚Entdekkung' ist ihm trotz lebenslanger Mühe nicht gelungen. Bis zu seinem Tode blieb er in der philosophischen Aus-einander-setzung gefangen, deren aporetische, verhexende Struktur unlösbar blieb. Gerade durch den ungeschlichteten Widerstreit blieb sein Philosophieren lebendig, selbst wenn es oft ‚gepeitscht' erscheint."
Geiers abschließender Satz über die Lebendigkeit der Philosophie wirkt etwas beschönigend gegenüber der Gefahr, sich in fruchtlosen Gedankenketten zu verlieren, einer Gefahr, welcher der Philosoph in besonderer Weise ausgesetzt ist, wiewohl wir ihr auch im Alltag begegnen. An anderer Stelle gibt Wittgenstein selbst einen Hinweis auf eine vorübergehende Sistierung dieser Gedankenketten in einer hilfreichen Vorstellung, ohne dass der Begriff der Einbildungskraft explizit genannt wird, der doch eine theoretische Lösung dieses Problems bieten könnte. Er meint, Sätze wie die folgenden seien hilfreich: „So handle ich eben" oder „Mein *Leben* besteht darin, daß ich mich mit manchem zufriedengebe" (Zit. nach Geier, ebd., S. 175). Dies sind nicht eigentlich logische Argumente, sondern zu einer bildlichen Anschauung tendierende, hilfreiche, weil lebensdienliche Vorstellungen, denn wie Geier kommentiert: „Nur um den Preis des Verrücktwerdens kann man im Spiel des Zweifelns kein Ende finden" (ebd.).

16) Nietzsche hat auf den etymologischen Zusammenhang von Philosophieren und Schmecken hingewiesen und ihn mehrfach argumentativ genutzt – wie z. B. hier in *Ecce Homo*. KSA VI, S. 266

Kapitel 6
Wieviel Logik verträgt die Ethik?

Aus dem Labyrinth der Theorien: Evidenzethik

In unserem nihilistischen Zeitalter erreicht die wohlmeinende Forderung, das ethische Bewusstsein der Bevölkerung zu stärken, immer wieder die Bildungsinstitutionen, wo in einem schulischen Fach Ethik – bezeichnenderweise als dem Ersatzfach für Religion – das „vermittelt" werden soll, was in Fraglichkeit geraten ist: die feste, unverbrüchliche, „wahre" Überzeugung von moralischen Grundsätzen. Es ist typisch für unser Zeitalter, wie man auch hier dessen Nihilismus spürt, ihn aber nicht

Ariadnefaden
(Dagmar Rauwald 2020)

„wahrhaben" will, sondern ihn eilig in allerlei Formen moralischer Aufrüstung zu „überwinden" trachtet. Dabei geschieht im Ethikunterricht genau das, was im Sog des Nihilismus kaum anders geschehen kann: Ethische Begründungszusammenhänge werden im philosophischen Diskurs in Frage gestellt, negiert in der Vielzahl konkurrierender Ethikmodelle mit der Folge der Dekomposition und Destruktion dessen, was doch vermittelt werden sollte: die für „wahr" gehaltenen, stabilen moralischen Grundsätze. Wer diese zu haben meinte, lernt gerade im Ethikunterricht sie anzuzweifeln. Auch hier gilt es, sich dem Nihilismus zu stellen, ihn zu begreifen und in seiner vollen Bandbreite zu Ende zu denken, statt ihn zu schmähen, um sich dann sogleich in haltlose „Überwindungen" zu stürzen, die das Problem, das sie lösen wollten, nur verschärfen. Wir werden am Ende dieses Kapitels sehen, welche sinnvolle Aufgabe der Ethikunterricht erfüllen kann, gerade wenn in ihm die nihilistische Befindlichkeit ernstgenommen wird. (1)

Seit dem Säkularisationsprozess der Aufklärung stehen in der Diskussion ethischer Begründungszusammenhänge verschiedene Modelle unversöhnlich nebeneinander: kategorischer Imperativ und Utilitarismus in ihren verschiedenen Ausformulierungen und Deutungen, Mitleidsethik, Gesinnungs- und Verantwortungsethik – um nur die vielleicht wichtigsten anzusprechen. Doch wir haben uns bereits zu entscheiden und entscheiden uns bereits! Welches sind die ethischen Begründungszusammenhänge, die dabei ins Bewusstsein zu heben und zu analysieren sind?

Wir können all diese Begründungszusammenhänge als mögliche Erklärungsmodelle verstehen und uns dem Modell zuwenden, das uns evident erscheint, d.h. überzeugend für die ethische Bewältigung einer bestimmten Situation oder anderer möglicher zu erwartender Situationen. Wir können hierbei einem dieser Modelle eine Permanenz zusprechen, vielleicht eine unumstößlich erscheinende Gewissheit – nur werden wir ein anderes Modell wählen, wenn uns hierfür die Evidenz größer erscheint, wobei mit Evidenz keineswegs nur das hedonistische Kalkül oder Nützlichkeitsabwägungen gemeint sind. (2) Vielmehr würde es in einen prekären Dogmatismus führen, wenn wir gegen alle Evidenz an einem dieser Modelle festhielten, selbst wenn es seine Überzeugungskraft in einer konkreten Entscheidungssituation verloren hätte. So werden wir an dem Modell der Verallgemeinerungsfähigkeit von Maximen im kategorischen Imperativ nur so lange festhalten, wie dieses uns in konkreten Situationen als überzeugend erscheint, und ein anderes, vielleicht utilitaristisches Modell bevorzugen, wenn dieses die größere Überzeugungskraft für uns gegen eine zunächst vermutete Permanenz des kategorischen Imperativs gewinnen sollte. Gerade die gegenwärtige Coronakrise zeigt ein Changieren zwischen einem kantischen, in der Würde des Menschen zentrierten Ethikmodell und utilitaristischen Theorien, die hierzu in Widerspruch bleiben, wobei in konkreten Situationen und sich verändernden Situationsverläufen individuelle wie kollektive Vorstellungen vom Guten nach ihrer jeweiligen Evidenz in Bezug auf alle ethischen Begründungszusammenhänge austariert werden müssen.

Evidenz ergibt sich hierbei nicht aus bloßem Kalkül, obwohl solche rationalen Argumente sich durchaus mit den Vorstellungen vom Guten verbinden können, die wir mit der Einbildungskraft – unter Einbeziehung solchen Argumentierens – entwikkeln. Evidenz versteht sich dabei ganz im Sinne der lateinischen Wortbedeutung als ein „Hervorscheinen“, das auf uns zukommt und doch unser Sehen, unsere Vision, also unsere Tat ist. So wählen wir unter den divergierenden ethischen Erklärungsmodellen aus entsprechend ihrer Evidenz, die sie in ihrer Logizität und Sinnbildlichkeit für uns bedeuten. Damit sind diese Begründungszusammenhänge gleichsam ein ethischer Baukasten, aus dem wir wählen und dabei auch die Bausteine in verschiedener Weise verbinden können. Im Stimmengewirr der ethischen Theorien bleiben wir durch solche Evidenzen handlungsfähig. Wir mögen dabei die Vorstellung überzeugend finden, in Zukunft immer nach einem bestimmten Erklärungsmodell handeln zu sollen. Es ist dies gleichsam eine Meta-Imagination, die andere zukünftige Imaginationen überlagern, sich gegen sie durchsetzen wird – wenn diese Imagination erster Ordnung wirklich und wirksam ihre Überzeugungskraft behält.

Solch Verlust an permanenter ethischer „Wahrheit“ mag uns bedauerlich erscheinen, wenn er uns in Unsicherheit und Orientierungslosigkeit entlassen hat. Was er uns ermöglicht, ist die Freiheit, in Selbstbestimmung für konkrete Situationen ethische Begründungszusammenhänge zu erschließen, die für unsere Einbildungskraft wirklich überzeugend und nicht – als unserer Evidenz entrückte Gebote – über uns verhängt sind. Befreit vom Diktat der Vernunft, von der wir glaubten, sie könne als Religionsersatz objektive Pflichten – mit einer dem Verstand entlehnten Allgemeinheit und Notwendigkeit – über uns verhängen, vertrauen wir uns der Evidenz bzw. der Vernünftigkeit unserer Einbildungskraft an, von der wir wissen, dass ihre subjektiven Vorstellungen, so evident sie auch sein mögen, unsere Tat bleiben und als solche aufhebbar sind. Im Durchgang durch den Nihilismus messen wir dessen volle Bandbreite aus und gelangen zu einer aktiven Möglichkeit, unsere Moral zu entwerfen und doch die Rückholgarantie zu behalten, moralische Vorstellungen in die Nichtigkeit zurückzunehmen, aus der heraus wir sie erschaffen hatten. Wenn wir den Nihilismus in solcher Weise zu Ende denken, erweist er sich als ein umfassender, sokratischer Skeptizismus, aus dem heraus die überzeugungskräftige Stimme eines Daimonion zu ertönen vermag, das uns – wie auch immer vorübergehend – einen Weg weist. Es bleibt unsere ethische Stimme – auch wenn sie uns von draußen anzusprechen scheint. Nur in diesem Sinne kann die Evidenzethik für die Lösung des ethischen Problems Validität beanspruchen.

Evidenzethik meint somit die durch unsere Vorstellungskraft geleitete Auswahl von Optionen aus dem „Baukasten" verschiedener Ethikmodelle, aus dem wir der Situation entsprechend die evidenteste, für uns überzeugendste Handlung auswählen. Dabei können rationale, utilitaristisch berechnende Überlegungen einfließen, ohne alleine die Evidenz hervorbringen zu müssen, die uns zum Handeln befähigt. In dieser letztlich subjektiv hervorgebrachten Evidenz von Entscheidungen gewinnen wir unsere volle ethische Freiheit zurück: Wir sollen und wollen nur das tun, was uns „einleuchtet". Unser Sollen wird nicht von unserem Wollen abgekoppelt.

Dass emotionale und imaginative Momente unverzichtbare Bestandteile unserer ethischen Entscheidungen sind, mag folgende Variante des oft herangezogenen „Trolley – Problems" bzw. des Weichenstellerfalls erhellen, bei dem der Akteur durch eine Weichenumstellung verschiedene Personen vor der herannahenden Straßenbahn oder dem Schnellzug retten kann und dabei vor Alternativen gestellt ist, die ein ethisches Dilemma bedeuten. So weist Bernard Williams darauf hin, dass es „ein Gedanke zu viel" sei, wenn ein Ehemann in dieser Extremsituation erst darüber lange nachdenken müsse, ob er einen Fremden oder seine Frau retten solle. (3) Angesichts dieses Beispiels fasst Misselhorn zu den „Grenzen überlegten Entscheidens" zusammen (4):

> Anders als es zunächst scheinen mag, ist rationale Überlegung in moralischen Fragen jedoch nicht immer die bessere Option... Doch es geht nicht nur darum, in der konkreten Situation instinktiv statt reflektiert zu handeln. Genauso wenig angemessen wäre es für den Ehemann, bereits im Vorfeld Überlegungen der Art anzustellen, ob er seine Frau auch retten sollte, wenn er beispielsweise der Kapitän des Schiffes wäre, wenn zwei Fremde gegen seine Frau stünden oder wenn er anstelle seiner Frau 50 Fremde retten könnte. Der springende Punkt ist, dass die Durchführung dieser Gedankenexperimente dem besonderen Verhältnis einander liebender Ehepartner nicht angemessen wäre. Derartige Überlegungen drohen, uns von unseren persönlichen Bindungen durch Familie oder Freunde zu entfremden.

Ich stelle mir nur für einen Augenblick vor, ich müsste mich in der Situation des Weichenstellers für Leben oder Tod meiner drei Kinder oder eines meiner Kinder entscheiden, und nehme auch schon Abstand von solchen Überlegungen. Die theoretische Einsicht, die aus solchen Beispielen zu gewinnen ist, besteht darin, dass es nicht rationale Überlegungen sind, die immer eine ethische Entscheidung sinnvoll begründen, sondern ein Zusammenspiel mit emotionalen Kräften, dessen Endphase ich in dem Begriff der Einbildungskraft zusammenfasse.

Das Fazit all solcher, beliebig vermehrbarer Beispiele ist, dass ein bloß berechnendes, kalkulierendes Verfahren alleine, in dem Personenzahlen, Überlebenschancen und mathematisierte Bewertungen miteinander verrechnet werden, keine ethische Überzeugungskraft zu begründen vermag:

> Denn die Mathematik kennt Einzelnes nur als Fall eines Allgemeinen; für die Ethik hingegen kommt es gerade auf das Besondere, also auf dasjenige Einzelne an, das nicht bloß Fall eines Allgemeinen ist. Daher wird die Durchführung der Ethik in mathematischem Geist die Aufgabe der Ethik systematisch verfehlen müssen. (5)

Solche negativen Abgrenzungen lenken schrittweise den Blick auf das, was ich Evidenzethik nenne. Sie bedeutet keine ausschließlich intuitive Ethik, in der nur Spontaneität und Emotionen herrschen. Evidenz in meinem Verständnis bezieht die rationale, vernünftige Argumentation mit ein und ist deshalb von der enger gefassten Intuition zu unterscheiden. In einem schwer entwirrbaren, selbst für den Akteur kaum noch durchschaubaren Konglomerat von Begrifflichem und Anschaulichem, Rationalem und Emotionalem treffen wir insbesondere in schwierigen, dilemmatischen Fällen unsere ethischen Entscheidungen, in die sich auch Zeitdruck wie andere kontingente Faktoren hineinmischen, dir wir später oft zu rationalisieren bestrebt sind. Die retrospektive Analyse unserer schließlich als moralisch deklarierten Handlungen führt in einen Brunnenschacht hinein, auf dessen in Dunkelheit gehüllten Grund wir nicht mehr ganz hinabzublicken vermögen. Trotzdem ergibt sich in all dem ethischen Wirrwarr von undurchschaubaren Gefühlen, Argumenten und Theorien doch ein Leitfaden, an dem sich Erlebnisse von Evidenzen dessen aneinanderreihen, was wir tun sollen – wenn wir schließlich der synthetisierenden Funktion unserer Einbildungskraft vertrauen, die all dies Auseinanderstrebende und Widerstrebende in uns einleuchtender Weise in eine ethische Handlungsmotivation zusammenzufügen vermag. Das Ergebnis dürfte nur selten eine harmonische, uns zufriedenstellende Zusammenfügung sein. Wir werden es eher mit hilflos trivialen Sätzen kommentieren wie: So musste ich eben handeln, so habe ich nun einmal nach bestem Wissen und Gewissen gehandelt, so bin ich nun einmal etc. Wir werden mit ponierenden Imaginationen einen Selbstrechtfertigungsprozess im Rahmen ethischer Fragestellungen zur rechten Zeit abschließen, der uns anderenfalls in untätige Verwirrung und letztlich Verlust unserer Lebenstüchtigkeit stürzen würde.

Dabei ist die hier vorgestellte „Baukastenethik“ mehr als autarke, auf Ausschließlichkeit bedachte Ethiktheorien dazu geeignet, Mischformen ethischer Begründungen, Güterabwägungen und unvermeidlichen Kompromissen in ethischen Dilemmata gerecht zu werden. Auch hier bietet die gegenwärtige Coronakrise einen Testfall ethischer Begründbarkeit: Wir werden die in der Verfassung verankerte Spitzenstellung der Würde des Menschen nicht aufgeben wollen, aber ebenso die Straßen für den Verkehr nicht schließen, weil jedes Jahr Zehntausende von Verkehrstoten statistisch zu erwarten sind. Die Würde des Menschen werden wir bei aller kategorischen Hochschätzung nicht bis zum letzten Einzelfall durch Coronamaßnahmen hochhalten können, wenn dabei alles andere im finalen Lockdown zu Grunde geht. Überall mischen sich utilitaristische Überlegungen in unsere auf dem kategorischen Imperativ fußende ethische Entscheidungen hinein. Ethische Dilemmata machen eine auf „Reinheit" bedachte Anwendung des kategorischen Imperativs geradezu unmöglich und pervertieren sogar gelegentlich dessen humane Zielsetzung zu einer lebensfeindlichen Abstraktheit der Pflichterfüllung.

Schon früh sind hier gewichtige Argumente in die Diskussion um Kants kategorischen Imperativ in die Diskussion eingebracht worden: Es wird wohl aus humanen Gründen erlaubt, wenn nicht gar geboten sein zu lügen, um verfolgte Unschuldige vor den Handlangern tyrannischer Regime zu beschützen und zu verstecken. Aber auch eine rigorose Umsetzung des kategorischen Imperativs, die „Reinheit" einer Pflichterfüllung wird unsere Achtung in Einzelfällen erwecken können. Einer solchen Vielfalt ethischer Begründungen mit ihren Mischformen und Verschränkungen, wie sie im Zuge der praktischen Anwendung ethischer Theorien unumgänglich auftauchen, wird der ethische Baukasten gerecht, der per se nicht auf einen Baustein ethischer Begründung beschränkt ist, sondern eine Vielfalt an Begründungsmöglichkeiten für unsere Entscheidungen anbietet. Die abschließende Handlung soll unter allgemeinen Aspekten dem Einzelfall gerecht werden und – emotionale wie rationale Momente einbeziehend – in einer letztlich von der Einbildungskraft „in-eins" gebildeten Entscheidung all das zusammenzubringen versuchen, was uns als maßgebend einleuchtet. Dass es keine „Wahrheit" dieser ethischen Entscheidung, sondern lediglich Evidenzen gibt, ist der geistigen Situation unseres nihilistischen Zeitalters geschuldet. Doch mag uns ein historischer Rückblick auf die dogmatische und fundamentalistische Umsetzung von „Wahrheit" in ethischen Fragen – begründet durch Religion oder Ideologien unterschiedlichster Provenienz – über unseren Wahrheitsverlust zugunsten subjektiver ethischer Evidenzen vorübergehender und instabiler Art hinwegtrösten.

Dabei bleibt Kants Frage: „Was soll ich tun?" der Ausgangspunkt aller Bemühungen um ethische Begründung, ist aber von der Frage nach unserem Wollen nicht mehr zu trennen, das als mehr oder weniger bewusster Bestandteil der Gemengelage ethischer Begründung nicht von unserem Sollen abzukoppeln ist. Es ist Nietzsches Verdienst, dass er durch eine psychoanalytischen Methode, die viele Erkenntnisse Freuds vorwegnahm, mit unbarmherziger Schärfe gezeigt hat, wie der Wille zur Macht – und damit meint Nietzsche die egoistischen Willensantriebe des Menschen im weitesten Sinne – überall hineinspielt, auch bis in unsere feinsten geistigen Regungen, selbst in die asketischen Ideale der Heiligen, die sich von allem weltlichen Begehren nur scheinbar losgelöst haben. (6) Diese Genealogie der Moral (7) in all ihren traditionellen Formen führt zu deren Dekomposition und Destruktion, sodass die Frage nach der Moral von der Frage nach dem Willen zur Macht nicht mehr zu lösen ist. Kants Grundfrage sollte folglich in der Dopplung und damit einer neuen Akzentuierung gestellt werden: Was soll und will ich tun? (8).

In der Tat erweist es sich als ein hoffnungsloses Unterfangen, eine Überwindung des Egoismus als Grundlage des moralischen Handelns anzunehmen, einen vollgültigen Altruismus, der doch immer wieder auf das Alter Ego sogar in der subtilsten Hinwendung zum Anderen stößt. (9) Wir können die Frage nach dem Sollen von der nach unserem selbstbezogenen Wollen nicht mehr trennen, da eine solche Trennung als Verstellung psychoanalytisch entlarvt würde und keine Glaubwürdigkeit mehr besitzt. Dabei ergibt sich, dass der Rekurs auf das subjektive Wollen den aufklärenden Effekt hat, Gefühle von Pflicht nicht auf fremde Instanzen zu richten, sondern das Eigene in den Mittelpunkt zu rücken. In dieser Hinsicht hat Stirners oft geschmähter Entwurf einer Theorie des Egoismus eine nachhaltige Rehabilitation verdient. (10) Stirners Gedanken folgend wendet sich Nietzsche von den Schimären eines überpersönlichen Idealismus ab, unter dem er auch persönlich zutiefst gelitten hat, und empfiehlt:

> Wir müssen wieder gute Nachbarn der nächsten Dinge werden und nicht so verächtlich wie bisher über sie hinweg nach Wolken und Nachtunholden hinblicken. (11)

Hier bietet Stirners Egoismus des Einzelnen – befreit aus der Stigmatisierung und Verengung dieser Vereinzelung – ein hilfreiches Sprungbrett für eine weitergehende Reflexion auf die Möglichkeiten unseres Willens zur Macht. Denn dieser ist nicht die neue metaphysische Instanz, in der Nietzsche eine Überwindung des Nihilismus sich philosophisch zugute schreiben wollte. Auch über unseren Willen zur Macht müssen wir die Macht behalten; wir können ihn zurücknehmen, erweitern, mit verschiedenen Inhalten auch gemeinschaftsbildender Relevanz verbinden. Denn wenn wir den Nihilismus zu Ende denken, ist auch der Wille zur Macht letztlich ein Nichts: Wir sind ihm nicht ausgeliefert. Gerade in dieser Erkenntnis können wir die Möglichkeiten einer Macht entfalten, die auch etymologisch mit „Vermögen" zusammenhängt. Unseren Egoismus setzen wir vielleicht gerade dann am besten durch, wenn wir ihn weitsichtig mit dem Egoismus der Anderen verbinden. Die Plastik von Edwin Scharff „Drei Männer im Boot" (s. Ende Kap. 9) mag hierfür ein einfaches, sinnfälliges Beispiel bieten: Beim Staken wie Rudern kommen wir besser voran, wenn wir kooperieren. (12) Bis in die Weltwirtschaft hinein ist dieser Gedanke, der hier nur prinzipiell angedeutet sei, von Wert: Unser Wille zur Macht potenziert sich, gewinnt gar ein exponentielles Wachstum, wenn wir ihn mit dem Machtwillen der Anderen zu verbinden in der Lage sind: „Es ist nicht im nationalen Interesse, allein im Sinne des nationalen Interesses zu agieren." (13)

Dies sind gedankliche Ansätze, welche sich aus einer Weiterentwicklung des Nihilismus über Stirner hinaus, der das vereinzelte Ich aufblähte, und über Nietzsche hinaus, der im Willen zur Macht den Nihilismus überwinden wollte und doch nur in einen Religionsersatz hineingeriet, ergeben. (14) Gerade wenn auch unser vereinzelter Egoismus, der sich zum allmächtigen Willen aufblähen möchte, der Nichtigkeit verfällt, können wir nach dieser Selbstreflexion mit ihm flexibel umgehen, ihn formen und in kooperative Strukturen eingehen lassen.

Was sollen und wollen wir tun? Ich rücke hier in unserer Situation, deren ethische Orientierungslosigkeit oft bemängelt wird, nur einen, allerdings sehr wichtigen Aspekt in den Mittelpunkt, dessen oft unklare Lage zu Beginn umrissen wurde: den Ethikunterricht in den Bildungsinstitutionen. Wir sollten einen durchgehenden Ethikunterricht in allen Schulen – statt Unterrichtsfächer für die verschiedenen Religionen – anbieten, auch zusätzlich zum Philosophieunterricht. In diesem Ethikunterricht sollte die Baukastenethik eindrucksvoll vorgestellt werden, sodass die Schülerinnen und Schüler eine qualifizierte Auswahl eigenverantwortlich treffen können – im Sinne der hier vorgestellten Evidenzethik. Denn je klarer profiliert die einzelnen Bausteine in ihrer jeweiligen Ausformung gleichsam in einem Unterrichtsbaukasten präsentiert werden, desto sinnvoller können die Wahlmöglichkeiten für Heranwachsende sein.

Es geht nicht darum, eine neue ethische Theorie zu entwerfen in dem Sinne, dass sie die anderen Theorien inkorporiert, ersetzt und zu überbieten behauptet, denn dieser Weg reproduziert nur das vorliegende Problem, das zu lösen war: einen Leitfaden aus dem Wirrwarr ethischer Argumentationen zu finden. Wir müssen die imaginativen Kräfte, die – wie oben ausgeführt – das rationale Denkvermögen einschließen, umrahmen und ausrichten, anhand von sinnfälligen, eindrucksvollen Beispielen auch aus der Literatur, den Weltreligionen, Märchen und Mythen stärken, sodass die Unterrichteten zusätzlich zu dem rationalen auch das anschaulich-bildliche Rüstzeug erhalten, um in konkreten Situationen ethische Entscheidungen zu treffen, für die sie anregendes Bildmaterial, Denkmotive und Denkanstöße aus dem Baukasten entnehmen können, wie sie ihn im Ethikunterricht kennengelernt haben. Ausgewählte Beispiele aus dem Bilderschatz der Traditionen und den von ihrem Glaubenszwang befreiten Weltreligionen gehören mit in den Baukasten. Auch der Egoismus eines Stirner und die Pflege einer klugen Verantwortlichkeit für sich selbst, die eigenen Interessen und Machtansprüche sind wertvolle Bausteine.

Ich meine, dass auch die Ethik unseres derzeitigen Grundgesetzes in der Bundesrepublik Deutschland einen besonders wertvollen Baustein als Rahmen noch zu konkretisierender Einzelentscheidungen darstellt, für deren Umsetzungsfragen und Dilemmata wiederum die Evidenzethik hilfreich sein kann. Der Ethikunterricht sollte die Kenntnisse des Rechtssystems, d.h. die Kenntnis unseres Rechtstaates vermitteln, wobei dies auch im kritischen Sinne eines Abstandnehmens und Anzweifelns gemeint ist, gleichzeitig auch in Hinblick auf die besondere Verbindlichkeit dieser Rechtsordnung und ihrer normativen Kraft des Faktischen. Der kluge Egoismus der Anpassung an das kodifizierte Recht zur Vermeidung von Sanktionen, auch die Lebensklugheit, die sich mit ethischen Imaginationen verbindet, sind Bausteine in einem Ethikbaukasten, der sich moralischer Heucheleien von einer „wahren" Ethik nach Möglichkeit entledigt hat. Ein besonderes Gewicht sollte auf die Bedeutung der Evidenz für jedes einzelne Individuum gelegt werden und auf die Herausbildung nicht nur der rationalen, sondern auch der imaginativen Fähigkeiten unter Einschluss von Reflexion und kritischem Bewusstsein.

Erst so können wirklich selbstständige ethische Entscheidungen vorbereitet werden, für deren Qualität es freilich keine

Garantie geben wird und bislang auch nicht gegeben hat. Solche Qualitätskriterien ergeben sich in unserem nihilistischen Zeitalter nicht mehr aus einer überpersönlichen moralischen Wahrheit, sondern einer jeweils erst vom einzelnen Individuum herzustellenden, risikobehafteten Evidenz. Diese Evidenzethik ist nicht prinzipienlos, denn auch Prinzipien können eine Evidenz entfalten, von der sie sich aber nicht abheben und ihr starres, dann metasubjektiv prinzipielles Eigenleben führen sollten. (15) Die Evidenzethik – konkretisiert in der Vorstellung einer Baukastenethik – erscheint mir als die einzig angemessene Antwort auf die Frage nach unserer Moral im nihilistischen Zeitalter. Sie trägt dem Verlust an Wahrheit in der Ethik Rechnung, weiß um das Risiko dieses Verlustes und bietet zugleich einen philosophisch begründeten Leitfaden, wie wir im Sinne eines aktiven Nihilismus doch handlungsfähig bleiben und selbstständige, der jeweiligen Situation angemessene Entscheidungen treffen können, die für uns selbst – vielleicht auch für andere – bei allem Risiko des Irrtums, das wir eingehen müssen, doch eine begrenzte Evidenz ausstrahlen.

Anmerkungen

1) Vgl. auch PDN 2, § 111 zur Evidenzethik
2) Zum Begriff der Evidenz s. PDN2, bes. § 133 *Gewinnung evidenter Imaginationen* § 192 *Apologie der Subjektphilosophie: Zehn Thesen*
3) Bernard Williams: *Persons, Character, and Morality.* In: B. W.: *Moral Luck.* Cambridge 1981. S. 1–19. Zit. nach: Misselhorn: *Grundfragen der Maschinenethik.* 2019, S. 196 u. ff. mit weiteren Beispielen auch jenseits der eigenen Familie. Susan Wolf hat dieses Denkmotiv weiterverfolgt: *'One Thought too Many' – Love, Morality, and the Ordering of Commitment.* In: Ulrike Heuer / Gerald Lang (Hrsg.): *Luck, Value, and Commitment – Themes from the Ethics of Bernard Williams.* Oxford 2012. S. 71–92. Offensichtlich hat dieses Denkmotiv einen neuralgischen Punkt in der Ethikdiskussion angesprochen; ebd. S. 71: „Perhaps no passage in Bernard Williams's work has been more frequently quoted, discussed, and debated than the one in which he remarks on the rescuer with 'one thought too many'". – Die Evidenzethik legt auch dar, was an die Stelle dieses „Gedankens zu viel" treten kann, damit hier nicht nur eine Leerstelle markiert wird.
4) Misselhorn 2019, ebd.
5) Welsch 1996, S. 267
6) Schon Nietzsches Lehrer Schopenhauer hatte diesem Unbewussten eine entscheidende Rolle zugewiesen. Auf die Frage des geistigen Urheberrechtes dieser psychoanalytischen Methode bei Freud, eine Frage, die sich in Plagiatsvorwürfen zuspitzen lässt, wollen wir hier nicht eingehen.
7) Nietzsche: *Zur Genealogie der Moral* (1887)
8) Vgl. PDN 2, Abschnitt 2. 2.
9) Siehe die wohl grundsätzlich zum Scheitern verurteilten Versuche in PDN 1, §§ 96–102, in der imaginativen Tätigkeit und deren Identifikations- bzw. Empathieleistungen in Bezug auf den Anderen eine altruistische Basis für Moralität zu finden.
10) Stirner (1844) 1972. Das vieldiskutierte Verhältnis von Stirner und Nietzsche ist für unseren Problemzusammenhang von geringer Bedeutung.
11) KSA II, S. 550f.
12) Diese Bronzeskulptur von Edwin Scharff (1953) ist am Ende von Kapitel 9 abgebildet. Der Künstler hatte sie als Symbol der Hansestadt mit weitreichender Bedeutung für den öffentlichen Raum geplant.
13) Schmidt – Salomon 2014, S. 296
14) Zu solchen Inkonsequenzen des Nihilismus bei Stirner und Nietzsche vgl. PDN 2 § 6 u. 7
15) Insofern kann der zugespitzte Titel des § 110 *Aus Prinzip prinzipienlos* in PDN 2 Anlass zu Missverständnissen geben. – In einer Rezension zu meiner „Philosophie des Nihilismus" lese ich, die ni-

hilistische Ethik habe katastrophale Folgen. Welche Katastrophen haben denn die bisherigen ethischen Systeme und Moralen verhindert? Im Übrigen ist wohl nur in der üblichen Vereinfachung und damit Diskreditierung der passive Nihilismus gemeint, die Destruktion aller Moralen. Weshalb aber sollen die Evidenzen im Sinne einer in der Freiheit des Subjekts gründenden Evidenzethik im aktiven Nihilismus unbedingt katastrophal sein? Waren es nicht vor allem überpersönliche, dogmatische Ideologien, mit deren Anspruch von „Wahrheit“ den Menschen unfassbares Leid zugefügt worden ist? Vgl. Puchta, Jonas in: *Philosophisches Jahrbuch.* 126. Jg. 2019 (2), S. 380

Kapitel 7
Metaphysik als Suchtprävention

Prekäre Suchbewegungen

Gegen die grassierenden, pandemische Ausmaße annehmenden Suchtprobleme unserer Zeit muss die Prävention im geistigen Bereich beginnen; nicht, indem fragwürdige andere Werte und Glücksversprechungen gegen das Glück des Rausches ins Feld geführt werden, sondern indem wir uns dem Nichts stellen. Nur

Suchtdruck
(Dagmar Rauwald 2020)

die Aufklärung über unsere Situation im nihilistischen Zeitalter kann uns von dem Wahn befreien, etwas gefunden zu haben, etwas finden zu müssen, das uns erlöst: Im Absturz aus dem rauschhaften Glück der Sucht wird das Nichts zum leeren Abgrund, der den Süchtigen zu Tode quält, ohne dass sich heilende und befreiende Kräfte des Nichts entwickeln konnten. So ist die Metaphysik der Sucht ein Beispiel dafür, wie wir erst in der Besinnung auf unsere nihilistische Befindlichkeit ein grundlegendes Verständnis für unseren Zeitgeist gewinnen können, denn die Sucht ist keineswegs primär ein medizinisch-psychiatrisches, sondern philosophisches Problem unseres Zeitalters des uneingestandenen Nihilismus.

Das Problem der Sucht und ihrer Prävention scheint ein zu triviales Thema für eine philosophische Abhandlung zu sein. Es geht diesem angeblich trivialen Thema wie der menschlichen Sexualität, die Schopenhauer doch für wichtig genug hielt, ihr ein höchst lesenswertes Kapitel zur „Metaphysik der Geschlechtsliebe" zu widmen. (1) Wenn Philosophie die Wirklichkeit begreifen will, muss sie sich auch mit deren vorgeblichen Trivialitäten befassen. Die globale Verbreitung der Suchtprobleme lässt keinen Zweifel aufkommen, dass es nicht nur um eine der vielen Zivilisationserkrankungen, sondern ein existenzielles Problem des Menschen geht, dessen Lösung, soll sie wirklich zum Kern gelangen, nicht nur auf der medizinischen und pädagogisch-psychologischen Ebene im Sinne umfassender Gesundheitsvorsorge gesucht werden darf. Denn eben dieser Wert der Gesundheit wird von den Drogengebrauchern mehr oder minder bewusst dem Wert des Glücks- und Sinn(es)erlebnisses des Rauschzustandes nachgeordnet. Sie tun damit einen der letzten Schritte zur Säkularisierung vormalig metaphysischer Verheißungen von Glück, wie es in einem Jenseits nach dem Tode oder in der fernen Zukunft des Geschichtsprogresses angesiedelt und vorgegaukelt wurde. Gegenüber solchen Täuschungen hat das glückhafte Erleben des Drogengebrauchers im Hier und Jetzt sogar seine kritische Berechtigung. Seine Drogen sind die Hostien, seine Drinks der Wein des Abendmahls: Ohne Verzug wird Erlösung in nicht mehr überbietbar handfester Form als Substanz im Hier und Jetzt genossen. (2) Die Droge wird zum Manna in der Wüstennot des Nichts, zur Parusie des leibhaftigen Gottes, der nicht nur zum Anfassen, sondern zum Schmecken und Verschlucken für den (post)modernen Menschen herabgestiegen ist.

Folglich greifen die moralisierenden Präventionskampagnen gegen den Gebrauch von Narkotika und die damit verbundenen Suchtgefahren zu kurz, solange gegen das kurzfristige Glück des Rausches im erfüllten Augenblick nur andere, „höhere" Werte ins Feld geführt werden: ein längeres gesundes Leben, Anpassung an die gesellschaftlichen Realitäten zwecks Stabilität und Karriere im Arbeitsprozess etc. Denn die These ist nicht ohne Beleg, dass diese Werte bei kritischer Prüfung es nicht wert sind, das Verlangen nach Glück, um das es den Süchtigen geht, wirklich zu befriedigen. Zumal sich hinter den Werten der Anpassung Machtinteressen verbergen, die um die Stabilität eines gesamtgesellschaftlichen Arbeitsprozesses fürchten, der durch die Umwertung der Werte durch den Süchtigen in Frage gestellt wird. Nicht selten sind die, welche moralisierend gegen Drogenmissbrauch zu Felde ziehen, durchaus bereit, das Leben und die Gesundheit unzähliger Menschen wirtschaftlichen und machtpolitischen Zielen zu opfern. Scheinheilig wird die Sucht gar durch die verurteilt, welche Millionen von Menschen hohlen Idealen wie der nationalen Größe etc. zu opfern bereit sind, ihnen also Suchergebnisse und Süchte anderer Art vorgaukeln möchten. Gegenüber solchen Ent-Täuschungen langfristiger Art ist die kurze Täuschung vom Glück im Hier und Jetzt immerhin der Spatz in der Hand. Es muss also genauer und grundsätzlicher gefragt werden, ob es überzeugende Argumente gegen den Gebrauch von Narkotika bzw. Rauschmitteln gibt. Die Metaphysik der Sinngebung unserer Existenz dürfte folglich einen Leitfaden für die Suchtprävention aufzeigen.

Aufgeklärter Nihilismus wird gerade vom Süchtigen nicht akzeptiert. Denn er glaubt, ein Etwas gefunden zu haben, dessen Nichtigkeit nicht erkannt wird. Sucht ist eine der vielen Vermeidungsstrategien des Nihilismus – gerade in dem von ihm geprägten Zeitalter, in dem die metaphysisch begründeten Bilder des Glücks und die Haltegriffe der Antworten auf die letzten Fragen unserer Existenz verschwunden sind. Der Konsument von Narkotika möchte das Leiden an unserer Existenz, deren Langeweile und Nichtigkeit überspielen, als ob es im Rausch ein Etwas gäbe, das letztgültigen Sinn und umfassendes Glück verhieße. Ob allerdings eine solche Einbildung akzeptabel, vernünftig bzw. evident ist, lässt sich nur in konkreten Erfahrungskontexten ausmachen, welche auch den Tag danach, den Absturz aus dem Rausch in diese Evidenz einbeziehen.

Der Narkosearzt, der dem Schwerkranken Linderung verschafft, braucht sich die Verwendung von Narkotika sicherlich nicht vorzuwerfen. Warum nicht die Schmerzen des Sterbens lindern, im schönen Rausch vergehen, wenn er der letzte ist und sein Preis kein böses Erwachen mehr sein kann? Warum nicht mit Entschlossenheit einen solchen Schierlingsbecher als letzten Beweis unserer Freiheit leeren? Beispielsweise um die menschliche Würde in unwürdigen politischen Verhältnissen wenigstens symbolisch zu behaupten! Gegen die vielen historisch belegten Beispiele hierfür von Tyrannenmördern, Freiheits- und Widerstandskämpfern stehen Bilder des verfallenen, von seiner Sucht zerstörten Junkies am Straßenrand mit suchendem, anklagendem, irrendem Blick, ein Bild des zu früh verfallenen, vertanen Lebens ... Evidenz liegt hier in den Bildern und Bildfolgen, die wir vor uns haben, die wir von uns entwerfen, mit denen wir uns entwerfen, um Kants alle Leitfragen zusammenfassende philosophische Frage einer Antwort zuzuführen: Was ist der Mensch, wer bin ich, wer will ich werden, bis zu meinem Tode hin sein?

Erst jetzt ist der Kontext erhellt, in dem sinnvoll über Sucht als Suchbewegung des Menschen geredet werden kann. Sucht ist eine vorzeitig abgeschlossene Suche – onomatopoetisch verdeutlicht in dem Verschlusslaut „t“ der Sucht, die da ein Ende setzt, wo das vokalische „e“ der Suche offen bleiben muss ... Wir alle sind Suchende, in diesem Sinne mit den „Süchtigen“ verwandt. Auch diejenigen, von denen die Drogengebraucher oder Drogensüchtigen kritisiert und verurteilt werden, schleichen sich zu ihren Götzen, ihren Suchtmitteln des Geldes, Erfolges, der Macht, verfallen der Droge Ego.

So erst ergibt sich ein überzeugender Einwand gegen Narkotika und die mit ihnen verbundenen Suchtgefahren, wenn das zugrundeliegende Problem des Nihilismus erkannt worden ist: Nur die Erkenntnis des Nichts kann uns von dem Wahn befreien, etwas gefunden zu haben, etwas unmittelbar finden zu müssen, das uns erlöst. In dieser Hinsicht erliegt der Gebrauch von Narkotika der Gefahr, zu einer der vielen falschen, weil unaufgeklärten „Überwindungen“ des Nihilismus zu missraten. Nach Nietzsches Wort will alle Lust Ewigkeit und die Lust des Rausches will ihrer durch Wiederholungen des Konsums habhaft werden, als könnten solche Additionen den Nihilismus überwinden, dessen Grundmuster die Zeit als bloße Additionsreihe ist. Aber das Nichts kehrt für den Süchtigen umso grauenhafter zurück, je intensiver es im Rausch vergessen wurde. Im Absturz aus dem rauschhaften Glück wird das Nichts zum leeren Abgrund, der schmerzt und ängstigt, ohne dass sich die heilenden und befreienden Kräfte des Nichts entwickeln konnten.

Nietzsches vielzitierte Formulierung von der Ewigkeit begehrenden Lust kann als ästhetischer Gestaltungswille verstanden werden: „... denn alle Lust will Ewigkeit, will tiefe, tiefe Ewigkeit ...“ 3) Wenn wir das „will“ betonen, wird die Schaffung einer Fiktion von Ewigkeit angemessen hervorgehoben. Der untrennbar damit verknüpfte Vers „Weh spricht: Vergeh!“ wird in unserer Spaßgesellschaft beim Zitieren gerne weggelassen, ist aber im Sinne eines wohlverstandenen Nihilismus unabdingbar. Gerade in einer einseitig an Konsum orientierten Vergnügungsgesellschaft, zu deren Parallelaktivitäten die beständige, kaum gelingende Suchtprävention gegenüber Genüssen gehört, die mit allen Raffinessen vermarktet werden, bietet der vom Nihilismus her fundierte Umgang mit solcherlei Genüssen eine solide, weil durch Einsicht fundierte Sicherheitsvorkehrung: Die uns zur Verfügung stehenden Genüsse bieten keine Vollkommenheit, schon gar kein Ewigkeitserlebnis und keine Sinnerfüllung, sondern sind allenfalls ein wenig Füllmaterial mit vorübergehenden Täuschungen in der Leere, die vor und nach den Genüssen umso erschreckender uns umgibt.

Zu unseren möglichen Genüssen werden wir auch die kleinen Alltagsgenüsse zählen, all das, was sich nicht so leicht vermarkten lässt, wie auch die mentalen Genüsse, die wir in uns erschaffen können, ohne auf irgendwelchen Marktplätzen Substanzen zu beschaffen. Die höchste Möglichkeit zum Genuss findet der Geist in sich selbst. Der aufgeklärte Nihilist, wiewohl der mehr oder weniger verhohlenen Diffamierung seiner angeblichen Lust- und Lebensfeindlichkeit ausgesetzt, wird alle solchen Genussmöglichkeiten zielführend nutzen können, ohne ihnen zu verfallen. Er vertritt in diesem Sinne eine Lebensphilosophie, die per se eine des Sinnentzuges ist und diesen auch durch eine durchdachte Genussdiät zu bewältigen weiß. Er ist der Metaphysiker, der die Metaphysik ins Nichts verabschiedet, in ihre Nullstufe überführt. Doch wie in der Mathematik die Nullstelle für eine Funktion hat ebenso jene Nullstufe der nihilistischen Philosophie eine zentrale Bedeutung für unser Denken: Die negative Metaphysik des aufgeklärten Nihilismus verweist auf die grundsätzliche Nichtigkeit all dessen, was mit dem aufgeblähten

Anspruch von Wahrheit, Vollkommenheit und Glück an uns herantritt, und leistet in dieser Negation eine Suchtprävention, die uns von dem Wahn befreit, die Suche nach dem „wahren Glück" mit einem positiven Ergebnis beenden zu können.

Wir müssen den Nihilismus aushalten, ihm standhalten, uns von der hoffnungslosen Hoffnung befreien, vollkommen unsere Sehnsüchte stillen, gänzlich unsere Leere füllen zu können ... Dann erlischt die Flamme unseres Durstes, und wir erhalten – ob bekennende Buddhisten oder nicht (4) – einen Vorgeschmack des unsichtbaren Nirwana, in das wir eingehen werden, schon hier und jetzt ... Wir werden nicht mehr von Bildern eitler Glücksversprechungen verlockt, sondern wenden uns den wirklich heilsamen Bildern zu, die, wenn auch kein uferloses Glück, so doch eine begrenzte, vielleicht haltbarere und überzeugendere Erträglichkeit unseres Daseins ermöglichen. Damit ist kein moralisierendes Verbot des Gebrauchs von Narkotika und Rauschmitteln, aber eine tragfähige Argumentation formuliert, die im nihilistischen Zeitalter den einzelnen Individuen die Freiheit der Entscheidung einräumt, ob sie dem Nichts standhalten oder sich von der Fülle künstlich induzierter Augenblicksgefühle eines allumfassenden Glücks täuschen lassen möchten, an dessen Ende das Nichts nur sein grenzenloses Grauen entfaltet.

Was aber könnte ein heilsames Bild sein, das wir von uns entwerfen, um dem Nichts standzuhalten, sodass ein wenig Sinn in der Sinnlosigkeit erscheint – „Feuerfunken" auf der „Nachtfahrt" unserer Existenz aufleuchten? (5)

Der Sisyphos-Mythos stellt uns in der Sinnlosigkeit des nihilistischen Zeitalters ein herausragendes Bild vom Menschen zur Verfügung, das wir ergreifen und als selbstdurchsichtig gewordene „*Ein*-Bildung" in den Entwurf unserer Existenz hineinzubilden vermögen. Die Moral des Sisyphos ist es, dem über ihn verhängten Strafbefehl der Götter in ewiger Pflichterfüllung Folge zu leisten und den immer wieder hinabrollenden Stein den Berghang hinaufzuwälzen. Doch er mag in der Mühsal seiner Wege hinauf und hinab erkennen, dass die Götter sein Traum sind und er selbst den Traum der Götter von der Bestrafung der ungehorsamen Menschen darstellt. Da lässt er den Stein – vielleicht schon vor dem Gipfel – hinabrollen und steigt wieder hinab.

Es könnte sein letzter Abstieg sein, denn nun ist er frei. Es sind seine Träume, die er träumt, sie stehen ihm zur Verfügung. Er könnte das Spiel weiterspielen, denn schließlich muss irgendetwas getan werden. Nach aller Mühsal des Aufstiegs könnte er das Glück des Abstiegs immer wieder genießen. Oder sich auf einen Stein setzen und die Bergwelt betrachten. Oder seinen letzten Abstieg zu Ende gehen, in den Abgrund hinab, wo der Stein auf ihn wartet. Oder noch weiter hinab, am Stein vorbei, in die neblige Schwärze des Abgrundes, in dem vielleicht neue Götter auf ihn warten oder alle Träume von Göttern ohne Wiederkehr ihr Ende finden. Und alles zur Ruhe kommt. Einen Vorgeschmack solcher Ruhe mag Sisyphos – auf seinem Abstieg auf einem Felsvorsprung ausruhend und die Bergwelt betrachtend – bereits genießen.

Wie auch immer er seinen Weg weiter oder zu Ende geht, „wir *müssen* uns Sisyphos als einen glücklichen Menschen *vorstellen*." (6) Die hervorgehobene Verbalphrase indiziert, dass Sisyphos auch unser imaginativer Entwurf ist: Er hat ein Bild von sich zur freien Verfügung, mit dem er den Stein weiterhin hinaufrollt, hinabrollen lassen kann und dies als Spiel begreift, das er mitspielen will. Dieser Sisyphos trotzt dem Nichts und genießt die vielen Glücksmomente der immer wiederkehrenden Abstiege, die freie Luft der Bergwelt und den Blick in die Weite, die er der Enge einer Opiumhöhle vorzieht. Er weiß, dass seine Glücksmomente vergängliche „Feuerfunken" sind, aber er hält dem Nichts stand, um nicht den Absturz in den Abgrund zu erleiden, der ihn nach dem einen rauschhaften, großen Glück erwarten würde; nach diesem aber dürstet ihn nun nicht mehr, denn er hat sich von aufgeblasenen Glücksversprechungen befreit. Mag sein, dass in solch vorausschauendem Lebensentwurf, in solch aufgeklärtem Nihilismus viele in die Verse dieses neuen Sisyphos auf seinem Abstieg einstimmen möchten (7):

So werden selig sein alle Süchtigen,
Denn sie suchen und suchen
Und sollen nichts finden!
Das Nichts, das von Sehnsucht befreit, die Leere,
In der Leid vergeht, in der die Flamme
Des Durstes verlöschend verweht –

Anmerkungen

1) Schopenhauer, Arthur: Werke II, Kap. 44, S. 616–660
2) Eindringlich beschreibt den Drogengebrauch als Religionsersatz John Burnside: *A lie about my father*. London 2006, S. 177 f.: „It was a sacrament… Acid did what the host failed to do. Acid was the only real sacrament to which I had access." Eine epische Darstellung der Sucht als Religionsersatz findet sich leitmotivisch in *Feuerfunken*, dem letzten Band der Romantrilogie *Bunte Schleier des Nichts*; vgl. bes. Kap 5: *Milch des Paradieses in Paris.*
3) KSA IV, S. 403 f. Vgl. PDN 2 § 148: *Kultivierte Einbildung von Genüssen*
4) Die Verwandtschaft von Buddhismus und Nietzsches Nihilismus wird in *Der unheimlichste Gast* (2013) sowie *Der unheimlichste Gast wird heimisch* (2019) besprochen.
5) Ich beziehe mich auf den ersten und dritten Band der Roman-Trilogie *Bunte Schleier des Nichts: Nachtfahrt* und *Feuerfunken*. Den janusköpfigen Charakter des Nichts thematisiert *Nachtfahrt*: „Das Nichts kann uns schmerzen und ersticken oder heilen und befreien." (S. 191 u. passim)
6) Camus 2000, S. 160 (Herv. von mir). Hierzu PDN 1, S. 267f., 314
7) Zu dieser Adaption des Mythos (*Sisyphos' letzter Abstieg* und *Sisyphos' Abgesang*) vgl. FF, S. 187 ff., bes. S. 190 f.

Kapitel 8
Lügen wir immer?

Unberechenbare Sprache

Der sich in globalem Ausmaß verbreitende Zahlenaberglaube ist der fehlgeschlagene Fluchtversuch aus der sogenannten postmodernen Beliebigkeit, eine Pseudo-Überwindung des Nihilismus. Dieser Mythos der Berechenbarkeit, welcher der Dialektik der Aufklärung entstammt, verspricht einen Ausweg aus der Zersplitterung in „postmoderne" Beliebigkeiten, indem er Allgemeinheit und Notwendigkeit zu verbürgen und das einzulösen scheint, was der Vernunft misslang. (1) Quantifizierende Formalisierung dient als Objektivitätsersatz, reduziert die Komplexität der Phänomene und verdeckt die als postmodern titulierte Uneindeutigkeit. Der Verlust an Gewissheit in der sogenannten Postmoderne, die den angemesseneren Begriff Nihilismus vermeiden will (2), soll durch quantifizierende und modellorientiert-deduktive Formen des Denkens in der Vorherrschaft der Zahl kompensiert werden. Doch dieses Denken schafft keinen einleuchtenden Sinn, wiewohl es unser Leben immer stärker bestimmt.

So wendet sich Welsch „(w)ider die mathematische Obsession ... Um das etwas grundsätzlicher zu fassen: Es gibt eine Inkommensurabilität zwischen Leben und Mathematik. Zum Abendland gehört seit langem eine Obsession, alles mathematisch erfassen zu wollen. Dieser Obsession begegnen wir schon bei Platon. Und die Aristotelische Kritik daran hat – wie treffend und schonungslos sie auch war – wenig genützt. Aristoteles zeigte, dass der mathematische Rationalitätstypus für Fragen der Ethik, also für Fragen des guten Lebens, gerade nicht einschlägig ist." (3) Welsch weist in diesem Zusammenhang auf die Pointe von Wittgensteins „Tractatus logico-philosophicus", einem „Vollendungsbuch der Neuzeit", hin:

> Wenn man, wie er es in diesem Buch getan hatte, die Insel der wissenschaftlichen Probleme vollständig vermessen hat, dann zeigt sich, dass die dort lösbaren Probleme mit den Fragen, die uns wirklich bewegen, nichts gemeinsam

> haben. Gerade wenn man die Konturen des Sagbaren klar bestimmt, wird man des jenseitigen Ozeans der Lebensfragen gewahr, die nicht auf der Insel beheimatet und zu lösen sind, die also nicht in die Kompetenz der Wissenschaft fallen, sondern nur auf anderem Weg ins Reine zu bringen sind: durch das Leben selbst. – Da ist die Gegenwendigkeit von Mathematik und Leben auf den Begriff gebracht und der neuzeitliche Versuch einer Mathematisierung des Lebens einschneidend kritisiert.

Die Absicht solcher Kritik ist es nicht, quantifizierende und qualifizierende Denkweisen gegeneinander auszuspielen, sondern die reflektierte Kombination beider Perspektiven zu gewährleisten. Die Vorstellung einer Balance in einem dialektischen Modell, das der Komplexität der Phänomene gerecht zu werden versucht, droht aber im gesellschaftlich-politischen Diskurs verloren zu gehen, weil sich ein Denken in Statistiken, Rankings und Evaluationen, in Zahlenmodellen also, bereits weitgehend verselbstständigt hat. Daten dienen nicht mehr als empirische Grundlage der Argumentation, sondern usurpieren normative Kraft. Solche Argumentation ist zahlenfixiert, indem sie die Reichhaltigkeit der Phänomene ausklammert und dabei Wahrheitsbehauptungen aufstellt, denen kein gültiges Verständnis von Wahrheit mehr entsprechen kann. Die Kategorie der Quantität wird mit der der Qualität bzw. Sinnhaftigkeit verwechselt. Der aufgeklärte Nihilismus zielt darauf ab, diese neuen, oft uneingestandenen „Wahrheiten" in Frage zu stellen und hinsichtlich ihrer Anmaßung von Wahrheit aufzulösen.

Dass sich die Mathematisierung auch der Sprache bemächtigte, lag in der Logik der hier skizzierten Entwicklung. Wir wollen als Beispiel das bereits in der Antike diskutierte Lügnerparadoxon des Eubulides herausgreifen, das später dem Epimenides zugeschrieben wurde. Die Geschichte dieses Paradoxons bis hin zu den (post)modernen Mythen seiner Berechenbarkeit hat Manfred Geier als eines der „Sprachspiele" der Philosophen dargestellt:

> Durch einen unscheinbaren Satz geriet der Logos der Griechen ins Wanken. ‚Ich lüge'. Sage ich damit die Wahrheit, oder ist das selbst eine Lüge? Die Antwort ist katastrophal: Wenn meine Aussage wahr ist, würde ich

> lügen; wenn sie falsch ist, würde ich die Wahrheit sagen. Die beiden dominierenden Wahrheitswerte ‚wahr' und ‚falsch' sehen sich plötzlich einer ununterbrochenen Umkehrung ausgeliefert, einer reversiblen Extermination, die ihren Wert in Frage stellt: Ich lüge, also lüge ich nicht, also lüge ich etc. ad infinitum. Im Innern des harmlosen Satzes ‚Ich lüge' versteckt sich ein beweisbarer Widerspruch, der seit seiner Entdeckung das philosophische Denken außer Fassung gebracht hat... Er hat Philosophen verzweifeln lassen, sogar ins Grab gebracht, und hat die Grundlagen großer logischer Systeme zutiefst erschüttert. Kaum ein berühmter Denker hat sich seiner fatalen Herausforderung entziehen können. Von Aristoteles bis Saul Kripke reicht das endlose Band seiner Lösungsversuche, gegen die er sich noch immer behaupten konnte. (4)

Dieses Lügnerparadoxon „Ich lüge" – erweitert zu dem Satz „Ein Kreter sagt: Alle Kreter lügen" – wird schließlich in der aussagenlogischen Mathematisierung formalisiert, um den Wahrheitswert dieser Aussage herauszufiltern und die Antinomie so darzustellen, dass in sich widersprüchliche Aussagen aufgedeckt und unsinnige Sätze in Zukunft vermieden werden sollen. Die schwindelerregenden algebraischen Formeln, die immer neuen, sich gegenseitig kritisierenden und aushebelnden Theorien zeigen, wie Geier erläutert, dass keine befriedigende Lösung gefunden worden ist. Vielmehr treiben diese Versuche den Sprachlogiker wie den Leser bis an die Grenze des Denkbaren und Erträglichen. In der mathematisierten Aussagenlogik machte zunächst Cantor (1895) den Versuch, eine Menge zu beschreiben, die widerspruchsfrei die Menge aller Mengen bezeichnet (5). Russell, der in den „Principia Mathematica" in Zusammenhang mit dem lügenden Kreter die Antinomien der Gattungen ebenfalls mathematisch beschreiben wollte, die nicht Glieder ihrer selbst sind, sah sich einer denkerischen Aufgabe gegenüber, die ihn in eine schwere Krise stürzte. Der Begriff des Sprachspiels, den Geier zum Titel seines Buches wählte, ist hier kaum noch aufrechtzuerhalten (6): „So wenig der Verstand Antinomien erträgt, so gern setzt er sich ihnen aus – in einem schizophrenen Spiel ohne Ende, ohne Sieger und Verlierer."

Auch Alfred Tarskis spätere Trennung von Objekt- und Metasprache setzt solch unfruchtbare Gedankenakrobatik fort, indem die sprachliche Angemessenheit von Aussagen wiederum zum Gegenstand einer Hierarchie von Metasprachen gemacht wird: auf meta-meta-meta-etc.-sprachlichen Ebenen (7). Unter den weiteren Lösungsvorschlägen sei noch der von Volker Beeh erwähnt, der das Problem des Lügner-Paradoxons zu beheben gedenkt, „wenn die semantische Wahrheitsantinomie syntaktisiert / gödelisiert und im Hinblick auf einen konsistenten Theoriekalkül T bewiesen wird, dass T weder den Lügner-Satz noch seine Negation wahr macht, sondern beide falsch.“ (8)

Es ist angesichts solcher Formulierungen merkwürdig, wie bei allem intellektuellen Aufwand und Scharfsinn die Philosophen, die sich der sprachlogischen Formalisierung verschrieben haben, offenbar nicht auf den Gedanken gekommen sind, dass sie einen falschen Weg eingeschlagen haben, auf dem eine neue Theorie nur das Problem verlängert, das es zu lösen gilt. Denn offensichtlich ist der eingeschlagene Weg, die Widersprüchlichkeit des Lügnerparadoxons über eine algebraische Notation aufzudecken, falsch, sodass ein grundsätzlich anderer Lösungsansatz zu wählen ist.

Imaginativ und intuitiv gesehen verstehen wir, was der Satz „Ich lüge“ bzw. das Lügnerparadoxon in einem bestimmten Kontext meint: Wir entwirren diese Logik in einer Imagination, welche den Sinn der Aussage in ihren konkreten Zusammenhang einbettet. Aristoteles hat zu dieser Auflösung des Lügnerparadoxons in seinen „Sophistischen Widerlegungen“ im 5. Teil des Organons bereits den Weg gewiesen, freilich in einer formallogischen Weise, die dem Missverständnis ausgesetzt war, in einer verengenden Mathematisierung von Aristoteles hinweg in einer Analyse des Einzelsatzes auf einen Irrweg sich zu begeben. Ohne auf das Lügnerparadoxon speziell einzugehen, analysiert Aristoteles diesen Typus eines Fehlschlusses als die Verschränkung zweier Aussagentypen in einem Satz:

„Darauf dass etwas entweder schlechthin oder nur beziehungsweise und nicht eigentlich gemeint ist (fallacia secundum quid et simpliciter), fußen die Fehlschlüsse, wenn das vom Teil gemeinte als schlechthin gemeint gefasst wird, wie wenn man schließt, dass das Nichtseiende ist, wenn es Gegenstand der Meinung ist. Denn es ist nicht dasselbe, etwas sein und schlechthin sein. Oder wiederum, dass das Seiende kein Seiendes ist, wenn es eins von dem Seienden nicht ist, z.B. kein Mensch. Denn es ist nicht dasselbe, etwas nicht sein und schlechthin nicht sein. Es scheint aber so wegen der Verwandtschaft des Ausdrucks und weil nur ein kleiner Unterschied besteht zwischen etwas sein und sein und zwischen etwas nicht sein und nicht sein. Ähnlich liegt die Sache, wo sich das nur beziehungsweise und das schlechthin Gesagte begegnet. Z. B. wenn der Inder, der ganz schwarz ist, an den Zähnen weiß ist, soll er folgerichtig weiß und nicht weiß sein. Oder wenn er beziehungsweise beides ist, soll Entgegengesetztes zugleich sein.

Solche Kunstgriffe sind in manchen Fällen für jedermann leicht zu erkennen, wenn man z.B. für zugestanden nimmt, dass der Äthiopier schwarz ist, und fragt, ob er an den Zähnen weiß sei, und wenn er nun in dieser Hinsicht weiß ist, folgert, dass er schwarz und nicht schwarz ist, als ob man mit einem solchen Abschluss der Fragestellung einen triftigen Beweis geliefert hätte. In anderen Fällen liegen sie oft versteckt, wenn nämlich etwas in der Art beziehungsweise ausgesagt wird, dass es folgerichtig auch schlechthin zu gelten scheint, und wenn nicht leicht abzusehen ist, welcher von zwei konträren Sätzen im eigentlichen Sinne gelten soll.“ (9)

Der „Kunstgriff“ besteht offensichtlich darin, dass im Lügnerparadoxon, zur Kurzform in dem Satz: „Ich lüge“ verknappt, zwei Sätze zusammengezogen sind, wobei etwas „schlechthin zu gelten scheint“, das zugleich „in der Art beziehungsweise“ gemeint ist: Ich lüge, will damit aber jetzt die Wahrheit sagen. In dieser unausgesprochenen Dopplung in einem narrativen Zusammenhang, der den Satz entfaltet, ist dieser sinnvoll gemeint, und erst wenn dieser Kontext, den Aristoteles‘ Logik noch mitgedacht hat, ausgeblendet und in solcher Abstraktion die Analyse aussagenlogisch mit algebraischen Notationen vorangetrieben wird, gerät sie in eine Sackgasse, in der sich die Antinomien nur perpetuieren und in immer neuen aussagenlogischen Theorien auftürmen, die einen „um den Verstand bringen“ können – falls man nicht erkennt, das der eingeschlagene Weg korrigiert werden muss. Mit deutlichem Bezug zum Lügnerparadoxon weist Aristoteles an anderer Stelle auf eine solche unausgesprochene Dopplung hin:

> Es ist derselbe Schluss, wenn einer zugleich Falsches und Wahres sagen soll. Weil man aber nicht leicht sehen kann, was von beiden schlechthin gelten soll, ob dass man Wahres, oder ob dass man Falsches aussagt, so erscheint der Fall schwierig. Aber es steht nichts im Wege, dass ein und derselbe Mensch schlechthin lügenhaft, aber beziehentlich und bei einer Aussage wahrhaftig ist, schlechthin wahrhaft aber nicht. (10)

Was tut also unsere Einbildungskraft mit dem Satz „Ich lüge"? Sie ergänzt dessen logische Abstraktheit mit Konkretem, Anschaulichem, lässt ihn lebendig werden, indem sie eine in ihm angelegte latente Dopplung konkretisiert: Worauf bezieht sich der Sprecher? Er meint vielleicht: „Ich lüge gerade, aber will in der Regel die Wahrheit sagen. Nur gerade habe ich gelogen." Oder unsere Einbildungskraft erweitert den narrativen Kontext: „Sehr oft in meinem Leben habe ich gelogen und gestehe das jetzt endlich ein." Erst den Satz in seiner logischen Abstraktheit isoliert zu sehen schafft die unauflösbaren Antinomien, die manche Logiker schon bis an die Grenzen ihres Verstandes getrieben und mit Ver-rücktheit bedroht haben. In der abstrakten Selbstreflexivität der Aussage, die aus ihren konkreten Bezügen verrückt wird, liegt das Problem und der methodische Fehler des Lösungsweges. Denn der Satz muss um Inhaltliches, Anschauliches ergänzt werden, die zu ihm unauflösbar dazugehören. Der Leitfaden der Einbildungskraft löst hier die logischen Strukturen nicht auf, aber bringt sie in anschaulicher Konkretheit ins rechte Lot zueinander. „Ich lüge" ist gar kein Satz, der in dieser Isoliertheit gesagt wird und verstanden werden will. Wir meinen: „Ich habe gerade gelogen, oder schon sehr lange gelogen, aber jetzt verweise ich mit diesem Satz auf mein Wahrheitsbedürfnis." Wir müssen in den Satz diese Situation hineinbilden, in welcher der Satz gesagt wird oder gesagt werden könnte. Dann löst sich der Schein logischer Widersprüche in dieser zur vollen Anschaulichkeit gelangten Bewegung des Satzes auf:

> … mit solcher Unwirklichkeit, als die Dinge der Mathematik sind, gibt sich weder das konkrete sinnliche Anschauen, noch die Philosophie ab. In solchem unwirklichen Elemente gibt es denn auch nur unwirkliches Wahres, d. h. fixierte, tote Sätze; bei jedem derselben kann aufgehört werden; der folgende fängt für sich von neuem an, ohne dass der erste sich selbst zum andern fortbewegte und ohne dass auf diese Weise ein notwendiger Zusammenhang durch die Natur der Sache selbst entstünde. (11)

Das Lügnerparadoxon ist nach solcher Methodenkorrektur aber noch nicht gelöst, denn neue Fragen tauchen erst jetzt in voller Schärfe auf, existenzielle Fragen, die nicht nur auf intellektualistische Sprachspiele abzielen:

> Man könnte sich fragen: Welche Rolle kann ein Satz wie ‚ich lüge immer' im menschlichen Leben spielen? Und da kann man sich Verschiedenes vorstellen ... (12)

Weshalb sagt jemand einen solchen Satz, was will er mit ihm bewirken? Will er mit seiner angeblichen Wahrheitsliebe nur auftrumpfen, den anderen verunsichern oder ist sie wirklich in ihm wachgeworden? Will er einen Machtanspruch mit dieser Frage durchsetzen? Solche die Grundlagen des Diskurses betreffenden Fragen sind die „wahrhaft" philosophischen Fragen, die sich aus dem Lügnerparadoxon ergeben – nach den oder statt der Mathematisierungen der Sprache mit ihrem fruchtlosen Hin- und Herrücken von Begriffen, das uns, statt ein Spiel zu bleiben, in die Ver-rücktheit treiben könnte, d.h. in eine Sinnleere, die wir als solche nicht mehr erkennen, einen Zustand des unaufgeklärten Nihilismus, über den es aufzuklären gilt.

Wenn sich die Einbildungskraft auf Sprache und sprachliche Äußerungen bezieht, bringt sie diese in Bewegung und verbindet sie zu einem Narrativ, das die Worte einbettet, um erzählerische Anschaulichkeit hineinzubilden. Erst innerhalb eines solchen Narrativs erkennen wir, was ein Satz wie der des Lügnerparadoxons bedeutet. Grundsätzliche Fragen tauchen erst jetzt auf, die in der Mathematisierung verdeckt waren: „Was meint die Person mit Lüge? Welche Wahrheit kann sie erkennen, um von Lüge zu reden? Meint sie das ‚wirklich', was sie sagt? Was ist Wahrheit?" Wir begeben uns in diesem Narrativ auf eine Nachtfahrt, die aber auf merkwürdige Weise mehr Klarheit schafft als die Irrlichter der mathematischen Logik bzw. des Aussagenkalküls, die fruchtlos versuchten, das Lügnerparadoxon aufzulösen und eine positivistische „Wahrheit" in berechnender Helligkeit festzustellen. Der von der Mathematisierung der Sprache eingeschlagene Weg hat sich als fruchtlos erwiesen und auch ein neues Notationssystem wird nicht mehr Klarheit schaffen können, da es nur diesen Irrweg vor sich haben wird. Dies gilt auch für extreme Versuche wie den von Günther, in einer Ablösung von der nicht-aristotelischen Logik, die Zweiwertigkeit von Aussagen und den Satz vom ausgeschlossenen Dritten zu übersteigen. Auch hier ergeben sich nur Scheinlösungen, welche unsere Logik nur transzendieren können, indem sie die Mittel eben dieser Logik verwenden. (13)

Die Mathematisierung bietet im nihilistischen Zeitalter kein Surrogat für Wahrheit, erfüllt auch nicht den Wunsch, die Sprache berechnend in den Griff zu bekommen, weil diese algebraische Formalisierung unverzichtbare Bestandteile ausklammern muss. So bleiben die Sprachspiele der mathematisierten Aussagenlogik letztlich unproduktiv, führen uns in die Irre, in unbegriffene, lebensfeindliche Einbildungen, die unaufgeklärt bleiben und zu deren Aufklärung „Die Philosophie des Nihilismus“ einen Leitfaden bieten will. Der spielerische Reiz sprachlicher Paradoxien liegt erst in einem über den Nihilismus aufklärenden Fazit, das ich hier ziehen möchte: Wir bekommen das Leben nicht vollständig „objektiv“ in den Griff, verbleiben auf einer „Nachtfahrt“, die angesichts des Unerforschlichen ihre Reize und lichtvollen Ausblicke gewähren mag – auch mit der sich uns aufdrängenden Frage: „Lügen wir immer?“ Denn in diesem Augenblick der Frage empfinden wir ein unstillbares Bedürfnis nach Wahrheit, in der Helligkeit des Wissens, dass solche ungeschmälerte Wahrheit uns in der Unberechenbarkeit der Sprache versagt bleibt.

Nachtfahrt
Cover des 1. Bandes der Romantrilogie:
Bunte Schleier des Nichts

Anmerkungen

1) Zum Mythos der Berechenbarkeit im Kontext einer Dialektik der Aufklärung die Ausführungen in PDN 2, bes. §§ 45 – 48
2) Zur Kritik an diesem Begriff s. PDN 2, bes. S. 10, 142 f., 512
3) Welsch 1996, S. 267 f.
4) Geier 1989, Kap. 2: *Dieser Satz ist nicht wahr*, S. 65
5) Ebd. S. 83
6) Ebd. S. 90
7) Ebd. S. 94 – 98
8) Ebd. S. 109 Anm. 3
9) Aristoteles 1968, S. 8 f.
10) Ebd. 25. Kap., S99. 55 f.
11) Hegel *(Phänomenologie des Geistes, Vorrede)* 1952, S. 37
12) Wittgenstein: *Bemerkungen über die Grundlagen der Mathematik*, zit. nach Geier 1989, S. 106; dort weitere zitierte Hinweise Wittgensteins zur narrativen Einbettung, die bei der Analyse von Sätzen zu berücksichtigen ist
13) Geier zu diesem Versuch, a. a. O., S. 99-101

Kapitel 9
Abschied vom Übermenschen

Der Homo humanus der Coronakrise

Alberto Giacometti hat in seinen zunächst befremdlich wirkenden Skulpturen wie „Stehende“ (1948/49) oder „Taumelnder Mensch (L'Homme qui chavire)“ (1950) nach den traumatisierenden Erfahrungen des 2. Weltkrieges die körperliche Gebrechlichkeit, der eine geistige Halt- und Orientierungslosigkeit entspricht, in „Stecknadelfiguren“ plastisch ausgedrückt. (1) Die Fragilität des Menschen dürfte auch in der Corona-Krise seit Anfang 2020 stärker in unser Bewusstsein gedrungen sein.

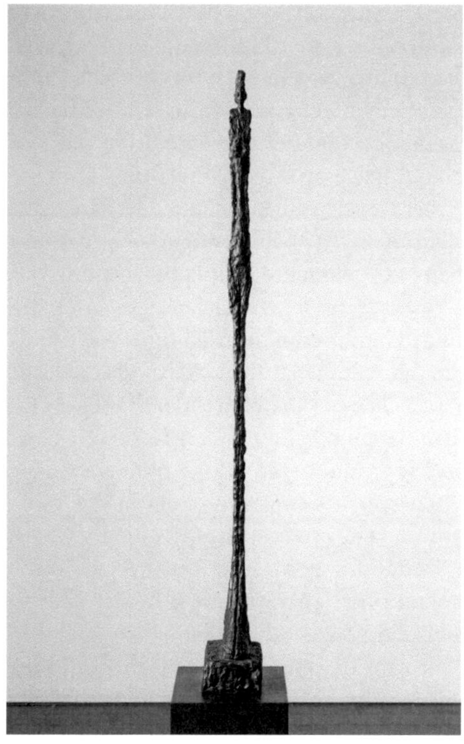

Alberto Giacometti: *Stehende* (1948 / 49)

Der Glaube an die wissenschaftlich-evolutionäre Optimierung der menschlichen Konstitution hat der Einsicht Platz gemacht, dass wir eher auf die Erhaltung unseres Lebens und dessen Gesundheit zu achten haben als Träumen des Verschwindens von Alter, Krankheit und gar Tod nachzuhängen. Wir sind vergänglich, allerorts von tödlichen Ansteckungsgefahren umgeben und tun gut daran, der kurzen Zeitspanne, die uns vergönnt ist, alle vorsorgliche Aufmerksamkeit und Wertschätzung zu widmen. Die medizinischen Angebote des Anti-Aging werden verdrängt durch Maßnahmen zur Abwehr von Ansteckungsgefahren und zur Versorgung von tödlich Erkrankten, die wenigstens die Lebenszeit leben möchten, wie sie uns als statistischer Mittelwert ohne alle Hoffnungen auf Lebenszeitverlängerung beschieden ist. Eine neue Bescheidenheit hat sich tendenziell ausgebreitet und bei allem Bedauern, dass uns diese Pandemie heimgesucht hat, empfinde ich diesen „Nebeneffekt" eines maßvolleren Menschenbildes als eine wohltuende Korrektur manch aufgeblähter Erwartungen, die sich auf einen Wissenschaftsaberglauben gestützt hatten, der nun seiner Hohlheit überführt worden ist. Vor allem die Entwicklung der Gentechnik hat solche hochfliegenden Hoffnungen auf einen genetisch optimierten Menschen genährt und sich mit einer besonderen Interpretation von Nietzsches oft gebrauchter und missbrauchter Konzeption des Übermenschen verbunden, einer einseitigen Auslegung, der Nietzsche allerdings Vorschub geleistet hat. (2) Es versteht sich, dass die in diesem Zusammenhang vorgebrachte Kritik am Wissenschaftsaberglauben die Wertschätzung segensreicher wissenschaftlicher Fortschritte nicht zu minimieren beabsichtigt.

Schon im Jahre 2001 hat Prof. Alexander Kekulé, der sich in der Coronakrise als einer der führenden Experten in der öffentlichen Debatte beteiligt hat, vor den Gefahren von Keimbahneingriffen und reproduktivem Klonen zur genetischen Verbesserung der Menschheit gewarnt und ein in der UN-Menschenrechtskonvention festgeschriebenes Recht auf Wahrung unseres genetischen Bestandes gefordert, um irreparable Schäden für künftige Generationen zu vermeiden. Leider sind seine meines Erachtens sehr überzeugenden Argumente ungehört verhallt.

Ich möchte aus diesem komplexen Problemkreis nur einen virologischen Aspekt herausgreifen, den fast zwei Jahrzehnte nach diesem luziden Essay die Coronakrise verstärkt vor Augen gerückt hat. Prof. Kekulé schrieb damals:

> Zusätzlich (bei solchen Keimbahneingriffen) werden DNS-Schnipsel von Viren mit eingebaut, da diese als ‚Genfähren' für das Einklinken der fremden Erbinformation in das Embryo-Genom benötigt werden – die Krone der Schöpfung nimmt die Evolution selbst in die Hand und mischt ihr Genmaterial mit dem primitivster Organismen. Das Ergebnis wären zwei Arten von Menschen: die natürlichen und die gentechnisch ‚verbesserten'. (3)

Abgesehen von den unübersehbaren sozialen und politischen Folgen der Generierung einer gentechnisch verbesserten Menschengruppe wird zu Beginn des Zitates deutlich, wie unwägbar die Entstehung neuer Viren und die Möglichkeit einer Resistenz ihnen gegenüber wäre. Selbst unter den jetzigen Bedingungen ist unser Wissen entgegen dem verbreiteten Wissenschaftsaberglauben, dem die Corona-Krise etwas entgegengewirkt hat, sehr beschränkt, sodass wir immer neue wissenschaftliche Erkenntnisse über das neue Virus gewinnen müssen. Durch gentechnische Verbesserungen und deren „DNS-Schnipsel von Viren" würden wir uns dem „Nebeneffekt" ganz neuer, unbekannter und vollkommen unwägbarer virologischer Gefahren aussetzen. Denn ohne Korrekturmöglichkeiten „werden die Veränderungen unwiderruflich an alle nachfolgenden Generationen vererbt – heute gewünschte Eigenschaften können eines Tages einen tödlichen Selektionsnachteil bedeuten, etwa bei neu auftretenden Infektionskrankheiten." (4)

Ohne Zweifel hat die Corona-Krise unsere Vorsicht wachsen lassen und das Gerede vom gentechnisch verbesserten „Übermenschen" angesichts der Bedrohungen durch unbekannte Viren geradezu ad absurdum geführt. Hier kann auch nicht im Sinne eines wissenschaftlichen Fortschritts falsifiziert oder verifiziert werden, denn Eingriffe in unser Erbgut sind irreversibel und bestimmen das Schicksal künftiger Generationen der Menschheit. Die in Kekulés Essay unerwähnte Konsequenz darf allerdings nicht verschwiegen werden: Wir bleiben ohne solche gentechnischen Experimente mit großer Wahrscheinlichkeit unvollendet und mit einer Fragilität geschlagen, wie sie Giacomettis Skulpturen vor Augen rücken.

Somit ist unser Menschenbild durch die Corona-Krise maßvoller geworden. Statt Nietzsches großem Wort vom „Übermenschen" zu folgen, den immer noch ein Hauch von Metaphysik umweht, kann der aufgeklärte Nihilismus sich dem Bild vom „menschlichen Menschen“ zuwenden, den keine Vorstellungen von göttlicher Vollkommenheit mehr terrorisieren, an denen er sich beständig zu messen und denen er nachzueifern hätte.

Als aktiver Nihilist ein menschlicher Mensch werden – dies könnte eine alternative Formel zur großsprecherischen Rede Nietzsches vom „Übermenschen“ sein, an dem immer noch die Spuren eines Säkularisationsprozesses haften, der von einem Jenseits des Menschen her gedacht ist. Ohne sich an Vorstellungen von Vollkommenheit direkt zu messen, ohne nach Ewigkeit zu streben, schöpft ein solch menschlicher Mensch das Mögliche in seinen Bemühungen aus. Er lässt sich nicht von Vorstellungen der Gottähnlichkeit und Vollkommenheit beirren, selbst wenn er diese in ihrer Abwesenheit als Merkmal des nihilistischen Zeitalters schmerzlich erkennt. Zumindest ist die Absage an den Terror der Vollkommenheit eine evidente Imagination, die uns im Hier und Jetzt immer wieder Kraft als Losung für den Alltag geben kann:

> Meine Seele, strebe nicht nach Unsterblichkeit,
> Das Mögliche schöpfe aus in deiner Bemühung! (5)

Wir nehmen hier die Vorstellung von „Unsterblichkeit“ als Variation all der Vorstellungen von göttlicher Vollkommenheit, Ganzheit, Harmonie und Wahrheit, die unser Leben zu verzerren drohen, wenn wir sie als falschen Maßstab unvermittelt an unsere menschlichen Handlungen und menschlichen Lebensläufe anlegen.

Solche Absage an falsche Maßstäbe trifft ebenso auf all die Bilder vom sog. Trans- oder Posthumanen im Anschluss an Nietzsches Konzeption des Übermenschen zu. Für mich haben diese diffusen Bilder, die in einem technisch-naturwissenschaftlich geschaffenen Jenseits des Menschen angesiedelt sind, noch keine Evidenz gewonnen. Was sie in Aussicht stellen, ist die ungebremste Entfesselung des Willens zur Macht, ohne dass der Gedanke unserer Selbstermächtigung, unserer Selbstreflexion dieses Machtwillens und der Möglichkeit seiner Zurücknahme Überzeugungskraft gewinnen könnte.(6) Mit der Unklarheit dieser Macht- und Züchtungsphantasien, denen Nietzsche sich schon hingab und deren Beispiele aus dem 20. Jahrhundert eindrückliche Warnschilder aufgestellt haben, wächst die Angst vor apokalyptischen Szenarien des Verschwindens des Menschen, wie sie nur masochistischer Untergangslust willkommen erscheinen können. Zu befürchten bleibt, dass wir in solchen trans- oder posthumanen Szenarien dem unsäglichen Terror der Produkte eines Wissenschaftsaberglaubens anheimfallen, gegenüber dem die vergangene Macht der Religionen ein freundliches Gesicht gewinnt.

Mögen andere Studien im Rahmen des begonnenen Projektes des aufgeklärten Nihilismus diese Bilder vom Homunculus anders sehen, anders entwerfen, sie präzisieren, überzeugender gestalten und neu bewerten. Womit ich hier in aller Nachdrücklichkeit eine Position vertreten möchte, ist die Überzeugungskraft des Bildes vom Menschen, der seine begrenzten Möglichkeiten in der existenziellen Situation des Nihilismus ausschöpft und dabei nichts weiter als ein menschlicher und menschlicherer Mensch sein will, wobei Vorstellungen von Humanität aus dem Fundus unserer Traditionen den Weg weisen mögen. Mit dieser Zielrichtung möchte ich Pindars Aufforderung „Werde, der du bist" und seinen Gedanken, das uns Mögliche auszuschöpfen, statt nach Unsterblichkeit zu trachten, interpretieren. Kants Grundfrage: „Was ist der Mensch?" verwandelt sich zu unserer Frage: „Was will ich als Mensch sein?" Die Fokussierung darauf, ein menschlicher Mensch – statt ein Übermensch – zu werden, wäre dann die überzeugende Uminterpretation von Nietzsches leitmotivischem Titel „Ecce homo. Wie man wird, was man ist". (7)

Es ergibt sich aus der Philosophie des Nihilismus, dass auch das hier vertretene, im besten Sinne des Wortes „konservative" Menschenbild des Homo humanus keine allgemeingültige „Vernunftwahrheit" beanspruchen kann. (8) Die Überzeugungskraft des Homo humanus kann nur auf der Evidenz dieses imaginativen Entwurfes beruhen, der vom einzelnen Individuum nachvollzogen wird und so an Durchsetzungskraft gewinnen mag. Auch solch eine evidente Imagination kann einen universalen Anspruch erheben. Ihre Selbstdurchsichtigkeit als subjektive Einbildung schließt aber eine gewaltsame und intolerante Durchsetzung aus. Im Namen einer subjektiv für evident gehaltenen Imagination kann man sicherlich seine Stimme erheben, auch universale Ansprüche in der öffentlichen Diskussion, den sozialen Medien etc. mit großem Engagement geltend machen, aber nur um Andere dazu zu bewegen, eben diese Evidenz in ihren Vorstellungen ebenfalls in Freiheit zu entwickeln. Ein Parade-

beispiel hierfür sind die Menschenrechte, insofern sie universale Geltung beanspruchen.
Dabei wäre es irreführend, Machtfragen zur Nebensache zu erklären. Aber täuschen wir uns nicht: Selbst Bilder der Befreiung müssen im Nichts verschwinden können. Sie müssen sich ihres Status als subjektiver Einbildungen inne sein, sonst droht die Gefahr, dass sie in den Terror neuer Mythologien umschlagen. (9) Trotzdem können Bilder der Befreiung mit Überzeugungskraft „poniert“, selbstbewusst gesetzt und weltweit vertreten werden, ohne die Geltung von „Vernunftwahrheiten“ mit eherner Allgemeingültigkeit und Notwendigkeit zu beanspruchen. Es bleiben Evidenzen der Einbildungskraft, die prinzipiell Angebote formulieren und wie auf Joseph Beuys installierter Tafel, auf der mit Kreidehandschrift nur das Wort „Mensch“ zu sehen ist, in das schwarze „Tafelnichts“ weggewischt werden können. (10) Überzeugungskraft wird dabei auf Macht nicht verzichten können, ohne – so bleibt zu hoffen – in ihr zu verschwinden oder sie vom Mittel zum Zweck mutieren zu lassen. Dass diese Überzeugungskraft eine Mehrheit erreichen könnte, garantiert keine Verstandeslogik oder kein mythologisierter Plan der Geschichte, sondern allenfalls die erweiterte Logik einer dichterischen Imagination (11):

Rise like Lions after slumber
In unvanquishable number –
Shake your chains to earth like dew
Which in sleep had fallen on you –
Ye are many – they are few.

Stellen wir die auf ethische Aspekte abzielende Frage, wie sich das Kräftespiel in der Corona-Krise verändert hat, so ist offensichtlich, dass wir in der Bedrohung durch die Pandemie trotz aller gebotenen Wahrung des äußeren Abstandes näher zusammengerückt sind: in der vorausschauenden Fürsorge für Andere, insbesondere für die Risikogruppen der Älteren und Vorerkrankten, in der täglich geschärften Achtsamkeit bei Vermeidung körperlicher Kontakte und Infektionsgefahren, in gesellschaftspolitischer Hinsicht in der Stärkung von Organisationen zur Gesundheitsfürsorge und des Gesundheitswesens sowie des Sozialstaates insgesamt. Gleichzeitig brechen auch ungebremste partikulare Egoismen auf, die ohne Achtsamkeit auf Andere die eigene Bewegungsfreiheit und das eigene unmittelbare Wohlergehen ins Zentrum rücken. Ohne Zweifel: unser Wille zur Macht ist durch die Pandemie angesprochen worden, nicht nur der Wille zum Überleben, sondern auch der Wille zum guten Leben, zum Wohlergehen, das in ein größeres Spannungsverhältnis zu den Bedürfnissen Anderer nach eben solchem Wohlergehen geraten ist und dieses austarieren muss.

Verschiedene ethische Denk- und Verhaltensmuster sind dabei im öffentlichen Diskurs aufgetaucht: Humanismus, Mitleidsethik, kommunitaristische wie utilitaristische Gesichtspunkte, aber auch eine an Kant orientierte Fokussierung auf die Würde des Menschen, die Würde des Einzelnen, der keinem Zweckmäßigkeitskalkül aufgeopfert werden darf. (12) Aus der Fülle – oder anders gesehen: dem Wirrwarr – dieser verschiedenen ethischen Begründungszusammenhänge möchte ich den mir zentral erscheinenden Aspekt herausgreifen: die Rolle des Willens zur Macht, wie ihn Nietzsches „Zur Genealogie der Moral" (1887) analysiert hat.

Nietzsche stellt dort – im Vorgriff auf Freuds Psychoanalyse – heraus, wie selbst unser Altruismus bis hin zur Ethik der Heiligen tief in unserem Inneren von egoistischen Antrieben und Formen der insgeheimen, der Person selbst unbewussten Selbststilisierung bestimmt ist, einem Ressentiment, das einer defizitären Vitalität in sublimierten Formen Kompensationsmöglichkeiten schaffen will. Schwer haben es dagegen ethische Argumentationsgänge, die einen „reinen" Altruismus als Überwindung des Egoismus aufspüren wollen. Auch Versuche, eine Empathie des Menschen als selbstlose Identifikation mit dem Anderen, welcher der identifizierenden Einbildungskraft nicht mehr als Alter Ego erschiene, verlaufen sich in schwierigen, undurchsichtigen Begründungszusammenhängen.(13) Ich möchte mich deshalb im Zusammenhang dieses Kontextes der Corona-Pandemie nur auf den Willen zur Macht beziehen, dessen verstärkte Rolle in der Pandemie bereits angesprochen wurde. Dabei gilt festzuhalten, dass die Formel vom „Willen zur Macht" als eines ethischen Erklärungsmodells nicht nur im darwinistischen Sinne auf das Überleben abzielt, sondern – wie Nietzsche ausgeführt hat – ebenso eine Selbsterhebung meint, eine Steigerung des Lebens, das in einem geistigen Hochgefühl sich seines Wertes bewusst wird und diesen genießt. (14) Der Wille zur Macht zielt nicht nur auf die Erhaltung des Lebens, sondern unsere größere Lebendigkeit in einem ganzheitlichen Sinne ab. Es ist aber eine Schwäche dieser Konzeption Nietzsches, dass sie eine weitgehend inhaltsleere Formel bleibt, sodass es sinnvoll erscheint, in diesem geschichtlichen Zusammenhang der Corona-Krise nach Inhalten und gesellschaftlichen Konstruktionen zu suchen, welche diesen inhaltsleeren Lehrsatz Nietzsches füllen könnten.

Ich halte die Behauptung für plausibel, dass durch die Corona-Krise dieser Wille zur Macht in seiner Geltung bestärkt worden ist, wir aber zugleich das Bewusstsein dafür gerade jetzt erlangen könnten, in welcher Weise wir ihn am besten ausleben. Nicht in der Isolation des vereinzelten Willens zur Macht, sondern in der Bündelung der gemeinschaftlichen Machtbestrebungen gewinnen wir die größtmögliche Durchsetzungsfähigkeit. Zumindest ist durch die äußeren Bedingungen dieser Krise die Chance gekommen, dass wir diesen Bewusstseinssprung angesichts seiner emergenten Potentiale vollführen könnten! Es ist dies ein Gedanke, der aus der Tradition bekannt ist, auch Alltagserfahrungen entspricht und aus dieser Trivialität heraus nun eine verstärkte Bedeutung entwickelt.

Parallel dazu behauptet ebenso auf internationaler Ebene dieser Gedanke, dass wir in der Gemeinschaft am stärksten sind, seine unübersehbare Geltung. In einem Wettkampf um Impfstoffe, in einem Verzicht auf gegenseitige Hilfeleistungen mit ihren machtpolitischen Auswirkungen werden wir alle letztlich die Leidtragenden sein. Dies ist nur ein Beispiel für eine generelle Einsicht, die in einer globalisierten Welt wachsen könnte: „Es ist nicht im nationalen Interesse, allein im Sinne des nationalen Interesses zu agieren.“ (15) Diese Einsicht gilt auch für die Schaffung nationaler wie internationaler Institutionen zur praktischen Umsetzung unseres vergemeinschafteten Egoismus. Wir müssen daher nicht unseren Egoismus überwinden, sondern ihn erweitern, indem wir erkennen, dass wir ihn am besten verwirklichen können, wenn wir die Egoismen anderer mit einbeziehen. Mir ist bewusst, dass dieser hier nur skizzierte Gedanke zu einem auf dem erweiterten Willen zur Macht basierten Menschenbild nichts anderes als eine recht vage Hoffnung ist, die schon der Blick in die morgendliche Tageszeitung als Schimäre fahren lassen möchte. Aber welche bessere Basis könnten wir denn in einer anthropologischen Philosophie finden, welche denn dürfte erfolgversprechender sein, als auf unseren wohlverstandenen Machtwillen zu bauen, um unserem Leben und Wohlergehen durch gebündelte gemeinschaftliche Kräfte eine größere Emergenz zu verleihen?

Ein in dieser Weise wohlverstandener Egoismus drückt sich in der Skulptur von Edwin Scharff aus, in der „Drei Männer im Boot“ „staken“, d. h. wie ein Team von Ruderern es im angemessenen Takt voranbewegen: Nur die gemeinschaftliche, aufeinander abgestimmte Bewegung durch einen solchen Teamgeist verspricht eine erfolgreiche Fahrt, auf welcher wir unserer Fragilität, wie sie die einsame Stecknadelfigur Giacomettis zu Beginn darstellte, durch eine in der Gemeinschaft der Einzelwillen errungene Stärke am besten entgegenwirken können. (16)

Drei Männer im Boot (1953)
Bronzeskulptur an der Hamburger Außenalster

Anmerkungen

1) Siehe die Fotografie der Skulptur „Stehende“ in der Hamburger Kunsthalle zu Beginn des Kapitels
2) Zu Nietzsches vieldeutiger Konzeption des Übermenschen PDN 2, §§ 172, 173
3) Kekulé, Alexander S.: *Menschenrecht auf Erbgut*. In: Der Spiegel Nr. 46, 2001, S. 206 f.
4) Ebd.
5) Pindar: *Oden*. Griechisch / Deutsch. Übersetzt und hrsg. von Eugen Dönt. Stuttgart 1986
6) Vgl. die Beispiele in PDN § 172
7) KSA VI (Titel)
8) Zur Abgrenzung von Heideggers Verwendung dieses Begriffs s. PDN 2, S. 432 Anm. 5
9) Hierzu PDN 2, § 176
10) Beuys, Josef: *Mensch* (1972). Installation. Kreide auf Tafel, Bräter, gefüllt mit Steinen und Telefon, Kabelverbindung zu Wandanschluss. Hierzu PDN 2, S. 444 Anm. 2
11) Shelley, Percy Bysshe: *The Mask of Anarchy.* Schlussstrophe XCI. In: *Poetical Works*. Hutchinson, Thomas (ed.), Oxford etc. 1973, S. 344
12) Am 04.04.2020 erschien im Onlineportal zeit.de die Schlagzeile: *Wir haben uns als Kantianer geoutet: Jedes Leben zählt.*
13) Zu dieser Schwierigkeit eines Altruismus, der sich vom Willen zur Macht ablöst, s. PDN 1, §§ 97 – 101; PDN 2, S. 251
14) Zu Nietzsches weitgefasster Bedeutung des Willens zur Macht PDN 2, S. 407; S. 210 u. 238 zur Unbestimmtheit dieses Begriffs
15) Schmidt-Salomon 2014, S. 296
16) Die Bronzeskulptur *Drei Männer im Boot* von Edwin Scharff (1953), die heute in den Außenalsteranlagen in Hamburg steht, war von dem Künstler ursprünglich als Wahrzeichen Hamburgs als monumentale Plastik an zentraler Stelle in Nähe der Elbe geplant und sollte die ankommenden Schiffe begrüßen.

Kapitel 10
Im Schatten des Arc de Triomphe

Nachtseiten der Geschichte

Geschichte hat sich mit der von Nietzsche analysierten „*Heraufkunft des Nihilismus*" als ein kontingentes Phänomen erwiesen. Die Zwecke und Ziele, die „ihr" angedichtet werden, sind für Geschichtsvernunft deklarierte Einbildungen, in denen sich der Wille zur Macht der Historiker, die ihren Gegenstand in den Griff zu bekommen trachten, in bunten Masken artikuliert. So tauchen immer wieder ziel- und zweckorientierte Abläufe auf, die sich aber nicht zu einem Ziel, einer Idee, unter der die Geschich-

Arc de Triomphe
(Innenansicht) – Paris

te als Weltgeschichte gesehen werden könnte, zusammenfassen lassen. Die in der idealistischen Geschichtsphilosophie maßgebenden Vernunftideen von Freiheit, Frieden oder weltbürgerlicher Ordnung haben sehr wohl richtungsweisenden, regulativen Charakter, scheinen aber eines realen Grundes im geschichtlichen Verlauf zu entbehren. Diese Vernunftideen haben jedoch als vernünftige Einbildungen große Evidenz und Akzeptanz, auch wenn ihnen logische Allgemeinverbindlichkeit und Objektivität nicht zukommt, wie es eine unvoreingenommene Betrachtung des Geschichtsverlaufes kaum abstreiten dürfte. Werden die Vernunftideen dagegen als objektiv zwingend vorgestellt und starr definiert, drohen sie in totalitäre Ideologien umzuschlagen, die ihre ursprünglichen Ziele pervertieren. Als vernünftige Einbildungen jedoch haben die „Vernunftideen" eine große vorantreibende Kraft zur Verwirklichung der als authentisch empfundenen menschlichen Interessen, ein vielleicht nicht überbietbares Maß an Evidenz, selbst wenn der Verlauf der Menschheitsgeschichte am plausibelsten als kontinuierlicher Verfallsprozess erscheinen mag, der mit dem Verschwinden der Spezies Mensch in dieser Weltzeit enden wird. Auch die Kategorie der Kontingenz – selbst geschichtlich – wird dann verschwunden sein.

Die Geschichtsbetrachtung des aufgeklärten Nihilismus bringt die Geschichte nicht unter den Gesichtspunkt einer teleologischen Idee, wiewohl ein solcher Versuch als arbeitshypothetisches Konstrukt, das sich seines fiktionalen Status bewusst bleibt, sinnvoll sein kann. Geschichte zerfällt jedoch in Geschichten, Erzählungen, die sehr wohl Logik, Sinn sowie Zwecke und Ziele im Einzelnen vorübergehend entfalten können. Kontingenz bedeutet für diese Geschichtsbetrachtung auch das Bewusstsein von dem, was nicht historisch verbürgt, zufällig nicht als Tradition auf uns gekommen ist. Es ist die Ahnung von den unbekannten Geschichten, die im Dunkeln liegen und in der Nacht verschwunden sind, die all unsere Geschichten, all unsere „Nachtfahrten" umgibt. Durch die Ordnungsversuche, die wir in die Geschichte hineinbilden, scheint die Kontingenz hindurch, die sich in additiven Reihungen wiederherstellt, in die unsere vorläufigen Strukturierungen sich auflösen.

Es fällt uns schwer, den Zufall als Erklärungsmodell anzuerkennen, weil er nichts erklärt. Diese Nichtigkeit, die in der Zufälligkeit steckt, erregt unseren Horror Vacui: Mit nachträglichen Rationalisierungen, einseitigen Erklärungen, Verschwörungstheorien oder als Wissenschaft drapierten Mythenbildungen wollen wir den Zufall hinwegzaubern und in der Einbildung unserer Erklärungsallmacht unser Selbstbewusstsein steigern. Dabei werden aus Erklärungsmodellen unversehens „Wahrheiten“; Unerklärlichkeiten und Zufälligkeiten verschwinden in der Fiktion der pseudowissenschaftlichen Erklärung, die um den arbeitshypothetischen Charakter ihrer Fiktionen nicht mehr weiß. Deren Re-Fiktionalisierung in Vaihingers Sinne zu betreiben ist Aufgabe des aufklärenden und über sich selbst aufgeklärten Nihilismus (1): Er hält das Weltrad des Zufalls, in das alle Dinge – auch wir – hineingemischt werden, in Gang. Er löst die Hypostasierungen auf, „die“ Geschichte habe Absichten gehabt oder sei ehernen Notwendigkeiten gefolgt. Der aufgeklärte Nihilismus gibt gegenüber der behaupteten Logik der Geschichte dem Zufall sein Recht zurück, bewahrt bei aller logischen Erklärbarkeit unseren Sinn für das Unerklärliche, die Nachtseite des Geschichtsverlaufes.

Der Topos der Nachtfahrt, welcher der Philosophie des aufgeklärten Nihilismus als Leitmotiv dient, kann dieses Geschichtsverständnis verdeutlichen (2): Die aus den Geschichtsbüchern bekannten Persönlichkeiten sitzen in den hell erleuchteten Abteilen. Wir können einen Blick von ihnen im Vorüberfahren erhaschen oder sie deutlicher sehen beim Halt auf Bahnhöfen oder gar, wenn wir in der Rolle als Schaffner ihre Fahrkarten kontrollieren. Draußen in der Nacht befinden sich all die Menschen, die wir nicht sehen, die mit dieser Nachtfahrt aber in irgendeiner Weise verbunden sind, weil sie beispielsweise die Bahngleise verlegt oder die Eisenbahnen mitgebaut haben; oder nur einfach zu derselben Zeit ihr Leben als Zeitgenossen führen. Es sind Arbeiter, unbekannte Soldaten, Mütter und Väter, die Nachwuchs vorbereiten, eine endlose Kolonne, der Tross der Weltgeschichte. All diese Personen draußen, außerhalb der hell erleuchteten Abteile, sehen wir während der Nachtfahrt nicht. Doch sie gehören zu der Nachtseite der Geschichte. Ihre Lebensgeschichten, die stattgefunden haben, ohne in Erzählungen festgehalten zu werden, sind im Nichts verschwunden.

Die Geschichtsbetrachtung des aufgeklärten Nihilismus bringt die kontingenten Geschichten nicht unter den unverrückbaren Gesichtspunkt einer teleologischen Idee, ohne deren fiktionalen Status durchschaubar zu halten. Geschichte zerfällt vielmehr in Geschichten bzw. Erzählungen, die Logik, Sinn sowie Zwecke und Ziele im Einzelnen vorübergehend als „Hineinbildungen" in die sinnliche Mannigfaltigkeit des geschichtlichen Materials entfalten können. Dabei erweckt die Fokussierung auf Kontingenz das Bewusstsein von dem, was zufällig nicht als Tradition auf uns gekommen ist. Es ist die Ahnung von den unbekannten Geschichten, die in der Dunkelheit verschwunden sind, die all unsere „Nachtfahrten" umgibt.

Solche in Nacht versunkenen Geschichten können erahnt werden, wenn man durch den Arc de Triomphe in Paris geht und die Postkartenansichten hinter sich lässt: Im schattigen Inneren des mächtigen Steinbogens sind Namen der Schlachten aufgeführt, nur von den 136 siegreichen, die l'Empereur Napoléon I. geschlagen und durch die er ganz Europa mit Krieg, Tod, Leid und Verwüstung überzogen hat. Trotz alldem befinde ich mich hier in dem französischen Nationalheiligtum, durch umfängliche Sicherheitsvorkehrungen geschützt, die ich endlich hinter mich gebracht habe. Immerhin sind die Schätze, die gehütet werden, die Größe der französischen Nation, die glorreichen Taten ihres größten Feldherrn und seiner Grande Armée, ein Symbol von nationalem Selbstbewusstsein und nationaler Identität, welche sich mit diesen Schlachten und den in Stein gemeißelten Namen ihrer 58 Militärs, vorwiegend Generälen, verbinden. Es sind zu Stein verfestigte Imaginationen, die als solche nicht mehr erkannt werden, sondern zu glorreichen Fakten geronnen sind, die so unumstößlich erscheinen wie der Marmorstein des Triumphbogens.

Aber wer hört die Schreie der Verwundeten, Gequälten, Sterbenden? Wer gibt sich solchen Imaginationen hin, die sich nicht weniger auf Fakten beziehen als die Namen auf den weiß glänzenden Steinen? All dies Leid ist in Nacht versunken und nur einige Nachtseiten dieser Geschichten mit undeutlicher Schrift lassen sich gelegentlich aufblättern. Etwa wenn die Archäologie der Schlachtfelder aufgearbeitet wird, wie das Gelände der Schlacht bei Wagram (1809) in der Nähe von Wien. Bei einer späteren Recherche und der Lektüre archäologischer Berichte entstand vor mir das Bild der von den Strapazen gezeichneten Soldaten – auf beiden Seiten (3):

> Die von uns geborgenen Überreste sind Zeugen der dort herrschenden widrigen Verhältnisse. Die bis zum heutigen Tag im Bioarchäologielabor des Österreichischen Archäologischen Instituts der Österreichischen Akademie der Wissenschaften untersuchten Toten zeigen in

> vielen Fällen Anzeichen von chronischem Vitamin-C-Mangel (Skorbut), starke Entzündungen im Mundraum, die bis in die Nasenöffnungen und in die Nebenhöhlen gewandert sind, massive aktive Abszesse im Kiefer sowie chronische Hirnhaut- und Lungenentzündungen.
> Obwohl die meisten Verstorbenen gerade einmal zwischen 18 und 30 Jahre alt waren, zeigen ihre Gelenke bereits starke Abnützungserscheinungen. Die langen Märsche und schweren Lasten, die sie auf ihren Wegen zu tragen hatten, spiegeln sich auch deutlich an ihren Knochen wider. Starke Entzündungen an den Beinen und Füßen konnten bei fast allen Individuen nachgewiesen werden. Zum Teil waren die Mittelfußknochen durch eine zu starke Beanspruchung im Sinne einer Marschfraktur gebrochen, in manchen Fällen sogar mehrmals, da einfach – trotz vermutlich sehr großer Schmerzen – weitermarschiert wurde.

Die Glorie des Sieges, den der Arc de Triomphe vorgaukelt, stand diesen Soldaten sicherlich nicht ins Gesicht geschrieben:

> Der Einzug in die Schlacht war daher für viele dieser jungen Männer kein besonders glorreicher. Fiebernd und von zahlreichen Entzündungen und Krankheiten gezeichnet, standen sie der gegnerischen Armee gegenüber. Für einige von ihnen war der Tod im Kampf wohl auch eine Verkürzung ihres Leids, da sie vielleicht ohnehin wenige Tage später an den Folgen ihrer Erkrankungen gestorben wären. Viele Männer verloren an diesen Tagen auf beiden Seiten ihr Leben. Bei den von uns untersuchten Toten konnten sehr häufig durch Musketenkugeln verursachte Verletzungen als Todesursache identifiziert werden, insbesondere im Bereich des Schädels. In einigen Fällen wurde die Kugel sogar noch im Schädel gefunden. Auch stumpfe Kopfverletzungen sowie Schusswunden im Brustraum konnten als Todesursache nachgewiesen werden.

Biografien deuten sich hier an, Umrisse von Gestalten, wie sie nur schemenhaft aus der Nacht der Geschichte aufsteigen und von ihrem schweren Leben erzählen wollen, das sie auch schon vor dem Kriege durchlitten:

> Aber auch über ihr Leben vor dem Krieg lassen sich bereits einige Aussagen treffen. Das häufige Auftreten von Rachitis (chronischer Vitamin-D-Mangel, der im Kindesalter zu Deformationen der Knochen führen kann) und die deutlich ausgeprägten Zahnschmelzveränderungen an den Zähnen (lineare Zahnschmelzhypoplasien), die durch eine Störung während der Bildung der Zähne entstehen (physischer Stress durch chronische Krankheiten, Unterernährung et cetera), lassen darauf schließen, dass die verstorbenen Soldaten zu großen Teilen aus den ärmeren Schichten der Bevölkerung stammten und bereits im Kindesalter an diversen Mangelerscheinungen litten.

Unendlich viele Geschichten deuten sich hier an – aber wer war dieser Meister des Todes, der all diese Schlachten inszenierte? Wer war dieser Imperator wirklich, den heute noch die Imagination vieler Franzosen mit diesem Glorienschein des Triumphes umgibt, dessen Abglanz auch ihr nichtiges eigenes Ich mit stolzer Bedeutung aufbläht?

Über Napoleons Sieg bei Jaffa während seiner ägyptisch-syrischen Expedition lese ich, er habe zwei seiner Adjutanten, die fast 3000 Besiegten Pardon gewährt hatten, heftig wegen ihrer Milde getadelt (4):

> Was sollte er jetzt mit diesen 2500 – 3000 Gefangenen tun? ... nur 300 Ägypter wurden in ihre Heimat entlassen. Schließlich ließ Bonaparte die übrigen Gefangenen auf das Ersuchen seiner Generale und Soldaten an der Küste erschießen... Vielleicht ist ein Zwischenfall wie der von Jaffa geeignet, der Menschheit die Augen für die entsetzlichen Zwangsmittel zu öffnen, durch welche der Kriegsruhm bisweilen gewonnen werden muss. Ohne dieses Blutbad hätte ein französisches Bataillon detachiert werden müssen, um die Gefangenen nach Ägypten zu führen. Da dies die kleine Armee in empfindlicher Weise geschwächt haben würde, wurden die Gefangenen erschossen.

Der englische Militärhistoriker J. H. Rose, der sonst in seinem zweibändigen Werk sehr sachlich das Leben Napoleons und dessen Kriege bis in alle einzelnen taktischen Manöver hinein darstellt, verneigt sich hier sehr tief vor der Logik des Kriegsruhmes – voreilig wie ich meine. Die Frage bleibt: wer war dieser Meister des Todes, den es über Europa hinaus zu diesen höchst verlustreichen Schlachten trieb, deren Kosten die Imagination so vieler Menschen – auch im sogenannten Bildungsbürgertum – nicht nur in Frankreich der Faszination des Gloriosen immer noch zu opfern bereit ist?

Zur Zeit seiner ägyptischen Expedition, zu der das oben erwähnte Massaker von Jaffa gehört, schreibt Napoleon, nachdem Gerüchte zu ihm gedrungen sind, seine Gattin Josephine sei ihm in Paris untreu geworden, an seinen Bruder Joseph (5):

> Es gibt in meinem Privatleben vielerlei, was mich quält; denn der Schleier ist gänzlich weggerissen. Du allein bleibst mir, Deine Liebe ist mir sehr teuer; nichts bleibt übrig, um mich ganz zum Menschenhasser zu machen, als diese zu verlieren und zu sehen, dass Du mich verrätst... Kaufe mir ein Landgut für meine Rückkehr, entweder bei Paris oder in Burgund. Ich brauche Einsamkeit und Stilleben. Pracht ist mir eine Last; die Quelle des Gefühls ist versiegt; selbst der Ruhm ist abgeschmackt. Mit 29 Jahren bin ich völlig erschöpft. Es bleibt mir nur übrig, ein vollständiger Egoist zu werden.

In welche Abgründe einer Seele schauen wir hier und wie tief können wir hinabblicken, um den Willen zu unbändiger, rücksichtsloser Macht zu begreifen, der sich aus jener Seele als vielschichtige Kompensation diffuser Antriebe emporentwickelte? Ein Rest von Rätselhaftigkeit, von Dunkelheit um diese Gestalt Napoleon bleibt, so intensiv wir uns auch in wissenschaftlicher Absicht mit ihr beschäftigen mögen. Es gibt keine Wahrheit über Napoleon im Sinne einer abschließenden Bewertung, sondern nur Bilder dieser Persönlichkeit, die wir nach bestem Wissen und Gewissen entwickeln, die aber keine Objektivität im Sinne eines zwingend gültigen Ergebnisses beanspruchen können. Auch wenn mein Bild von Napoleon klar ist, ich eine für mich vollkommen evidente Imagination dieses Menschen entwickelt habe: Er war ein großer Verbrecher, ein Massenmörder. Aber so sicher ich mir auch bin – ein Rest von Zweifel bleibt: Haben all die Bewunderer Napoleons geirrt? Auch Goethe, der ein zumindest schwankendes Urteil über ihn aussprach? Hegel sah in Napoleon, als dieser nach seinem Sieg über die deutschen Truppen 1806 durch Jena ritt, den Weltgeist. Ist mein sehr harsches Urteil über Napoleon nicht Folge meiner historischen Prägung als Deutscher, der in der Nachkriegszeit – uneingestanden vielleicht – in einem Analogieschluss zu Hitler ein Verdammungsurteil glaubt aussprechen zu müssen? Viele Bewunderer Napoleons lehnen diese Parallele ab. Hat Napoleon nicht den Code civil in Europa verbreitet, die Grundlage auch unseres Bürgerlichen Gesetzbuches? Aber wäre dies nicht auch ohne seine Schlachten bzw. das Abschlachten von Menschen möglich gewesen? Liegt die Argumentation, Hitler habe die Autobahnen gebaut, nicht auf der gleichen Ebene? Zur Evidenz unserer Imaginationen gehört auch, dass sie nicht mit ungleichem Maß messen wollen. Doch es bleibt schwierig, hier logisch stringent zu beweisen. Letztlich zählen unsere Imaginationen, die alles Wissen, alle logischen Überlegungen, zusammen mit dem Restbestand von Prägungen und Emotionen in ein Bild zusammenfassen, letztlich zählt die Evidenz unserer Bilder, von denen wir andere nur überzeugen können, wenn diese Evidenz ihnen auch „einleuchtet".

Ich stelle mir einen heutigen, vielleicht französischen Napoleonverehrer vor, dem ich – unter Anspielung auf Hitlers Russlandfeldzug – folgende Beschreibung der zusammengebrochenen Grande Armée bei ihrem Rückzug aus Russland aus J. H. Rose's Monographie vorlegen würde; während Napoleon zur Zeit dieses Rückzuges (1812) eilig nach Paris aufbrach, um dort seine Macht weiterhin zu sichern, zeigt sich auch an dieser Stelle – kurz nach der Katastrophe des Massensterbens beim Übergang über die Beresina – seine Menschenverachtung (6):

> Seine größte Sorge richtete sich darauf, zu verhindern, dass das Unglück in seiner vollen Ausdehnung zu schnell bekannt würde. ‚Entfernen Sie alle Fremden aus Wilna', schrieb er an Maret, ‚der Anblick der Armee ist kein Schauspiel für fremde Augen.' Diese Vorsicht war durchaus begründet… Bei steigendem Elend arbeiteten sich die Übriggebliebenen weiter, bis von den 600 000 Mann, welche mit erhobenem Haupt den Niemen überschritten hatten, um Russland zu erobern, nur noch 20 000 hungernde, halberfrorene, waffenlose, schattenhafte Gestalten in der Mitte des Dezembers über die Brücke von

> Kowno schwankten. Die von Österreich und Preußen gestellten Hilfskorps kehrten beinahe unverletzt zurück. Aber der Rest jener gewaltigen Heerschar verkümmerte in russischen Gefängnissen oder hatte unter der Schneedecke die Ruhe des Grabes gefunden.

Können solche Bilder meine Vorstellung von Napoleons Verbrechertum beweisen? Selbst der englische Autor dieser kühl und sachlich verfassten Monographie, ein Nachfahre des England, das Napoleons ärgster Feind war, kommt zu dem Schluss:

> Im Grunde genommen, erkennt die Menschheit die Krone des Ruhmes nicht der klugen Mittelmäßigkeit zu, die vor der Möglichkeit eines Fehlschlages zurückschreckt und keine dauernden Spuren ihres Wirkens zurücklässt, sondern dem ungestümen Geiste, der Großes wagt, Gewaltiges vollbringt und die Herzen von Millionen, selbst noch wenn er fällt und in seinem eigenen Fall sie mit sich niederreißt, an sich fesselt. Ein solcher Wundertäter war Napoleon. (7)

Ich nehme mir vor, bescheiden zu bleiben. Die Wahrheit über Napoleon besitze auch ich nicht, selbst wenn meine Imagination mit aller Evidenz noch immer zu mir spricht: Er war ein großer Verbrecher; und all seine Verehrer sind bis heute auf seinen falschen Glanz hereingefallen. Aber habe ich nicht auch schon erlebt, wie ich Idealen nachhing, die sich im Nachhinein als hohl und leer erwiesen haben? Falsche Versprechungen und unnütze Opfer einschlossen? Wir sollten, so überzeugt wir sind, bescheiden bleiben und eingedenk unseres nihilistischen Zeitalters ohne Wahrheitsanspruch die Evidenzen unserer Vorstellungen austauschen: Nur wenn diese Evidenzen anderen einleuchten, kann wirkliche Überzeugung jenseits von Wahrheitsansprüchen gelingen.

Unter dem Boden des Arc de Triomphe liegt das Grabmal des unbekannten Soldaten aus dem Ersten Weltkrieg. Das ganze Jahr hindurch finden hier nationale Feierlichkeiten statt, die ihren Höhepunkt in der Parade am 11. November erreichen, dem Jahrestag des Waffenstillstandes zwischen Frankreich und Deutschland, des Sieges Frankreichs und seiner Alliierten. Die „Flamme du Souvenir“ brennt pausenlos und ohne zu flackern, als ich aus dem Schatten des Arc de Triomphe in die Mittagssonne hinaustrete. Irgendeine Kranzniederlegung oder Ehrung wird gerade durch emsig arbeitende Uniformierte mit allerlei mir unbekannten Abzeichen vorbereitet. Die Flamme der Erinnerung bleibt für mich kalt und ohne Bezug zu all den unidentifizierten Toten der vielen Kriege, welche dieser antikische Triumphbogen glorifiziert. Sie kommt mir allerdings wieder vor Augen, als ich in meinem Wohnort Hamburg vor einem unscheinbaren Kriegerdenkmal im Stadtteil Rahlstedt stehe, auf das ich zufällig gestoßen bin, weil ich auf den Einlass in das nahegelegene Hallenbad warte. Eine erloschene Flamme der Erinnerung: Das halbverwitterte Denkmal für die im Ersten Weltkrieg gefallenen jungen Männer nur dieses Stadtteils – ein Bruchteil der insgesamt 40 000 in Hamburg – ist umzäunt, offensichtlich um es vor weiteren Attacken zu schützen, denn der Wurf eines Farbbeutels hat die Inschrift fast unleserlich gemacht:

Den im Weltkriege
1914 – 1918
gefallenen Helden
in Dankbarkeit errichtet.
Die Gemeinde Altrahlstedt.

Dieses Kriegerdenkmal, eines der zehntausenden in Deutschland, ist ein Gegenstück zu einem Triumphbogen, auch architektonisch ein abgebrochener, unfertiger Stumpf, dem ein Aufsatz fehlt.

Was hätten die Tugenden dieser jungen Männer – Durchhaltevermögen, äußerste physische und psychische Kraftanstrengung, Mut, Kampfgeist und Opferbereitschaft – bewirkt, wenn diese Qualitäten sich auf zivile Ziele gerichtet, den ureigensten Lebensinteressen nur dieser jungen Menschen gedient hätten? Wie hätten sie solche „egoistischen“ Interessen entwickeln können – vielleicht durch die Lektüre von „Der Einzige und sein Eigentum“ des verfemten Stirner statt der damals weitverbreiteten Texte, die ihren Nationalismus anstacheln sollten?

> Fort denn mit jeder Sache, die nicht ganz und gar Meine Sache ist! Ihr meint, Meine Sache müsse wenigstens die ‚gute Sache‘ sein? Was gut, was böse! Ich bin ja selber Meine Sache, und Ich bin weder gut noch böse. Beides hat für Mich keinen Sinn. (8)

Wie kamen diese jungen Männer dazu, der nationalen Sache zu dienen? Hätten sie auch einen Triumphbogen verdient? Sicherlich waren sie Opfer, aber gibt es eine Hierarchie der Opfer, also Opfer erster und zweiter Klasse? Hat die Siegermoral hier geurteilt? Wen haben die Selbstgerechten, welche die Farbbeutel gegen dieses Denkmal über den Sicherheitszaun hinweg warfen, treffen wollen? Ein kommentierendes Gegendenkmal mit unserer heutigen Perspektive neben dem Kriegerdenkmal hätte die damaligen Auffassungen relativieren können. Ich gehe näher heran, um die halbverwitterten Namen in Antiquaschrift mit dem jeweiligen Todesdatum genauer durch die Maschen des Sicherheitszaunes lesen zu können. Es bleiben für mich bloße Additionen von Namen, Zahlen und Fragen, die sich mir stellen, ohne Sinn, ohne Ziel; aber vielleicht sind es doch lehrreiche Zumutungen, denen wir Leser uns stellen sollten:

Kurt Ahrens 5. 5. 17: Welche Texte und Bücher hatte er gelesen?
Alwin Barheins 25. 3. 17: Was wusste er über die Menschen, die er für seine Feinde hielt?
Moritz Berndt 31. 10. 14: War der Krieg seine erste Liebe, in deren Umarmungen er verreckte?
Ludwig Bohlen 3. 10. 18: Was wäre aus ihm geworden, hätte er seinen militärischen Krafteinsatz zivilen Zielen zugewendet?
Max von Briesen 5. 1. 15: Welche Rolle spielten unbewusste Antriebe bei den vielen Kriegsbegeisterten, vielleicht auch bei ihm: der Druck einer lebensfeindlichen Sexualmoral, beengende Wohn-, Familien- und Arbeitsverhältnisse?
Karl Busse 23. 7. 18: Kam er noch zu einem letzten Gedanken, einer finalen Imagination, bevor er fiel?
Hermann Cropp 9. 5. 17: Was waren die letzten Worte seiner Eltern, als er in den Krieg zog?
Karl Cropp 29. 8. 15: Wie bewältigten die Eltern den Tod ihrer beiden Söhne?
Emil Gittmair 24. 1. 15: Wie lange dauerte sein Todeskampf?
Diedrich Dahrendorf 27. 7. 15: Wo wird sein Name noch festgehalten außer auf diesem Grabstein?
Joh's Drews 5. 5. 17: Hat er die Farbspritzer des wütend geschleuderten Farbbeutels verdient?

Helm. Dumke 25. 5. 14: Kamen ihm Zweifel an seiner Mission?
Karl Eggert 27. 9. 15: Würde das vorhandene Material reichen, um heute eine Biografie über ihn zu schreiben, und wer würde sie lesen?
Joch. Friess 5. 10. 18: War er begeisterter Kriegsfreiwilliger wie so viele?
Edm. Gehssmann 11. 7. 15: Würden wir über ihn als Soldat einer siegreichen Armee heute anders denken?
Karl Rud. Geishier 17. 9. 16: Wie hätte ich mich – dies als undurchführbares Gedankenspiel – in seiner Situation zu Beginn des Krieges verhalten?
Heinrich Gösjier 4. 5. 17: Ist dieser kaum noch leserliche Name auf dem verwitterten Stein des Kriegerdenkmals die letzte Erinnerung an ihn?
Wilh. Grimm 7. 10. 14: Was wäre aus ihm im zivilen Leben nach dem Krieg geworden?
Gust. Grospitz 23. 7. 17: Gibt es irgendwo ein Grab auf einem Soldatenfriedhof mit seinem Namen?
Ernst Groth 11. 7. 17: Leben noch Nachkommen, die seinen Namen kennen?
Bernh. Grotzky 14. 3. 15: Welche Menschen trauerten um ihn?
Karl Hahn 17. 9. 15: Wie viele Soldaten hat er getötet, bevor er selbst fiel?
Karl Harder 3. 4. 15: Gab es Augenblicke, in denen er an seinem Einsatz zweifelte, ihn bereute?
Gust. Haje 5. 5. 17: Dachten die Eltern dieser beiden Söhne daran, gegen den Krieg zu protestieren?
Paul Haje 19. 5. 15: Wie nahm die Mutter den Tod ihrer beiden Kinder auf?
Eduard Heister 31. 3. 17: Hätte er nach dem Kriege geheiratet, Nachkommen gehabt?
Alfred Henke 3. 9. 15: Starb er qualvoll – auf dem Schlachtfeld oder im Feldlazarett?
Karl Heuer 25. 5. 15: Weshalb fiel das Los des Todes auf ihn?
Etc. etc.

Ich verließ diesen Ort eines kaum beachteten Denkmals, das Fragen aufwarf und zum Grübeln bringen konnte: „Was ist Wahrheit?“ Diese alte Frage des Pilatus schwebte über diesem Ort wie eine der Regenwolken, die der Wind am Himmel vor sich hertrieb: Dieses abgedroschene Bild drängte sich mir auf, und das Leben vor mir – bis weit zu diesem wolkenverhangenen Horizont – kam mir so trivial vor wie dieses Bild, ohne alles Grandiose, auf das ich gerne verzichten wollte. Ich machte mich auf zu dem nahegelegenen Hallenbad, um meine Bahnen zu schwimmen. Ich wollte etwas unternehmen und fit bleiben, nichts weiter.

Zahllos und verschiedenartig sind die Nachtseiten der Geschichte, auch auf den Ebenen der Bedeutung, die wir den Dingen zuweisen. Nachtseiten der Literaturgeschichte und ihrer Bewertungen kamen mir in den Sinn, als zu Hause mein Blick auf alte Bände in meinem Bücherschrank fiel, den ich von meinen Eltern und Großeltern geerbt hatte, bis ins 19. Jahrhundert zurückreichende Bücher zum Teil recht erfolgreicher Autoren, die heute kaum noch jemand kennt: Georg Scherer, Franz v. Gaudy, Heinrich Zerkaulen, Georg Hermann, Zdenko von Kraft, Ida Boy-Ed, Bruno H. Bürgel, Richard Benz, Paul Eugen Sieg, Rudolph Stratz, Hans Leip, Gudmundur Kamban, Karl Aloys Schenzinger, Rudolf Presber etc. etc. Dazwischen eine spätere, rückblickende, nur exemplarische Fälle behandelnde und angesichts des schwierigen Materials kenntnisreich, aber hilflos bilanzierende Studie eines Literarhistorikers mit dem bezeichnenden Titel: „Werkruinen – Lebenstrümmer. Literarische Spuren der ‚verlorenen Generation‘ des Dritten Reiches“... (9)

Ein Vorbehalt sollte allen Geschichtsbüchern, historischen Darstellungen und geschichtswissenschaftlichen Abhandlungen vorangestellt werden: Unser Wissen über alle Geschichten, die wir in „der“ Geschichte unvollständig zusammenfassen, ist nur ein kleiner Teil unserer großen Unwissenheit, den wir im Folgenden etwas geordnet auszubreiten versuchen, ist nur ein kleines, spärlich beleuchtetes Kapitel im großen Geschichtsbuch der unzähligen Tag- und Nachtseiten der Geschichte, die wir hier nicht vollständig aufblättern können. Nach diesem Vorbehalt kann man Geschichte schreiben.

Kriegerdenkmal in Hamburg mit der Inschrift:
Den im Weltkriege
1914 – 1918
gefallenen Helden
in Dankbarkeit errichtet.
Die Gemeinde Altrahlstedt.

Anmerkungen

1) Ich verwende hier Nietzsches Bild aus seinem Gedicht *An Goethe*, KSA III, S. 639. Zur „Re-Fiktionalisierung“ von „Wahrheiten“, die als Fiktionen durchschaubar werden, vgl. Vaihinger 1927. Dieser erkenntnistheoretische Prozess liegt ganz auf der Linie von Nietzsches eingangs zitierter *„Heraufkunft des Nihilismus“* (vgl. KSA XIII, S. 189 f.), in der gerade durch unsere Suche nach Wahrheit deren positive „Ergebnisse“ aufgelöst werden.
2) Bd. 1 der Romantrilogie *Bunte Schleier des Nichts* trägt den Titel *Nachtfahrt*. Vgl. PDN 2 §§ 37 – 39

3) Die folgenden Zitate zur Archäologie eines Schlachtfeldes aus: https://www.derstandard.de/story/2000077315077/tod-krankheit-schmerzen-das-leben-der-soldaten-von-der-schlacht. Aufgerufen am 04.10.2020
4) Rose, John Holland: *Napoleon I.* 2 Bde. Übersetzt von R. W. Schmidt. Stuttgart 1906. Bd. I, S. 196 f.
5) Ebd. S. 191
6) Ebd. Bd. II, S. 273. Niemen ist der polnische Name des Flusses Memel, Kowno der frühere russische Name der Stadt Kaunas in Litauen.
7) Ebd. S. 605
8) Stirner 1981, S. 5 – Zu *Militärische Tugenden in unmilitärischer Sinngebung* s. PDN 2, S. 286 f.
9) Denkler, Horst (Tübingen: Max Niemeyer Verlag) 2006

Kapitel 11
Verborgene Poesie in Ökonomie und Politik

Jenseits des Homo oeconomicus

Auf den ersten Blick widerstrebt es uns, Ökonomie und Politik, Staat, Gesellschaft oder Technik mit Poesie zusammenzubringen, doch dieses Widerstreben gründet bei genauerer Betrachtung nicht in der Sache selbst, sondern ist Folge einer Verengung unseres Blickes und Denkens, die keineswegs auf eine anthropologische Konstante hinweist, sondern aus einer von verengender Rationalität geprägten Denkweise resultiert. Diese Gefangenschaft unseres Denkens und Möglichkeiten ihrer Beseitigung sollen in diesem Kapitel anhand einiger Beispiele thematisiert werden.

Die Rede von einer Poesie in den Potentialen vordergründig nicht-künstlerischer Bereiche hat den Sinn, in einem Paradigmenwechsel diese Mittel aus der eigenmächtigen Setzung durch verselbstständigte Sachzwänge zu befreien und den Zielen der auf ein humanes Menschenbild hin orientierten Einbildungskraft unterzuordnen. Deren schöpferische Möglichkeiten sind beispielhaft in der Kunst evident und könnten, wie dies in einer europäischen Imaginationsbewegung um 1800 bereits in idealistischen Konzeptionen skizziert wurde, für das weite Feld gesellschaftlicher Praxis fruchtbar gemacht werden. Bei dieser Umorientierung kann ein passiver Nihilismus, der sich in den aktiven hineinbewegt, gegen alle Hoffnungslosigkeit die Schubkraft bilden.

Dass die Einbildungskraft vernünftige Zielprojektionen in der gesellschaftlichen Praxis zu entwerfen fähig ist und dabei weit über die traditionelle Vorstellung vom Kunstwerk hinaus ihre kreativen Kräfte zu entfalten vermag, möge im Folgenden an einem aktuellen Beispiel, dem sog. Bedingungslosen Grundeinkommen (BGE), dargestellt werden, das seit Gründung dieser Initiative am 9. Juli 2004 von Europa aus immer mehr Beachtung und praktische Realisierungsversuche weltweit gefunden hat.

Obwohl es als ein sachorientiertes Projekt erscheint, dessen Realisierung komplexe ökonomische und politische Reflexionen einschließt, beruht es doch primär auf einem imaginativen Bild vom Menschen, der frei von Sorgen und Ängsten um seine materiellen Grundbedürfnisse ein neues Verhältnis zu bezahlter wie unbezahlter Tätigkeit entwickelt, gar den Herrschafts- und Entfremdungscharakter von Arbeit abzustreifen befähigt wird, um ein mit selbstbestimmtem Sinn erfülltes Leben führen zu können. Es ist ein Bild vom Menschen, der sich nicht mehr ausschließlich durch abhängige Arbeit definiert, sondern andere Formen – wie etwa die Sorgearbeit für andere Menschen – zu schätzen weiß. Das Argument, mit dieser materiellen Absicherung der Grundbedürfnisse würde der Großteil der Gesellschaft in Bequemlichkeit und Nichtstun versinken, gerät zur Entlarvung eines zu engen Menschenbildes: Schon längst haben Menschen gezeigt, dass sie auch ohne materielle Gewinnabsichten beispielsweise in ehrenamtlichen und karitativen Zusammenhängen zu arbeiten bereit sind. Nicht erst unter der Peitsche eines erbarmungslosen Konkurrenzkampfes um die Absicherung seiner elementaren Lebensbedürfnisse ist der Mensch zu arbeiten in der Lage, wie verengte biologistische Anthropologien uns nahelegen wollen.

Wir können hier nicht alle Argumente für und gegen das BGE abhandeln, auch nicht die recht unterschiedlichen Realisierungsmodelle mit ihren jeweiligen Konsequenzen (1), sondern möchten auf einige grundsätzliche Aspekte verweisen, welche die Rolle der evidenten Imagination als Motor vernünftiger gesellschaftlicher Praxis betreffen. Denn das BGE ist kein reines Rechenexempel. Erst in seinem Charakter einer vernünftigen Imagination wird es in seinem substantiellen Gehalt angemessen verstanden, als Setzung eines konkreten Menschenbildes, das ökonomischen Kalkulationen vorgeordnet ist bzw. ihnen eine Zielrichtung gibt, dabei in dieser Führungsrolle vorgebliche Sachzwänge auflöst und neue Berechnungen nach sich zieht, die es stützen oder auf den imaginativen Kern in verschiedenster Weise zurückwirken. Erst durch diese Präponderanz einer vernünftigen Imagination verlieren vorgebliche Sachzwänge ihren quasi-mythischen Bann. Im Dienst eines durch das BGE bestimmten Menschenbildes haben in einem zweiten Schritt ökonomische Berechnungen gezeigt, dass dieses Menschenbild „sich rechnen" und sogar seinen auch materiellen Gewinn erbringen kann. (2) Ohne dass wir auf die verschiedenen Realisierungsversuche genauer eingehen, wird doch erkennbar, dass hier Mythenbildungen angeblicher Sachzwänge sowie politische Ideologien der Verwirklichung einer für viele Menschen wie mich höchst überzeugenden Vorstellung entgegenstehen.

Diese ökonomische Imagination eines bedingungslosen Grundeinkommens zwingt zu einem gedanklichen Neuansatz, der politische Kategorisierungen wie links oder konservativ, sozialistisch oder kapitalistisch überwindet und eigenständiges Denken, ausgehend von einem imaginativen Kern, in Theorie wie Praxis ernst nimmt. Am Beispiel des BGE zeigt sich für unsere philosophische Grundlegung, wie wichtig es ist, in einem nihilistischen Ansatz das Menschenbild offen zu halten, es nicht vorweg durch mythologisierte Sachzwänge einzuengen und damit unsere menschlichen Möglichkeiten uneingestanden zu beschneiden:

> Von allen Fragen, die das BGE aufwirft, ist die Finanzierung mithin das kleinste Problem. Viel spannender sind die psychologischen Fragen, denn hier geht es um das Menschenbild der Gegenwart und der Zukunft. Weltanschauungen treffen hier aufeinander, Glaubensgrundsätze, lieb gewordene Vorurteile, kulturelle Prägungen und Mentalitäten ... Um Menschen zu ermöglichen, frei zu leben, müssen ihre Grundbedürfnisse erfüllt werden. In einer humanen Gesellschaft der Zukunft sind sie durch ein bedingungsloses Grundeinkommen materiell abgesichert. Damit wird der Missstand beseitigt, dass wir nur das als „Leistung" zählen, was auf Erwerbsarbeit gründet. Die soziale Absicherung wird von diesem einseitigen Leistungsbegriff gelöst, der ohnehin blind ist für die sozialen Lebensleistungen vieler Menschen. Der Zwang, monotone und demoralisierende Arbeit auszuüben, entfällt. Damit sind die materiellen Grundlagen für eine Gesellschaftsutopie geschaffen, die den Menschen als freies Individuum begreift. (3)

Dabei sollten wir nicht vergessen, dass auch dieses Menschenbild des BGE sich gegenüber einem Plural von Menschenbildern behaupten muss; denn auch der Neoliberalismus oder Sozialdarwinismus enthält – wie auch immer reflektierte – Menschenbilder, gegenüber denen das BGE die Evidenz seines Bildes vom Menschen im öffentlichen Raum zur Geltung bringen muss. Bei allen Widerständen „sollten und können wir doch die Fenster unserer Einbildungskraft mit Hilfe philosophischer Argumente aufstoßen", wie Martha C. Nussbaum dies in Hinblick auf globale Gerechtigkeit fordert: „Und wir müssen von unserer Vorstellungskraft entschlossen Gebrauch machen, sonst droht unsere öffentliche Debatte angesichts der enormen Herausforderungen dem Zynismus und der Resignation verhaftet zu bleiben. Auf der Grundlage neuer Bilder von dem, was möglich ist, können wir diese Grenzen und Herausforderungen zumindest angehen und auf kreative Weise darüber nachdenken, was Gerechtigkeit in einer Welt bedeuten kann, deren Komplexität und deren Interdependenzen von der philosophischen Theorie allzu oft unterschätzt worden sind." (4)

Ein vielleicht überraschender historischer Rückblick kann hier eine geistesgeschichtliche Tiefenschärfe eröffnen, vor der das BGE an Luzidität gewinnt. Denn bereits am Ende des 18. Jahrhunderts versuchte eine europäische Imaginationsbewegung die Blockierungen, in welche die Aufklärung geraten war, durch eine Konzentration auf eben den Imaginationsbegriff aufzulösen, der im BGE virulent ist, auch wenn seinen Befürwortern diese Tradition kaum gegenwärtig sein dürfte, zumal sie sich auf den ersten Blick auf ästhetische Fragen im engeren Sinne beschränkt. (5) Diese um 1900 in der Spätaufklärung bzw. Frühromantik entstandene Bewegung sah in der Imagination ein Leitprinzip für die einer vernünftigen Praxis verlustig gegangene Aufklärung. Nicht nur als Vorbild sollten die im Kunstwerk konzentrierten imaginativen Leistungen dienen, sondern in der Bildung von Zielprojektionen in der gesellschaftlichen Praxis selbst sollte die Imagination ihre vernünftige, richtunggebende Kraft erweisen. In diesem Sinne entwickelte Schiller seinen Gedanken einer „ästhetischen Erziehung" bis hin zu dem eines „ästhetischen Staates". (6) Grundlage hierfür war der über den rationalen Formtrieb hinausgehende Spieltrieb der Einbildungskraft, der – in ersten Anzeichen einer Dialektik der Aufklärung – die unvernünftig erscheinende Vernunft aus ihrer Verstrickung in Unfreiheit befreien sollte:

> Denn woher diese noch so allgemeine Herrschaft der Vorurteile und diese Verfinsterung der Köpfe bei allem Licht, das Philosophie und Erfahrung aufsteckten? Das Zeitalter ist aufgeklärt ... woran liegt es, dass wir noch immer Barbaren sind? (7)

Mit eben dieser Zielrichtung argumentiert Schillers Geistesverwandter Shelley zwei Jahrzehnte später in einem England, das schon wesentlich stärker als Kontinentaleuropa von der industriellen Revolution geprägt ist, im Sinne dieser europäischen Imaginationsbewegung: „Imagination" als Zentrum der „poetical faculty" und „reason" als Motor der „calculating faculty" in der frühindustriellen Gesellschaft sind in der „Defence of Poetry" (1821) zwei Prinzipien, die in einem geradezu manichäisch zugespitzten Dualismus auf der politisch-gesellschaftlichen Bühne bis in die ökonomischen Strukturen hinein um Anerkennung und Verwirklichung ringen. Ziel dieses Kampfes ist die Befreiung des Menschen, der als sich selbst versklavender Herrscher die Fesseln seiner Rationalität sprengen könnte:

> The cultivation of those sciences which have enlarged the limits of the empire of man over the external world, has, for want of the poetical faculty, proportionally circumscribed those of the internal world; and man having enslaved the elements, remains himself a slave ... From what other cause has it arisen that the discoveries which should have lightened, have added a weight to the curse imposed on Adam? (8)

Dabei bezieht Shelley in seinen Begriff "poetry" Formen gelungener politisch-gesellschaftlicher Wirklichkeit ein, etwa in den römischen Institutionen, bestimmten Höhepunkten der Geschichte wie der Abschaffung der Sklaverei. Überall da, wo Vernunft sich in theoretischem oder praktischem Bereich als substantielle Sittlichkeit zeigt, manifestiert sich „poetry" als Produkt der Imagination, welche die Kulminationspunkte aller geistigen Tätigkeiten und Hervorbringungen erschafft. Unter diesem Aspekt übt Shelley seine Kritik an der frühindustriellen ökonomischen Situation in England, wobei es in der Konsequenz seiner Gedankengänge liegt, wenn er von dem ungenutzten Potential dieser großartigen Entfaltung technischer und ökonomischer Kräfte als verborgener Poesie spricht:

> We have more moral, political, and historical wisdom, than we know how to reduce into practice; we have more scientific and economical knowledge than can be accommodated to the just distribution of the produce which

> it multiplies. The poetry, in these systems of thought, is concealed by the accumulation of facts and calculating processes. (9)

Diese in Technikwissenschaft und Ökonomie verborgene Poesie gilt es in Shelleys „Verteidigung der Poesie" zu befreien, d.h. die in diesen Systemen verborgenen Möglichkeiten vernünftiger gesellschaftlicher Praxis für uns Menschen zu erschließen. Denn Vernunft ist in den ökonomisch geprägten Denksystemen reduziert zu einer Rationalität, welche die bestehenden Herrschaftsverhältnisse nur stützt und die Unfreiheit des Menschen perpetuiert. Hoffnung ist für Shelley nur zu erwarten von einer vernünftigen Imagination, welche die in bloßer Rationalität unvernünftig gewordene Vernunft befreit und überbietet:

> We want the creative faculty to imagine that which we know; we want the generous impulse to act that which we imagine, we want the poetry of life ...(10)

Dies geht weit über die Fokussierung auf Kunstwerke und deren Vorbildcharakter hinaus, denn der „ästhetische Zirkel der Imagination" gewinnt hier eine geradezu universale Ausdehnung. Poesie wird in Friedrich Schlegels Sinne „progressive Universalpoesie", sodass Shelley „poetry in a restricted" und „poetry in an universal sense" unterscheidet und zugleich verbindet. (11) Hier wird die Imagination konzipiert als ein theoretisches wie praktisches vernünftiges Vermögen, das Gedanken in die Wirklichkeit „ein-bilden" kann. Entsprechend gibt es in der „Defence" zwei Arten von Nützlichkeit. Dabei wertet Shelley die im kalkulierenden Denken verfolgte Nützlichkeit keineswegs ab, möchte sie aber gelenkt und geleitet wissen von imaginativen Projektionen, die sich dieser kalkulierenden Fähigkeit bedienen:

> Undoubtedly the promoters of utility, in this limited sense, have their appointed office in society. They follow the footsteps of poets ... (12)

Der Verstand soll an vernünftigen Zielvorstellungen orientiert werden, denn die Einbildungskraft ist in der "Defence" die eigentliche, bislang verborgene Vernunft, deren Potential es zu entbergen gilt. Dieses im weitesten Sinne des Wortes „Dichterische" soll die vernünftige Gesetzgebung sein, aber Shelleys von der Aufklärung geprägter Optimismus ist realistisch genug, seine Verteidigung der Poesie mit der Formel von den Dichtern als den „unacknowledged legislators of the world" zu schließen. (13) Insgesamt handelt es sich um eine bemerkenswerte Schrift, deren essayistische Form eine größere Systematik verbirgt, als dies zunächst den Anschein haben mag. Die Gedanken, die Shelley wie lockere Eingebungen aneinanderreiht, bilden einen Strauß von evidenten Vorstellungen, die bis heute Überzeugungskraft entfalten können:

> Whilst the mechanist abridges, and the political economist combines, labour, let them beware that their speculations, for want of correspondence with those first principles which belong to the imagination, do not tend, as they have in modern England, to exasperate at once the extremes of luxury and want. They have exemplified the saying, 'To him that hath, more shall be given; and from him that hath not, the little that he hath shall be taken away.' The rich have become richer, and the poor have become poorer ... Such are the effects which must ever flow from an unmitigated exercise of the calculating faculty. (14)

Solche Gesellschaftskritik klingt merkwürdig aktuell und lässt den Abstand von ungefähr zwei Jahrhunderten fast vergessen. Anders als in der Imaginationsbewegung der Spätaufklärung, in der Shelley wie Schiller ihre Hoffnungen auf die Vernünftigkeit der Imagination richteten, ist diese spätestens seit Nietzsches expliziter Eröffnung des nihilistischen Zeitalters von metaphysischen Bezügen befreit, wie sie beispielsweise bei Shelley auf die platonische Ideenwelt verweisen. (15) Die Imagination ist nunmehr mit sich allein gelassen als das unveräußerliche Eigentum des Subjekts, das ihr Träger ist. Deshalb ist die idealistische Rhetorik jener Imaginationsbewegung um 1800 inzwischen einer eher nüchternen Sichtweise imaginativer Fähigkeiten gewichen. Nunmehr liegen allerdings auch konkrete Modelle vor, in denen sich diese imaginativen Fähigkeiten gebündelt haben und die kalkulierenden in ihren Dienst nehmen wollen.

Hier wenden wir den Blick wieder auf das Beispiel des BGE, das nun in größerer Tiefenschärfe erscheint. Viel wird davon abhängen, wie lange noch die undurchschaute Fiktion von Sachzwängen diese evidente Fiktion eines von materiellen Sorgen und Zwängen befreiten Menschen zu überwuchern vermag. Nicht nur für die Innenarchitektur der Gesellschaft also vermag die Einbildungskraft Impulse zu geben, nicht nur zur Verschönerung bzw. „Verhübschung" deren Innenlebens. Unsere ästhetische Einbildungskraft vermag mehr zu produzieren als das bloße Füllmaterial für die bestehenden gesellschaftlichen Strukturen. (16) Wie das Modell des BGE exemplarisch vorführt, vermag sie vielmehr realisierbare Konzeptionen für die Veränderung der grundlegenden, auch ökonomischen Strukturen der Gesellschaft zu bieten.

Nur skizzenhafte Gedanken umreißen hier diese Perspektive einer Sisyphusarbeit, wie sie dem Grundriss unseres nihilistischen Zeitalters entspricht. Dabei können sich im Durchgang durch den Nihilismus aber Hoffnungsschimmer ergeben, dass sich in dessen Leere eingebildete Sachzwänge, hinter denen sich Herrschaftsinteressen verbergen, auflösen und nichtig werden, sodass in einem aktiven Nihilismus die Leitbilder zur Gültigkeit gelangen, die uns größere Evidenz gewähren und deren Strahlkraft sich deshalb mit unserem gemeinsamen Willen zur Macht verbindet. Ein solches evidentes Modell – und es ist nicht das einzige – stellt sich im Projekt des Bedingungslosen Grundeinkommens dar, durch das inmitten einer primär profitorientierten Wirtschaftsweise ein menschlicheres Menschenbild mit einem neuen Verhältnis zu bezahlter wie unbezahlter, sinnerfüllter Tätigkeit, frei von materiellen Nöten und Sorgen, entstehen möge. So kann das BGE als Beispiel für die Möglichkeit einer befreienden Rolle der Imagination in Gesellschaft und Politik dienen. Auch in der Corona-Krise, während der ich diesen philosophischen Essay schreibe, wird immer wieder Flexibilität hinsichtlich der Maßnahmen gefordert. Gemeint ist die Flexibilität der Einbildungskraft, eine konstruktive Phantasie, welche sich des Verstandes zur Umsetzung realer Möglichkeiten der Pandemiebekämpfung bedient und dabei die ökonomischen sowie wissenschaftlich-technischen Ressourcen verwendet. Es ist nicht überzeugend, ein ausgegrenztes „Reich der Phantasie" der ökonomisch-politischen Wirklichkeit gegenüberzustellen und diese einem reduzierten Verstand und einer fragwürdigen Rationalität zu überlassen, sondern *in* unserer Wirklichkeit bereits kann und soll die Vernünftigkeit der Ein*bildungskraft* wirken.

In diesem Argumentationszusammenhang ist der Weg von solch verborgener Poesie in Ökonomie und Gesellschaftspolitik zu der in den Technikwissenschaften nicht so weit, wie er zunächst erscheinen mag. Unter ihnen verstehen wir im Sinne der griechischen „techne" die Naturwissenschaften, insofern sie nicht auf philosophische Erkenntnis der Natur, sondern deren Beherrschung abzielen, wie dies alle industriellen Techniken im engeren Sinne bis hin zu den Informationstechnologien intendieren, die durch Verarbeitung und Anordnung von Informationsmitteln Potentiale bereitstellen, durch die wir unsere Kultur als „zweite Natur" lebenswerter, sinnvoller einrichten könnten. (17) Zwar suggerieren diese Produkte einer zur instrumentellen Vernunft verkürzten Aufklärung sinnvolle Eigendynamik und Selbststeuerung, doch bleiben sie bei kritischer Analyse doch eben das, als was sie im Aufklärungsprozess entstanden sind: Mittel zur Konkretisierung und Absicherung eines Bildes vom Menschen, das sie selbst nicht hervorbringen können, sondern das ihnen immer nur als Voraussetzung gegeben bzw. als Zielprojektion zur Orientierung vorgegeben wird. (18)

Wie wenige andere schien Albert Einstein dazu berufen, Glanz und Elend dieser durch die Aufklärung befeuerten Technikwissenschaften zu problematisieren. Eine seiner vielen Reflexionen findet sich in einer Rede von 1951, in der er zunächst an die ursprünglichen Ziele der Aufklärung des 18. Jahrhunderts erinnert:

> Damals herrschte die Meinung vor, dass alles erhofft werden könnte von der Aufklärung wissenschaftlich konstatierbarer Tatsachen und von der Bekämpfung von Vorurteil und Aberglauben. All dies ist in der Tat wichtig und des Strebens der Besten würdig... Aber das Wegräumen der Hindernisse allein führt noch nicht zu einer Veredelung des sozialen und individuellen Daseins. Neben diesem negativen Wirken ist das positive Streben nach einer ethisch-moralischen Gestaltung des menschlichen Zusammenlebens von überragender Bedeutung. Hier kann uns keine Wissenschaft erlösen. Ich glaube sogar, dass die Überbetonung der rein intellektuellen, oft nur auf das Faktische und Praktische gerichteten Einstellung in unserer Erziehung direkt zu einer Gefährdung der ethischen Werte geführt hat. Ich denke dabei nicht so

> sehr an die Gefahren, die der technische Fortschritt den Menschen direkt gebracht hat, als an die Überwucherung der gegenseitigen menschlichen Rücksichten durch ein ‚matter of fact'-Denken, das sich wie ein erstarrender Frost über die menschlichen Beziehungen gelegt hat.
> Die moralische und ästhetische Vervollkommnung ist ein Ziel, das den Bemühungen der Kunst näher steht als denen der Wissenschaft. (19)

Was Einstein hier fordert, ist ein Paradigmenwechsel, welcher der Diskussion aller Einzelfragen, wie sie hier nicht angeschnitten werden sollen, vorausgehen sollte: die primäre Orientierung der Technik und aller sie vorantreibenden Technikwissenschaften an einem Menschenbild, das von den im weitesten Sinne ästhetischen Potentialen der Einbildungskraft her inspiriert ist. Dies meint die Affinität zur Kunst, die Einstein in den Blick rückt. Wie eine ferne Erinnerung taucht in seiner Rede der Erlösungsgedanke auf, und es wäre vermessen, ihn der Einbildungskraft zuzusprechen, deren Bilderwelten ebenso in die Irre führen können. Doch wenn es eine noch so geringe Chance gibt, dann liegt sie in der Befreiung unserer ökonomischen wie technischen Mittel aus ihrer Selbstgesetzlichkeit, ihren vorgeblichen Sachzwängen, die mit eherner Logik den modernen Mythos der ökonomisierten, technisierten und inzwischen digitalisierten Globalisierung festschreiben und aus Mitteln Zwecke gemacht haben. Nur in einem allgemeinen Diskurs, der jene Sachzwänge skeptisch in Frage stellt, sie gar nihilistisch negiert, kann Rettendes erscheinen, und zwar in der an jeden von uns gerichteten Frage, die nicht mit technisierter Logik, sondern vornehmlich der Logik der Einbildungskraft, deren Vernünftigkeit, genauer gesagt: Evidenzen zu beantworten ist: Was will ich als Mensch sein? Allein diese Frage offen zu halten und – gleichsam von der Nullstufe ihrer Beantwortung ausgehend – uns einen Neuentwurf zuzutrauen ist bereits ein unschätzbar wertvoller Schritt, der in einer grundlegenden philosophischen Reflexion gründet, die vom passiven in den aktiven, aufgeklärten Nihilismus führt.

In dieser Auseinandersetzung um die Evidenz von Menschenbildern, die sich unweigerlich mit dem Kampf um Machtinteressen verschränkt, fällt der Philosophie die Aufgabe zu, die Evidenzen hervorzutreiben und zur Sprache zu bringen, um den Momenten des puren Willens zur Machtausübung nach Möglichkeit entgegenzuwirken und sie an Inhalten zu orientieren. Dabei hat die Strahlkraft der Menschenrechte globale Ausmaße erreicht, wobei innerhalb der westlich-liberalen Imagination ein „Bildbruch“ zu beobachten ist zwischen der Vorstellung vom „freien“ Markt und dem um die Menschenrechte zentrierten Menschenbild. Was der westlich-demokratischen Imagination in einer globalisierten Welt die größere Evidenz verleihen könnte, sind die liberalen Grundrechte, die gerade im Verzicht auf totale Sinnstiftung den individuellen Spielraum für eigene Lebensentwürfe eröffnen und als universell deklarierte Menschenrechte den Interessen der Menschen am überzeugendsten entsprechen dürften. Freilich täuscht der generalisierende Charakter solcher Vorstellungen zuweilen darüber hinweg, dass sie in ihren Konkretisierungen zu unterschiedlichen, sich widersprechenden Bildern zerbrechen können. Mag die vage Vorstellung vom freien Staatsbürger noch auf allgemeine Zustimmung stoßen, findet bei zunehmender Präzisierung eine Ausdifferenzierung widersprüchlicher Imaginationen statt: Schließt jene Freiheit auch die Homo-Ehe ein? Auch die Abtreibung? Wenn ja, dann unter welchen Indikationen? Die „culture wars“ in den USA geben zu einer solchen Ausdifferenzierung treffende, nachdenklich machende Beispiele.

In der Formulierung vom „pursuit of happiness“ der Declaration of Independence (1776) hat der Spielraum für individuelle Lebensentwürfe nachhaltigen Ausdruck gefunden, auch wenn inzwischen zweifelhaft geworden ist, ob der ungebremst „freie“ Markt dieses Bedürfnis nach Glücksstreben angemessen befördert. Hinzu tritt die Frage, ob solche an Macht und Konsum orientierten Glücksschimären nicht gerade die Irrtümer befördern, nach deren Erkenntnis und Negation erst authentische Glücksmomente im Regelfall möglich werden. Es ist innerhalb der westlich-liberalen Imagination ein „Bildbruch“ zu beobachten zwischen der Vorstellung von einem solchen „freien“ Markt und dem um die Menschenrechte zentrierten Menschenbild. Nicht umsonst wurde die Formulierung „marktkonforme Demokratie“ als eines der Unworte des Jahres 2011 in der Bundesrepublik gerügt. (20)

Die Menschenrechte lassen sich nicht als „Vernunft“-Ideen an die Spitze einer Fiktionshierarchie setzen. Denn Imaginationen bleiben schlichtweg Imaginationen und können ihre Überzeugungskraft nur aus sich selbst heraus im jeweiligen einzelnen

Individuum entfalten. Dies mag all jene beruhigen, die zu Recht westliche „Kreuzzüge“ im Namen der Menschenrechte ablehnen. Wenn Einbildungen als Einbildungen durchschaut werden, können sie keinen missionarischen Eifer mehr entfachen. Erst in ihrem Umschlag in vorgebliche Vernunftwahrheiten drohen Terror und Schreckensherrschaft im Namen des Guten.

Von daher muss auch die Frage nach der Universalität der Menschenrechte beantwortet werden. Wenn sie nicht in den Ländern selbst, in denen sie leider noch verletzt werden, ihre Evidenz entfalten, d.h. für die Menschen selbst dort einsichtig und erstrebenswert werden, ist ihnen der Boden einer sinnvollen Universalisierung entzogen. Wenn Menschen ihre Rechte freiwillig aufgeben, um vermeintlich höheren Sachen wie der Größe der Nation zu dienen, muss erst in ihnen selbst eine Einsicht in ihre authentischen Interessen wachwerden, ihre Sorge um die ureigensten Belange. Dass dies ein langer und schmerzlicher Prozess ist, der nur schwerlich verkürzt werden kann, ist nicht erst eine Einsicht des aufgeklärten Nihilismus, der nicht davor zurückschreckt, die pessimistische Sicht beim Namen zu nennen, im Sinne eines aktiven Nihilismus aber auch nicht darauf verzichtet, anerkennenswerte Menschenbilder als evidente Imaginationen in den Diskurs beständig einzubringen.

Dabei macht es insbesondere von der Wirkung her einen entscheidenden Unterschied, ob wir uns auf eine Vernunftforderung oder eine uns einleuchtende Vorstellung bzw. Imagination berufen, wobei auch letztere von großer Überzeugungskraft und großem Engagement getragen sein kann. Denn es geht primär um die Evidenz von Einbildungen, die nur im einzelnen Individuum selbst Überzeugungskraft gewinnen und im strikten Sinne der Logik nicht beweisbar sind, also keine Zwangsläufigkeit besitzen. Die Berufung auf eine behauptete allgemeingültige, objektive Vernunft setzt sich nur dem berechtigten Vorwurf der Intoleranz aus, wenn ein solcher vernünftiger Zwang ausgeübt werden soll, zumal er leicht in Verdacht gerät, ganz andere Machtinteressen zu verschleiern.

Wollen wir den Menschenrechten zu universaler Leuchtkraft verhelfen, sollten wir insbesondere die Menschenrechtsaktivisten in den Ländern unterstützen, in denen solche Hilfe notwendig ist, um in den betroffenen Menschen dieser Länder selbst unseren Rechtsvorstellungen zur Evidenz zu verhelfen. Es gibt Anzeichen dafür, dass die Hoffnung, auf diesem Wege

Menschenrechten zu weltweiter Geltung zu verhelfen, nicht unbegründet ist. Dabei hat sich die Strahlkraft der Menschenrechte aus der Rede von der universellen Würde des Menschen entwickelt, einer zur Vernunftforderung aufgewerteten kollektiven Imagination, die deshalb nicht ausschließlich an formallogischen Kriterien überprüfbar ist und andere Lebewesen einschließen kann. Eine Untersuchung dieser kollektiven Imagination soll am Ende dieses Kapitels stehen.

„Die Würde des Menschen ist unantastbar" (21): Untersucht man die logische Struktur dieser Aussage, wie sie in das Grundgesetz der Bundesrepublik Deutschland sowie zahlreiche Verfassungen aus der „Allgemeinen Erklärung der Menschenrechte" eingegangen ist (22), stoßen wir auf ein Bild vom Menschen, dem als Forderung der Vernunft Nachdruck verliehen werden soll, als ob diese Aussage mit zwingend logischem Charakter Allgemeinheit und Notwendigkeit in Form der „Ist"-Aussage beanspruchen könne. Die Berufung auf Vernunft ist auch hier ein Mittel der Persuasion mit pragmatischem, rhetorisch bekräftigendem Charakter. Es muss in politisch-pragmatischen Kontexten verwendet werden, sodass wir von diesem Satz als einer Vernunftforderung reden, auch wenn wir im erkenntniskritischen Sinne von einer vernünftigen „Einbildung" bzw. Fiktion oder Vision sprechen. Zumal in juristischen Zusammenhängen muss ein solcher Grundgesetzartikel als logische Aussage behandelt werden, um Auslegungen und Rechtsverbindlichkeiten schaffen zu können, die ihre fiktive Grundlage vergessen lassen. Als kollektives Bild vom Menschen, auf das sich eine Gemeinschaft im Staat bewusst geeinigt hat, ist hier ein moderner Mythos entstanden, dessen Rest von Unaufgeklärtheit darin besteht, dass die Rolle der Einbildungskraft verdeckt ist. Kurzum, wir haben uns hier auf die Spielregel geeinigt, den fiktionalen Charakter unserer Rede von einer „Würde" des Menschen wie eine logische Forderung unserer Vernunft zu behandeln – selbst wenn die Realität auf dieser Welt täglich dieser Forderung Hohn spricht. Nicht umsonst ist die Sprache, welche die „Allgemeine Erklärung der Menschenrechte" benutzt, eher die Sprache der Poesie als des politischen bzw. juristischen Denkens, das hier einer Vision Dienste leistet: „Alle Menschen sind frei und gleich an Würde und Rechten geboren. Sie sind mit Vernunft und Gewissen begabt und sollen einander im Geist der Brüderlichkeit begegnen." Auch sprachlich wird offenkundig, dass die Würde des

Menschen eine evidente Imagination ist. Unser Sinn für solch verborgene Poesie darf in der notwendigen logisch-rationalen Auseinandersetzung nicht verloren gehen. (23)

Die Schwierigkeiten, eine vernünftige bzw. evidente Fiktion als wirkliche und wirksame Vernunft zu behandeln (24), ergeben sich aus logischen Widersprüchen, da wir Menschenwürde als eine reine Forderung der Logik behandeln und in eine ausschließlich rationale Argumentation zu überführen versuchen. Darüber hinaus sollten wir aber dem primär fiktionalen Status der Rede von der Menschenwürde gerecht werden, um so auf die Strahlkraft dieser Fiktion abzuzielen, die in einer ausschließlich logisch-argumentativen Entfaltung nicht sichtbar wird. So kritisiert beispielsweise Lohmar die Vorstellung von der Menschenwürde mit logisch zwingenden Argumenten (25), sieht aber nicht, dass es hier um eine auf dem Willen zur Macht basierte Fiktion, kein rein logisches Konstrukt geht. Dass diese Ebene der Begriffslogik überschritten werden sollte, wiewohl sie ihre Geltung behält, wird auch in der Publikation von Sorgner deutlich. (26) Der Schritt zu einer Wertschätzung der Würde des Menschen als einer kollektiven, evidenten Imagination wird von solchen Studien in einer verengten Herangehensweise versäumt. Dies wird in den extremen End– und Eckpunkten dieser Fiktion besonders deutlich, wenn es darum geht, die Würde von Embryonen, etwa in der Präimplantationsdiagnostik, von im Koma liegenden Personen oder den Tod herbeisehnenden unheilbaren Schwerstkranken angemessen zu definieren. Es wäre eine angemessene Lösung, statt der formal-juristisch, d.h. logisch operierenden Definitionsversuche, die prinzipiell Gefahr laufen, dem Einzelfall nicht gerecht zu werden, hier das jeweilige konkrete Bild des einzelnen Menschen zu uns sprechen zu lassen und in qualifizierten Gremien in Hinblick auf dieses jeweilige Bild – unter Einbeziehung formal-juristischer Aspekte – zu entscheiden, was zu tun sei. (27)

Der grundlegend fiktionale Charakter unserer Rede von der Würde des Menschen wird weiter hervorgetrieben, wenn wir diese Rede von der Würde auf andere, gar alle Lebewesen ausdehnen. Wie steht es um die Würde der sog. Menschenaffen? (28) Oder um die Würde der Tiere, die wir schlachten und verspeisen? Müssen wir an die Schonung von Ameisen und Insekten denken, wenn wir über eine Wiese gehen? (29) Wir werden an diesem Punkt gewahr, wie wir in der sog. Vernunftforderung nach Unantastbarkeit der Würde des Menschen unseren Maßstab zum allein gültigen erklärt haben. Wir sind der Machtphantasie unseres Willens zum Leben gefolgt. Der aufgeklärte Nihilismus verwirft selbst diese uns als selbstverständlich und vernünftig erscheinende Rede von unserer Würde – ausgehend von unserer im passiven Nihilismus indizierten Nichtigkeit – zugunsten eines aktiv entworfenen Bildes vom Menschen, dessen Fiktionalität wir durchschauen – und dann Würde in unser Bild von anderen lebendigen Wesen hineinbilden können. Die Frage, ob wir allen Lebewesen, auch Tieren, eine Würde zuerkennen, richtet sich an unsere Fähigkeit der positiven Empathie mit ihnen, unsere Fähigkeit zum Mitleiden, wie es Schopenhauer zuerst in den Mittelpunkt gerückt hat. Es ist primär eine Frage der Stärke und Reichweite unserer Einbildungskraft, wobei in sekundärer Hinsicht begriffliche und formal-logische Aspekte hinzutreten. Wenn wir diese Gewichtung bedenken, dann kann uns der Blick auf jede Kreatur zu einer würdevollen Behandlung auffordern, ohne dass uns der Widerspruch irritieren muss, dass wir fröhlich über Wiesen (mit Insekten und Ameisen) gehen können.

Schließlich darf es nicht verwundern, wenn wir in der Vorstellung von der Würde des Menschen auf den Anthropozentrismus, d. h. unseren Willen zur Macht stoßen. Wer hier ein rein logisches Konstrukt vermutete, ist von falschen Voraussetzungen ausgegangen und hat Nietzsches Methode der genealogischen Moralanalyse nicht zur Kenntnis genommen. Welche engelshafte, von allen subjektiven Interessen freie Moral sollte denn in der Rede von der Würde des Menschen enthalten sein? Eine solche Hypermoral wird in einer rein logisch-begrifflichen Analyse vermutet, die dann das Würdeparadigma verwerfen muss. Was sie aber eigentlich verwirft, ist der eigene Ansatz, der nicht erkannt hat, dass es sich hier um eine Imagination vom Menschen handelt, die – wie sollte es anders sein – von unserem Willen zur Macht ihre Stärke und Evidenz gewinnt. Wählen wir eine kosmologische Perspektive, den extremen Standpunkt sub specie aeternitatis, ergibt sich von selbst, dass die Rede von Wert und Würde eines einzelnen Individuums, gar der Spezies Mensch unsere Einbildung ist. Diese verliert damit aber nicht an Evidenz, sondern rückt nur aus dem Dunstkreis „absoluter, ewiger oder allgemeinverbindlich vernünftiger Wahrheiten“ in die Dimension ganz subjektiven Dafürhaltens. Wir haben dann den letzten Schritt zur Entmythologisierung und Säkularisierung getan.

Moralisch gehaltvoll mag diese Fiktion dadurch werden, dass wir uns zu ihr bekennen, sie durchschauen, sie verallgemeinern und in einer selbstreflexiven Erweiterung gar auf die Lebewesen ausdehnen, mit denen wir eine Verwandtschaft empfinden, die unser Wille zur Macht akzeptiert.

Was also an der Rede von der Würde des Menschen stört, ist nicht der Inhaltsaspekt, sondern die Berufung auf Vernunft, mit der wir scheinheilig vorgeben, als käme Würde nur uns Menschen aus logisch zwingenden Gründen zu. Bekennen wir uns aber nach der nihilistischen Dekonstruktion dieses Begriffes zu unserer Würde als einer evidenten Imagination, die wir selbst gesetzt haben und mit der wir uns ohne Heuchelei zu unserem Willen zur Macht bekennen, fällt es leicht, andere Lebewesen in die Erweiterung dieser nun selbstdurchsichtig gewordenen Imagination einzubeziehen, insoweit uns dies sinnvoll erscheint. Auch wenn das Würdeparadigma als logische Vernunftforderung nicht aufrechtzuerhalten ist, gewinnt es doch gerade als evidente, kollektive Imagination seine Überzeugungskraft. Nach der nihilistischen Dekonstruktion kann dieser zweite Schritt sinnvoll getan werden, um diesem für die Menschheitsentwicklung wichtigen Gedanken bestätigend gerecht werden zu können.

Dass auch zu Zeiten, in denen die Würde des Menschen hochgehalten wird, sie in militärischen Aktionen suspendiert werden soll – und dies gerade im Sinne für „vernünftig" erklärter Forderungen, zeigt, wie hier verschiedene Imaginationen kollidieren, die zwecks praktischer Durchsetzung ihre jeweilige „höhere" Logizität bzw. „die Wahrheit" beanspruchen müssen. Erst wenn wir diese Imaginationen als Imaginationen zu erkennen vermögen, wird es leicht, den sie umgebenden Mythos vorgeblich logischer Sachzwänge abzustreifen und die Evidenz der jeweiligen Vorstellungen alleine sprechen zu lassen. Die Fiktion von der „Würde des Menschen bzw. aller Menschen" dürfte dann mit ihrer Evidenz gute Chancen haben, das vorherrschende Bild zu bleiben, auch wenn die Rufe nach dem „gerechten" Krieg ertönen. Denn das Paradigma von der Würde des Menschen ist eine durchaus konkurrenzfähige Fiktion unserer poietischen, verborgene Poesie entbergenden und hervorbringenden Einbildungskraft.

Offene Form
(Dagmar Rauwald 2020)

Anmerkungen

1) Das deutsche Netzwerk Grundeinkommen ist über https://www.grundeinkommen.de abrufbar; dort finden sich ausführliche Hinweise zu der umfangreichen Literatur, in welcher diese ökonomisch-politische Idee bzw. Imagination in verschiedensten Varianten bereits sehr konkret entwickelt worden ist. Auch die bereits vorhandenen Realisierungsversuche werden dort besprochen.
2) Das Standard-Argument gegen das BGE, es sei nicht bezahlbar, also die Berufung auf den Mythos eines Sachzwanges, ist verschiedentlich widerlegt worden; beispielsweise kam eine von M. Opielka u. W. Strengmann-Kuhn für die Konrad-Adenauer-Stiftung durchgeführte Untersuchung zu dem Ergebnis, das BGE sei in

seiner von Dieter Althaus entwickelten Variante finanzierbar. Das Hamburgische Weltwirtschaftsinstitut ging in seiner Studie sogar von einem deutlich erhöhten Anreiz zu arbeiten aus (Autoren I. Hohenleiter / Th. Straubhaar 2007).

3) Precht 2018, S. 125 – 149 mit einer überzeugenden Übersicht über die Argumente für das BGE in Hinblick auf unser Menschenbild; Zitate S. 137, 149

4) Nussbaum, M.: *Die Grenzen der Gerechtigkeit.* Berlin 2010, S. 557

5) Hinsichtlich der Imaginationsbewegung, die in vielem mit der Romantik gleichgesetzt werden kann, verweise ich auf meine ausführliche Studie *Die Vernünftigkeit der Imagination in Aufklärung und Romantik. Eine komparatistische Studie zu Schillers und Shelleys ästhetischen Theorien in ihrem europäischen Kontext* (Sigle DVI).

6) Schiller: *Über die ästhetische Erziehung des Menschen in einer Reihe von Briefen*. Zum „ästhetischen Staat“ vor allem der 27. Brief. In: Werke. Bd. V – Vgl. die Abschnitte in DVI zu *Imaginationsbegriff und Dialektik der Aufklärung* S. 17–140

7) Schiller, a.a.O., 8. Brief S. 48, 50

8) Shelley, Percy Bysshe: *A Defence of Poetry*. In: Brett-Smith, H. F. B.: *Peacock's Four Ages of Poetry. Shelley's Defence of Poetry. Browning's Essay on Shelley*. Oxford 1972, S. 52. – Zum Denkmotiv des *sich versklavenden Herrschers*, das sich bei Shelley wie Schiller findet, s. DVI S. 17 – 22

9) Ebd. – Zur Abschaffung der Sklaverei S. 44 f. – Zu Shelleys Begriff „poetry" als Produkt der Imagination DVI S. 127 u. 293 ff.

10) Shelley, a.a.O., S. 52

11) Ebd. S. 58

12) Ebd. S. 49 u. 51 („true utility“)

13) Ebd. S. 59

14) Ebd. S. 50

15) Zu Shelleys Platonismus vgl. DVI S. 40, 42, 128, 221

16) Vgl. Welsch 1996, S. 263 u. ff. – Selbst „The Economist“, ein für seine Qualität gelobtes Presseerzeugnis, erwähnt in seiner Ausgabe mit dem Titelthema zur Zukunft der Arbeitswelt (*„Riding high. A special report on the future of work“*, April 10th–16th 2021) mit keinem Wort das BGE, obwohl die positiven Tendenzen zu einer zukünftigen „wonderful world of work“ hervorgehoben werden. In einem Leserbrief habe ich diesen blinden Fleck wie folgt kommentiert:

„A special report on the future of work (April 10th, 2021) is certainly another valuable journalistic contribution among all those published by 'The Economist' but writing about 'a wonderful world of work' to come should not exclude the idea of a 'Basic Income Guarantee (BIG)' that has a long tradition in the Anglo-Saxon world, e. g. with Milton Friedman's 'negative income tax'. Perhaps the narrow focus of your newspaper on pure and free market economy has made you ignore or at least downplay that idea, which

to some economists' ears may sound like an Orwellian dystopia. But as studies and even practical experiments have shown, BIG can well be integrated into a free labour market and even save tax payers' money in the field of social security with its bureaucracy, continually monitoring the marginalised 'needy'. Above all, this well founded concept of BIG frees workers from the struggle for subsistence on a labour market that despite its appearances is still ruthless. It gives them the freedom to pick and choose the work they like to do, adding to their basic income whatever they want to add, freed from all worries about their basic needs now and in the future, 'riding high' – as in your cover picture of the merry-go round."

17) Gehlen 1976, S. 33 ff. zur „zweiten Natur" im Sinne der Kulturanthropologie
18) Vgl. Horkheimer (*Zur Kritik der instrumentellen Vernunft*) 1967
19) Einstein (in einem Vortrag vom 06. 01. 1951) 2014, S. 23
20) Vgl. die Website der sprachkritischen Aktion *Unwort des Jahres*: www.unwortdesjahres.net
21) Artikel 1 des Grundgesetzes für die Bundesrepublik Deutschland
22) Artikel 1 (vom 10.12.1948)
23) Eine größere Nähe als zu der formallogischen juristischen Sprache zeigt die Rede von der Würde des Menschen in ihrer Tiefenstruktur z. B. zu Schillers Idealismus, der in *Die Künstler* an deren Einbildungskraft die Aufforderung ergehen lässt:
„Der Menschheit Würde ist in eure Hand gegeben,
Bewahret sie!
Sie sinkt mit euch! Mit euch wird sie sich heben!
Der Dichtung heilige Magie
Dient einem weisen Weltenplane,
(...)"
Schiller: Werke Bd. I, S. 186, V. 443 – 447
24) Lohmar, Achim: *Falsches moralisches Bewusstsein. Eine Kritik der Idee der Menschenwürde.* Hamburg 2017
25) Ebd. S. 169 ff.
26) Sorgner 2010
27) Dass die abstrakte Vorstellung einer „Würde" des Menschen zur Begründung wirklich ethischer Entscheidungen wenig beiträgt, hat Schopenhauer dargelegt; Werke III, S. 522 f. Was wir die „Würde" eines Menschen nennen, realisiert sich in der empathischen Einbildungskraft, welche jene abstrakte Vorstellung mit konkreten Inhalten und positiven Emotionen anreichert.
28) Die Forderung, den sog. „Menschenaffen" die Menschenrechte zu gewähren, ist ernsthaft erhoben worden. Vgl. P. Cavalieri / P. Singer (Hrsg.): *Menschenrechte für die großen Menschenaffen.* München 1994, bes. S. 12-16
29) Für strenggläubige Hindus z. B. sind auch Insekten, Käfer, Ameisen etc. „würdevoll" und schützenswert.

Selbstbildnis mit Seifenblasen
(Max Beckmann um 1900)

Kapitel 12
Am Abglanz seiner Träume verstehen wir das Leben

Sanitätshauskunst oder Feuerfunken

Kunst im Rahmen einer Philosophie des Nihilismus mag zunächst mit chaotischer Strukturlosigkeit gleichgesetzt werden. Doch das Gegenteil ist bei genauerer Betrachtung oft der Fall: In der Erfahrung des Nichts wird der Künstler diesem mit Ordnungsversuchen begegnen und fragmentierte Sinngebungen vorstellen; es als seine Aufgabe ansehen, nicht die ihn umgebende Dunkelheit und das Chaos zu vergrößern, sondern erhellende Strukturen zu bilden, durch die hindurch unsere Umnächtigung „sichtbar" wird. (1) Das Chaos und die Mannigfaltigkeit additiver Strukturen abzubilden mag zunächst deren Durchleuchtung und unserer Selbstvergewisserung dienen. Eine solche Abbildung bietet jedoch unserem Willen zur Macht ein Sprungbrett für die künstlerischen Einbildungskraft, Strukturen in eine chaotische, sinnleere wie sinnwidrige Erfahrungswelt hineinzubilden. Im nihilistischen Zeitalter wird der Künstler mit seinem Orientierungswillen im Bewusstsein ihrer Vorläufigkeit solche Strukturen erschaffen, der Rezipient sie suchen und erwarten. Der aufgeklärte Nihilist kann somit auf der Seite eines Kunstverständnisses zu finden sein, das auf ästhetische Struktur und Form bedacht ist, wofür Gottfried Benn als ein Beispiel unter vielen angeführt sei. Dass solche Strukturen und Formen keine positive Wahrheit setzen, sondern nur Evidenzen flüchtiger Wahrheitsvorstellungen anbieten, die sich im ästhetischen Schein aufheben – wie die Seifenblasen in Max Beckmanns Selbstbildnis, entspricht dem Kerngedanken des Nihilismus. Nichtsgewinnung ist in den traditionellen ästhetischen Theorien nicht vom Wort, aber der Sache her angelegt und vorbereitet: Die Konzeption einer autonomen Kunst von Kant bis W. Adorno hebt den Aspekt der ästhetischen Indifferenz für aufgeklärtes Denken und Handeln hervor.

Das Bewusstsein für den subjektiven, imaginativen Entwurf moralischer und ästhetischer Werte hat gegen Ende der epochalen

Aufklärung im Zuge einer europäischen Imaginationsbewegung die deutlichste Ausprägung gewonnen. Durch die Konzentration auf die Leistungen der nun als autonom verstandenen Imagination wurde eine Kritik an der blockierten Aufklärung in Gang gesetzt, die wiederum aufgeklärt und an ihren genuinen Ansprüchen gemessen werden sollte. Der Beginn der Epoche, die wir „Romantik" zu nennen gewohnt sind, fällt mit der Entstehung dieser Imaginationsbewegung weitgehend zusammen, ohne dass wir hier auf die geistesgeschichtlichen Entstehungsbedingungen und historischen Prägekräfte im Einzelnen eingehen können. (2)

Kants „Kritik der Urteilskraft" ist das herausragende Dokument einer der Aufklärung verpflichteten, autonomen Kunstkonzeption. Die Momente des Geschmacksurteils definieren eine subjektive Allgemeinheit bzw. Begrifflichkeit ohne Begriff, eine Zweckmäßigkeit ohne Zweck, ein interesseloses Wohlgefallen, wodurch begründet wird, dass die Kunst – will sie ihrem Anspruch gerecht werden – keine einzelnen moralischen Werturteile „feststellen" kann. Der Struktur des Geschmacksurteils entsprechend setzt die Objektivation der „ästhetischen Idee" ein Kontinuum der Reflexion in Gang, das zu keinem bestimmten Begriff sich fixieren lässt. (3) Wenn Kant auch im weitesten Sinne „Schönheit als Symbol der Sittlichkeit" versteht (4), bleibt in dieser Begründung der Autonomie des Ästhetischen die Negation einer bestimmten Aussage hinsichtlich einzelner Erkenntnisse oder moralischer Werte unübersehbar. Dieser – noch uneingestandene – moralische Nihilismus der Kunst soll freilich gemäß der idealistischen Kunstkonzeption in einem gleichsam zweiten Schritt die Humanität befördern, wenngleich das spätere l'art pour l'art, das etwa bei Benn die reine Form ohne Hoffnung auf Humanisierung der Gesellschaft ins Nichts hineinstellt, in dem Begriff einer autonomen ästhetischen Einbildungskraft schon vorgeprägt ist.

Schillers Schrift „Über die ästhetische Erziehung des Menschen in einer Reihe von Briefen" entwickelt diese Denkmotive in kulturtheoretischer wie kulturpädagogischer Hinsicht: Alles einzelne Erkennen und Werten wird im „ästhetischen Zustand", der auf dem „Spieltrieb" der Einbildungskraft beruht, annulliert, doch diese Erfahrung einer umfassenden Nichtigkeit soll zugleich als die einer größtmöglichen Fülle für die Bildung des Menschen fruchtbar gemacht werden:

> In dem ästhetischen Zustande ist der Mensch also Null, insofern man auf ein einzelnes Resultat, nicht auf das ganze Vermögen achtet und den Mangel jeder besondern Determination in ihm in Betrachtung zieht. Daher muss man denjenigen vollkommen recht geben, welche das Schöne und die Stimmung, in die es unser Gemüt versetzt, in Rücksicht auf Erkenntnis und Gesinnung für völlig indifferent und unfruchtbar erklären. Sie haben vollkommen recht, denn die Schönheit gibt schlechterdings kein einzelnes Resultat weder für den Verstand noch für den Willen, sie führt keinen einzelnen, weder intellektuellen noch moralischen Zweck aus, sie findet keine einzige Wahrheit, hilft uns keine Pflicht erfüllen und ist, mit einem Worte, gleich ungeschickt, den Charakter zu gründen und den Kopf aufzuklären. Durch die ästhetische Kultur bleibt also der persönliche Wert eines Menschen oder seine Würde, insofern diese nur von ihm selbst abhängen kann, noch völlig unbestimmt, und es ist weiter nichts erreicht, als dass es ihm nunmehr von Natur wegen möglich gemacht ist, aus sich selbst zu machen, was er will – dass ihm die Freiheit, zu sein, was er sein soll, vollkommen zurückgegeben ist. – Eben dadurch aber ist etwas Unendliches erreicht. Denn sobald wir uns erinnern, dass ihm durch die einseitige Nötigung der Natur beim Empfinden und durch die ausschließende Gesetzgebung der Vernunft beim Denken gerade diese Freiheit entzogen wurde, so müssen wir das Vermögen, welches ihm in der ästhetischen Stimmung zurückgegeben wird, als die höchste aller Schenkungen, als die Schenkung der Menschheit betrachten. (5)

Eine solche autonome Kunstkonzeption greift W. Adorno in seiner „Ästhetischen Theorie“ auf, wenn er die Dialektik von Anschaulichkeit und Geistigkeit entwickelt. (6) Die Einbildungskraft bringt in ästhetischem Zusammenhang nicht mehr die „schöne Vorstellung“ hervor, sondern ein Sinnliches, das in seiner Differenz zu den Begriffen diese anregt wie enttäuscht:

> Kunst ist Rationalität, welche diese kritisiert, ohne ihr sich zu entziehen; kein Vorrationales oder Irrationales, wie es angesichts der Verflechtung jeglicher menschli-

> chen Tätigkeit in die gesellschaftliche Totalität vorweg zur Unwahrheit verurteilt wäre. (7)

Diese Argumentation der Kritischen Theorie stellt die Negation bestimmter Erkenntnis– und Werturteile unter den Aspekt einer Rationalitäts- und Aufklärungskritik, in der das Begreifen der einseitig rationalen, herrschaftlich bestimmenden Funktion der Begriffe innewird. Die Autonomie des Ästhetischen bleibt auch hier eingebunden in einen Verzicht auf die bestimmte Wertung zugunsten einer inwendigen, indirekten Stellungnahme des Kunstwerkes gegen repressive Gesellschaftsstrukturen.(8)

Selbstverständlich kann die autonome Kunstkonzeption nicht für eine Philosophie des Nihilismus verallgemeinernd vereinnahmt werden. Doch zeigt sich in der Negation bestimmter Erkenntnisurteile und Moralvorstellungen, der Ablehnung einer bestimmten Parteinahme, der Vorliebe für Irritation und Indifferenz gegenüber festen moralischen Wertsystemen eine Tendenz zum Nihilismus, insofern solche auf der Autonomie der Einbildungskraft basierende Kunst – in Schillers Worten – einer Darstellung der „Null“ zustrebt, d.h. des Nichts als Leere wie Fülle, einer „erfüllten Unendlichkeit“, (9) die nicht ein Plädoyer für bestimmte Werte beinhaltet, sondern in solcher Zurückgewinnung des Nichts an Festlegungen die volle Bandbreite der Möglichkeiten des Menschen wiederherstellen soll. Fausts Schlaf nach der Gretchen-Tragödie ist ein eindrucksvolles Sinnbild dafür, wie in seligem Vergessen, das einem Vernichten bestimmter Moralurteile sich selbst und anderen gegenüber gleichkommt, neue Kräfte aus solch ästhetischer Indifferenz heraus gewonnen werden können. (10) Nichtsgewinnung ist die grundlegende Intention der ästhetischen Indifferenz im Rahmen der autonomen Kunstkonzeption. (11)

Die Unsicherheit, ob solche Indifferenz in einem zweiten Schritt die Humanität befördern könne, bleibt bis heute die Amfortas – Wunde der Ästhetik. Rückblickend lässt sich resümieren, dass Schillers an Kant orientierte, höchst anspruchsvolle Bemühungen um eine Verbindung von Ästhetik und Ethik bei aller Aufwendung an theoretischer Reflexion keine sichere Basis für einen notwendigen Bezug dieser Bereiche hergestellt haben. In einem im Jahre 2020 veröffentlichten Essay muss Paul Auster noch feststellen:

> Manche hängen dem Glauben an, ein entwickelter Sinn für Kunst könne uns tatsächlich zu besseren Menschen machen – gerechter, tugendhafter, feinfühliger, verständnisvoller. Vielleicht stimmt das sogar – in bestimmten, seltenen, einzelnen Fällen. Aber vergessen wir nicht, dass Hitler sein Leben als Künstler begann. Tyrannen und Diktatoren lesen Romane. Mörder im Gefängnis lesen Romane. Und wer weiß, ob sie nicht dieselbe Freude an Büchern haben wie der Rest der Menschheit? Mit anderen Worten: Kunst ist nutzlos – jedenfalls im Vergleich, sagen wir, zur Arbeit eines Klempners, eines Arztes oder eines Lokomotivführers. Aber ist Nutzlosigkeit etwas Schlechtes? (12)

Die Frage nach dem Wert der ästhetischen Indifferenz ist geblieben. Noch immer ist kein logisch – notwendiges Bindeglied zwischen ihr und unserer moralischen Verfassung erkennbar. Aber ohne Zweifel erweitert und stärkt der künstlerische Bereich, innerhalb dessen der Romanautor Paul Auster das Erzählen und Lesen von Geschichten hervorhebt, unsere imaginativen Fähigkeiten. Diese irritieren, korrigieren und erweitern unser oft einseitig verstandesmäßiges Denken, ohne dass wir auf es verzichten wollen. So entwickelt die Kunst unsere gedanklichen Möglichkeiten, welche die imaginativen umfassen. Ob diese Fülle als ein Sprungbrett zu dem, was wir das Gute oder Böse nennen, genutzt wird, bleibt dann immer noch offen. Aber unser in dieser Weise erweitertes Denken ist durch Kunst in besonderer Weise geschärft worden. Schon Aristoteles rückte in seiner Poetik die Kunst, insbesondere die Dichtung, in die Nähe der Philosophie und deren Wahrheitsliebe. In diesem Sinne lässt sich im nihilistischen Zeitalter die ästhetische Indifferenz, statt vergeblich nach deren notwendigem Bindeglied mit ethischen Qualitäten zu suchen, auf die erkenntniskritisch relevante Formel der Nichtsgewinnung bringen: Kunst im herausragenden Sinne zeigt uns in einem imaginativ erweiterten Denken die Fülle unserer Möglichkeiten, deren andere Seite das Nichts an Festlegungen im Denken und Handeln ist.

Dabei wird solcher ästhetischer Indifferenz als künstlerischer Autonomie ein Status zugesprochen, der als kulturelle Höchstleistung gilt, gar einen Ewigkeitswert beansprucht. Doch selbst die für absolut gehaltenen Höchstleistungen des menschlichen Geistes in Kunst und Philosophie verfallen der Nichtigkeit, können aber in der selbstdurchsichtigen Fiktion von „Ewigkeit“ die Beteuerung der eigenen nachhaltigen Gültigkeit einsichtig werden lassen. Denn wird der Begriff des Nihilismus radikal zu Ende gedacht, kann er vor den als höchstbewerteten Leistungen des menschlichen Geistes, dessen sog. absoluten Erscheinungsweisen in Kunst, Religion und Philosophie nicht Halt machen, sondern muss selbst deren Nichtigkeit eingedenk bleiben. Diese ergibt sich nicht allein aus der Insuffizienz dieser einzelnen Erscheinungsweisen des „Absoluten“, den Begrenztheiten des jeweiligen Mediums und einer bloß partikularen Realisation, sondern grundsätzlicher aus der Bindung dieser kulturellen Höchstleistungen an ein vergängliches und im Laufe der Weltzeit als ephemer einzuschätzendes Menschengeschlecht, das seinen Maßstab als das Maß aller Dinge sich nur einbildete.

Wird diese Einbildung allerdings durchschaut, d.h. vernünftig in dem Sinne, dass sie sich selbst durchsichtig bleibt, dann ist die Rede vom Absoluten, von der Ewigkeit der Kunst oder Philosophie mit einer aufgeklärten nihilistischen Philosophie durchaus vereinbar. Vielmehr werden gerade Kunst, Religion und Philosophie, wenn sie in solcher Selbstdurchsichtigkeit ihre eigene Nichtigkeit und die aller menschlichen Bemühungen reflektieren, zu besonders evidenten Dokumenten des aufgeklärten Nihilismus. (13)

Ewigkeit in diesem Verständnis ist die Beteuerung der eigenen nachhaltigen Gültigkeit, eine vernünftige Einbildung, die ihrer Fiktionalität langfristig eingedenk bleibt, auch wenn sie diese zum Zwecke eines kurzfristigen „Placebo-Effektes“, des „make-believe“ oder „suspension of disbelief“ überspringt. (14) Es bleibt eine Ewigkeit im Denken oder genauer gesagt: der sich selbst durchsichtigen Einbildungskraft, eine Ewigkeit, die sich selbst reflektierend innewird, dass ihr über solche Fiktionalität hinaus nicht die Realität zugebilligt werden kann, deren sie habhaft werden möchte. Die Imaginationen von Ewigkeit und Unsterblichkeit sind die uns im Leben begleitenden Träume, in deren Abglanz wir unserer Conditio humana mit ihrer Vergänglichkeit gewahr werden.

„Meine Seele, strebe nicht nach Unsterblichkeit, / Das Mögliche schöpfe aus in deiner Bemühung!“ (15) Dass Camus seinem „Mythos des Sisyphos“ dieses Zitat aus Pindars dritter pythischer Ode voranstellte, ist ein willkommener intertextueller Bezug; denn Unsterblichkeit, Ewigkeit bleiben bei all ihrer Entlarvung als „bloße“ Einbildungen doch die ständigen Begleiter in dem Labyrinth, in dem wir im nihilistischen Zeitalter im Bewusstsein unserer letztlichen Ziellosigkeit und Vergänglichkeit umherirren. Unsterblichkeit ist eine evidente Einbildung, die als Arbeitshypothese eines „Als ob“ uns einen Leitfaden an die Hand gibt, wie wir denn trotz aller Nichtigkeit leben können, wenn wir nur wollen. Die Vorstellung von Unsterblichkeit wird zu unserem ständigen Begleiter, der uns reizt, ein Kontrastprogramm zu unserer Vergänglichkeit zu entwickeln. Wie Nietzsches Gedanke der „ewigen Wiederkehr“, für den er vergeblich wissenschaftliche Beweise heranzuschaffen versuchte, insistiert hier die Imagination von Ewigkeit gegen alle Metaphysik eines Jenseits auf der völligen Diesseitigkeit unserer Existenz: Wir leben so, als ob dies ewig sein würde – gerade um durch diese Fiktion alles an Möglichkeiten aus unserer Diesseitigkeit auszuschöpfen. Die Erkenntnis der Fiktionalität von Ewigkeit befreit uns von einer Vollkommenheitsvorstellung, die uns überfordern und terrorisieren würde, wenn wir sie als positive Messlatte mit uns herumtragen würden.

Dass wir unserem Sprechen, Tun, Denken eine Dauer unterstellen, d.h. diese Aktivitäten unter der Annahme durchführen, es sei nicht nur für den Augenblick gesagt, getan, gedacht, lässt sich zur Genüge beobachten. Diese Fiktionen von Dauer sind die Arbeitshypothese, mit der wir leben – Vorstellungen von Dauer, mit denen wir einen Zipfel der Ewigkeit erhaschen und in unser Leben hineinziehen wollen. Die Philosophie des aufgeklärten Nihilismus opponiert solchen Versuchen nicht, aber lässt sie durchsichtig werden – in Hinblick auf das Nichts, in dem solche Versuche als Einbildungen verschwinden. Wir können solchen Alltagsvorstellungen von Dauer immer wieder begegnen, Vorstellungen einer erschlichenen Ewigkeit, mit der wir unserer Vergänglichkeit opponieren, sie zumindest vergessen möchten. Indem wir solche Fiktionen durchschauen und pflegen, können wir unseren Alltag an Vielschichtigkeit gewinnen lassen, ihn vertiefen. Unsere Fiktionen verdichten sich in Kunst, strahlen von ihr aus in unser Leben, in welchem diese Fiktionen ihrer Grenzen und ihrer Auflösung innewerden, sodass sie sich wieder zurückziehen in ihren genuinen Kunstbereich, aus dem sie die Expansion antraten.

Diese Bewegung hat Nietzsche mit der Metapher der „Abendröte der Kunst“ angesprochen, die nicht auf den Tod der

Kunst, sondern deren wiederkehrende Strahlkraft für das Leben abzielt. In „Menschliches Allzumenschliches“, diesem „Buch für freie Geister“, relativiert Nietzsche bereits die Kunst- bzw. Künstlerideologien des 19. Jahrhunderts, welche die Leerstelle, die das Verschwinden absoluter religiöser Gewissheit gelassen hatte, ausfüllen sollten. Für Nietzsche, der selbst solche uneingeschränkte Wertschätzung gegenüber der Literatur, vor allem der Musik ausgedrückt hatte, bedeutete dies, auch Abschied von einem Lebensabschnitt zu nehmen (16):

> Den Künstler wird man bald als ein herrliches Überbleibsel ansehen und ihm, wie einem wunderbaren Fremden, an dessen Kraft und Schönheit das Glück früherer Zeiten hing, Ehren erweisen, wie wir sie nicht gleich unseresgleichen gönnen. Das Beste an uns ist vielleicht aus Empfindungen früherer Zeiten vererbt, zu denen wir jetzt auf unmittelbarem Wege kaum mehr kommen können; die Sonne ist schon hinuntergegangen, aber der Himmel unseres Lebens glüht und leuchtet noch von ihr her, ob wir sie schon nicht mehr sehen.

Es ist zu einseitig, hier nur das Denkmotiv des Todes oder Bedeutungsverlustes der Kunst, wie es aus Hegelschem Kontext bekannt ist, herauszuhören und von Nietzsches Entfremdung von Wagner her zu erklären. Denn mit Nietzsches Denkfigur der ewigen Wiederkehr zusammengedacht wird die Abendröte der Kunst immer wieder am Himmel aufziehen. Die Schönheit der Kunst zeigt sich in ihrem immer wiederkehrenden Verschwinden, einer nihilistischen Auflösung, wie sie auch alle Lust kennt, die „tiefe, tiefe Ewigkeit“ will, aber diese nur vor der Folie des „Weh spricht: Vergeh!“ postulieren kann. (17) Der Schein der Kunst – bewirkt durch die zwischen Theorie und Praxis schwebende Tätigkeit der Einbildungskraft – ist ihr Versprechen wie Versagen. So bewirkt ihr melancholisch erfahrenes Verschwinden, dass „der Himmel unseres Lebens glüht und leuchtet“: Am Abglanz seiner Träume verstehen wir das Leben. (18) Zarathustras beschwörende Worte an seine Brüder, der Erde treu zu bleiben, sind auch hier zu hören (19), ohne dass ein solches Erdenleben der Kunst entraten möchte, denn es gewinnt in ihrem Verschwinden, ihrer Abendröte an Tiefenschärfe.

Diese Bedeutung der Kunst für das Leben kann den Nihilisten dazu verführen, die Kunst aufzublähen zu einem lebenserhaltenden Sanitätshausartikel, welcher die Defizite der nihilistischen Existenz beheben soll. In diesem Sinne hört man zuweilen von Schriftstellern, sie würden „schreiben, um zu überleben" etc. Erinnern wir uns daran, dass im Normalfall der Mensch seine Lebenskraft offensichtlich aus anderen Quellen bezieht, wird deutlich, dass bei aller Wertschätzung der Kunst sie nicht zur Krücke geraten sollte, an der wir durchs Leben hinken; sonst dürfte die Kunst an Evidenz verlieren. Ihre „Feuerfunken" strahlen kein das Leben dauerhaft erwärmendes Licht aus, schaffen keinen festen Grund für eine Überwindung des Nihilismus. Auch wenn sie die evidentesten und strahlendsten Möglichkeiten unserer Erleuchtung darstellen mögen, verfallen selbst diese „Feuerfunken" der Kunst letztlich der Hinfälligkeit und Nichtigkeit unseres Daseins, dem sie entsprungen sind und dessen Herausforderungen bestehen bleiben. Erinnern wir uns daran: Solche Feuerfunken sind wie die schönen Seifenblasen, die Max Beckmann in seinem Selbstbildnis aufsteigen lässt und denen er nachblickt. (20)

Ein Blick auf die menschlich – allzumenschlichen Unzulänglichkeiten der Künstler, die „Bio-Negativität der Kunst" (21), ihre Rolle auf den Jahrmärkten der Eitelkeiten, ihre Vermarktung im Kunstbetrieb, solche Aspekte – wenn es auch Teilaspekte sind – bewahren davor, bei aller Bewunderung der Kunst deren Ideologisierung zu einem absoluten Wert zu vermeiden. Doch Nietzsches dem Nihilismus entstammendes Diktum bietet immer noch einer Ideologisierung, die über alle Unzulänglichkeiten hinwegsieht, ein Sprungbrett: „Die Wahrheit ist hässlich: wir haben die Kunst, damit wir nicht an der Wahrheit zu Grunde gehen." Nietzsche suchte nach einer Überwindung seines nihilistischen philosophischen Ansatzes: Wir sind nicht wahrheitsfähig und diese hässliche, negative Wahrheit soll die Kunst kompensieren. Für eine der Religion durch die Vernunftkritik der Aufklärung entfremdete und an der Vernunft selbst zweifelnde bürgerliche Gesellschaft um 1900 war dies ein verlokkender Gedanke, die Kunst und damit auch die Rolle des Kunstgenies ins Grandiose aufzublähen. Hier sollte Ersatz für die verlorengegangene Wahrheit gefunden werden. Der Genius des Künstlers wurde zum Übermenschen, der – oft uneingestanden – der Göttlichkeit des totgesagten Gottes nahekam. Diese Überhöhung und quasi-religiöse Mythisierung des Künstlers lässt sich in den Künstlerbiografien des ausgehenden 19. und beginnenden 20. Jahrhunderts eindrucksvoll verfolgen; der Kult um Nietzsche selbst war Teil dieser geistesgeschichtlichen Bewegung und zeitigt bis heute im Literaturbetrieb seine Nachwehen. (22) Aber der Durchbruch des Nihilismus war nicht aufzuhalten und musste unweigerlich Desillusionierungen schaffen, die von der Vermarktung der Kunst und ihrer Einverleibung ins Entertainment verstärkt worden sind. Wir können hier diese Entwicklungen nur skizzieren, aber ein Fazit doch recht deutlich formulieren, wie es der aufgeklärter Nihilismus nicht anders ziehen kann: Die Kunst bietet keinen Ersatz für die verlorengegangene positive Wahrheit, sondern im besten Falle eindrucksvolle Evidenzen, welche subjektive Veranstaltungen unserer Einbildungskraft sind und als solche „Feuerfunken" erhellende Aspekte unserer Existenz in besonders überzeugender Weise eröffnen. Wir können solche Kunst schätzen und respektieren, ohne auf die Knie zu fallen und Kunst wie Künstler anzubeten. Die Kunst kann uns große Hilfen leisten, aber sie taugt wenig als Krücke, mit der wir durchs Leben gehen. Denn wir müssen dem Nihilismus standhalten und ihn aushalten. Die Kunst kann uns von diesem Schicksal nicht durch eine „Wahrheit" erlösen. So sind die Künstlerideologien, die sich seit der Imaginationsbewegung der Romantik bis weit ins 20. Jahrhundert hinein zu verschiedenen Höhepunkten entfaltet haben und in einer umfassenden, quasi-religiösen Sinngebung des Kunstwerks verankert waren, im aufgeklärten Nihilismus wenn nicht gänzlich aufgelöst, so doch merklich depotenziert worden.

Im Rahmen dieser Entwicklung lockt die andere ideologische Verführung, den Übertritt der Kunst ins Leben, die lebensstarke Fiktion gegenüber dem „bloß Ästhetischen" des Artefaktes auszuspielen. Dabei verengt und erweitert sich der „ästhetische Zirkel der Einbildungskraft" in alternierenden Bewegungen, ohne doch die Ruhe in einer imaginativen Verwirklichung finden zu können. (23) So erweisen sich die lebensstarken Fiktionen dem aufgeklärten Bewusstsein letztlich eben nur als Fiktionen, die leicht dem Hang zur Lebenslüge erliegen können. Was bleibet, stiften nicht die Dichter (24), sondern was „bleibt" – und zwar in „undinglicher" Weise – sind die Leere und die Nichtigkeit, vor deren Hintergrund die „Feuerfunken" der Kunst ihre Strahlkraft zu entfalten vermögen.

Der Übertritt der Kunst ins Leben droht als ein „falscher Untergang der Kunst" zu misslingen, der in der Ent-Täuschung des Subjekts entlarvt wird. Die Einbildungskraft stellt ihren Charakter als eine „schwebende Tätigkeit" wieder her, der keine vollkommene Evidenz in einem Objektiven gelingt, das sich vielmehr in das Bewusstsein von einer subjektiven Veranstaltung auflöst. (25) Die Bedeutung der Kunst kann nicht zu einer Überwindung des Nihilismus aufgebläht werden. Die Fiktionen der Kunst vermögen keinen festen Grund für unsere Existenz abzugeben, sondern verweisen auf deren Grundlosigkeit, wenn sie als „Feuerfunken“ im Nichts verlöschen.

Eine Neugründung unseres Lebens in der schaffenden, poietischen Einbildungskraft meint Nietzsche jedoch, wenn er behauptet: „... nur als ästhetisches Phänomen ist das Dasein und die Welt ewig gerechtfertigt ...“ (26) Damit kann der Mensch zum Künstler im weitesten Sinne werden, das Dasein zum Kunstwerk gestalten. Solch zentrale Funktion des Ästhetischen ist im deutschen Idealismus und der Romantik vorbereitet worden, wobei der aufgeklärte Nihilismus die idealistischen Überspannungen und Hypostasierungen von „Wahrheit“, die sich mit der Einbildungskraft verbunden hatten, aufgelöst hat.

Die realen Widerstände und theoretisch fundierten Bedenken gegen solche Übertrittsphänomene der Kunst sind seit Idealismus und Frühromantik bekannt und prägen dauerhaft und in verstärktem Maße unser nun dezidiert nihilistisch gewordenes Zeitalter. Immer noch lässt sich die hierbei entstehende Bewegung einer „ästhetischen Rechtfertigung des Lebens“ mit der Ausdehnung und Verengung eines „ästhetischen Zirkels der Einbildungskraft“ beschreiben, zwei gegenläufigen Bewegungen, welche die Tätigkeit der schaffenden, das Leben zu rechtfertigen suchenden Einbildungskraft und die Vereitelungen dieser Versuche begleiten. (27)

Unserer Vernunft ist „Wahrheit“ im Zeitalter des Nihilismus verloren gegangen, doch mit der im weitesten Wortsinn künstlerischen Produktivität der Einbildungskraft können wir jenen Verlust in nur eingeschränkter Weise kompensieren. Kunst soll übertreten ins wirkliche Leben, wird aber in Enttäuschungen und Vereitelungen einer Zurückweisung gewahr, die sie in die traditionelle Kunstsphäre zurückführt, in der sie freier und klarer ihre Ansprüche hervortreiben kann, die wiederum auf eine Expansion hinein in unser Leben drängen. Diese beiden gegenläufigen, aufeinander angewiesenen Bewegungen der Ausdehnung und Verengung eines „ästhetischen Zirkels“ prägen das nihilistische Zeitalter. Dabei erwächst die Macht der Einbildungskraft aus der Ohnmacht des Menschen gegenüber der Absurdität seiner Existenz und aus der

Erkenntnis der Schwäche seiner Vernunft im Zeitalter des Nihilismus. „Phantasie an die Macht" – dies ist nun keine von Begeisterung getragene revolutionäre Losung mehr, sondern ein trotziges Sich-Aufbäumen gegen das Los der Todgeweihten. Ins Nichts hinein setzt der standhafte Nihilist seine „Wahrheit", die – als selbst geschaffene, mit größtmöglicher Evidenz in die Leere hinein gebildete subjektive Veranstaltung – doch keine Wahrheit sein kann.

So erreichen wir in den Evidenzen unserer Einbildungskraft keine gültige Überwindung des Nihilismus. Denn in diesem ganz subjektiven Vermögen, das nicht umsonst als allgemeingültige Vernunft ausgegeben wurde, um dieser Subjektivität zu entgehen, potenziert sich das Problem des Nihilismus, der alles als wahr und letztgültig Gesetzte ins Subjektive auflöst. Nietzsches Denkmotiv von der ästhetischen Rechtfertigung des Lebens hat nur diesen Sinn, dass wir in der kreativen Einbildungskraft „Wahrheiten" erfinden können, deren fiktionalen Charakter die sich selbst durchsichtige Einbildungskraft in Zusammenarbeit mit dem Verstand reflektiert.

Weil sie sich im Zeitalter des Nihilismus nicht mehr in der Vernunft verbergen muss, d.h. sich als subjektives Vermögen zu sich selbst bekennt, genießt die Einbildungskraft die Weite ihrer Spielräume, eine Macht, die sie beständig einschränken muss, denn in der Subjektivität ihrer Veranstaltungen bleibt die Einbildungskraft der umfassenden Nichtigkeit ausgesetzt, in der sie ihre unsteten Gebilde erschafft. Ihr auf das Leben abzielender Anspruch, der immer wieder auf Widerständiges stößt, geht weit über den traditionellen Kunstbereich hinaus. Jede noch so alltägliche, triste Szenerie können wir uns als ein umrahmtes Bild vorstellen, dem wir mit ein paar Pinselstrichen einen flüchtigen Schein von Schönheit angedeihen lassen, und es ist sicherlich kein schlechter Rat, uns dieser Lebenshilfe hin und wieder zu bedienen. Die Misslichkeit, die hier droht, ist eine Verengung der Tätigkeit der Einbildungskraft zur Verniedlichung und Verhübschung, die dazu führen können, uns auf den genuinen Werkbereich der Kunst zurückzubesinnen, in welchem sie ihre Potentiale unverfälscht entwickeln und als Vorwurf für eine der Schönheit entratende Wirklichkeit vorstellen kann. Es mag dann am überzeugendsten sein, angesichts des sich abgrenzenden Kunstwerks der „unschönen" Wirklichkeit ins Angesicht zu schauen.

Das Gemälde am Ende dieses Kapitels zeigt eine Strukturierung, deren fließender Charakter auf die Flüchtigkeit dieses ästhetischen Ordnungsversuches einer vorgestellten Wirklichkeit hinweist. Die Künstlerin scheint in den Farbblasen ihrer Träume zu verschwimmen und nimmt doch in der Zentralperspektive schemenhafte Konturen an. So ist die Protagonistin selbst Teil des wolkenhaften Farbtraumes, in dem sie lebt, den sie malt, den sie selbst oder ihr Alter Ego auf der Leinwand in einer Verwirklichung, die ihre eigene Flüchtigkeit inszeniert, festgehalten hat. Die öde, banale Szenerie, in die das Gemälde gestellt ist, erhöht dessen Traumcharakter. Den Pinsel, das Zeichen ihrer Identität, trägt die Malerin ungefähr in der Mitte des Gemäldes spielerisch, provozierend, fast kämpferisch zwischen den Zähnen. Der Pinsel ist kaum sichtbar, weiß und in seiner Farblosigkeit doch das Potential für umfassende Farbgebungen: ein Nichts an Farbe, das in solch verschwindender Sichtbarkeit doch zugleich die Fülle möglicher Farbgebungen evoziert, wie sie das Gemälde entwikkelt. Wir können uns vorstellen, dass die Künstlerin aus ihrem Gemälde steigt und den tristen Ort, wahrscheinlich einen Abstellplatz auf einem Dachboden, mit ihrem Pinsel verschönen will; aber zugleich mögen wir empfinden, dass sie in der umrahmten Traumwelt ihres Gemäldes besser aufgehoben ist: dort freier und unverfälschter in ihren Imaginationen agieren und sie vorbildhaft ausleben kann.

Künstlerin (S. D. 2017)

Anmerkungen

1) Zum Begriff der *Umnächtigung* des Denkens PDN 2 § 37. – Die Bevorzugung von Ordnungsversuchen in der künstlerischen Bewältigung der nihilistischen Situation ist im Folgenden nicht im Sinne einer strikten normativen Ästhetik gemeint, sondern als eine zunächst nur für mich plausible, evidente Antwort, die allerdings den Anspruch erhebt, auch andere überzeugen zu können. Ein solches theoretisches Konstrukt, das sich auf ästhetische Erfahrungen bezieht, ist in Analogie zum Geschmacksurteil zu sehen, das nach Kant „*nicht anders* als *subjektiv* sein kann" und doch den Anspruch erhebt, dass es anderen „zuzumuten" sei; „es *sinnet* nur jedermann diese Einstimmung an", ohne logisch zwingende Gründe anführen zu können.
   Vgl. KU § 1, S. 279 u. § 6, S. 288 sowie § 8, S. 294 (Hervorhebungen bei Kant) zur „subjektiven Allgemeinheit" des Geschmacksurteils, das in der ästhetischen Theorie mit ihrer Wertschätzung verschiedener Kunstformen und ästhetischer Erfahrungen hier ein Äquivalent finden dürfte.
2) Zur Herausbildung einer autonomen Imaginationskonzeption im Einzelnen DVI, S. 17 – 233; zur *Romantik als Imaginationsbewegung* S. 233-255
3) KU §49 S. 413 f.: „(...) unter einer ästhetischen Idee aber verstehe ich diejenige Vorstellung der Einbildungskraft, die viel zu denken veranlasst, ohne dass ihr doch irgend ein bestimmter Gedanke, *d.i. Begriff* adäquat sein kann, die folglich keine Sprache völlig erreicht und verständlich machen kann."
4) Ebd. § 59
5) Schiller: *Über die ästhetische Erziehung des Menschen in einer Reihe von Briefen*. 21. Brief. In: Werke V. S. 635 f. Hierzu DVI S. 97-103. – Duhamel (2006, S. 106) folgert aus diesem Schiller – Zitat: „Das Ästhetische scheint das Ungreifbare, die *Null*-Eigenschaft, die sich aus der Flucht vor dem Definierbaren, vor dem Anderen, ja vor dem Leben ergibt." Schiller aber sieht zugleich die Rückkehr zur Realität, denn was „in der ästhetischen Stimmung zurückgegeben wird", ist „die höchste aller Schenkungen", „die Schenkung der Menschheit". (Ebd.) Flucht vor der und Rückkehr zur Realität sind die gegenläufigen Bewegungen, welche die Paradoxie der ästhetischen Autonomie konstituieren und damit die Hoffnungen wie auch das Scheitern, die sich mit ihr verbinden.
6) Zur ästhetischen Idee der Einbildungskraft in W. Adornos *Ästhetische Theorie* s. DVI S. 85 f.
7) Th. W. Adorno: *Ästhetische Theorie.* 1972, S. 87
8) Ebd. S. 336: „Gesellschaftlich an der Kunst ist ihre immanente Bewegung gegen die Gesellschaft, nicht ihre manifeste Stellungnahme."
9) Schiller unterscheidet im 21. Brief (a. a. O.) eine „*leere*" und eine „*erfüllte* Unendlichkeit".

10) Goethe: *Faust*, Vers 4613 ff., *Anmutige Gegend* zu Beginn des 1. Aktes im zweiten Teil. Hrsg. von Erich Trunz. München 1986, S. 146–149

11) *Überwindung der Nichtsvergessenheit* und *Nichtsgewinnung* sind in kritischer Absetzung von den analogen Termini der Heideggerschen Seinsphilosophie zentrale Begriffe der Philosophie des aufgeklärten Nihilismus. Vgl. bes. PDN 2 §§ 28, 31. – Nur einen – allerdings wesentlichen – Teilaspekt der Kunst gewinnen wir in der Aufdeckung ihrer ästhetischen Indifferenz. Auch hier entwickelt sich ein Perspektivismus in Nietzsches Verständnis, und zwar einer von konkurrierenden Kunstmodellen. Denn es gibt eine engagierte Kunst, die als konkurrierendes Modell gegenüber dem Modell angestrebter ästhetischer Autonomie gleichfalls überzeugen kann, wie es in diesem Kapitel ausschließlich thematisiert wird. Allerdings gilt auch für die engagierte Kunst oft der Vorbehalt, dass sie sich allzu direkter Aussagen enthalten möchte.

12) Auster, Paul: *Mit Fremden sprechen.* Hamburg 2020. 405 f.

13) W. Adornos (a. a. O., S. 362) mäandrierende Dialektik will dem Begriff *Ewigkeit* wohl schließlich diese Funktion einer vernünftigen Einbildung zubilligen:
„Gleichwohl ist der Gedanke, der Tod sei das schlechthin Letzte, unausdenkbar. Versuche der Sprache, den Tod auszudrücken, sind vergebens bis in die Logik hinein; wer wäre das Subjekt, von dem da prädiziert wird, es sei jetzt, hier, tot. Nicht nur die Lust, die, nach Nietzsches erleuchtetem Wort, Ewigkeit will, sträubt sich gegen Verhängnis. Wäre der Tod jenes Absolute, das die Philosophie positiv vergebens beschwor, so ist alles überhaupt nichts, auch jeder Gedanke ins Leere gedacht, keiner lässt mit Wahrheit irgend sich denken. Denn es ist ein Moment von Wahrheit, dass sie samt ihrem Zeitkern dauere; ohne alle Dauer wäre keine, noch deren letzte Spur verschlänge der absolute Tod. Seine Idee spottet des Denkens kaum weniger als die von Unsterblichkeit. Aber das Unausdenkbare des Todes feit den Gedanken nicht gegen die Unverlässlichkeit jeglicher metaphysischen Erfahrung. Der Verblendungszusammenhang, der alle Menschen umfängt, hat teil auch an dem, womit sie den Schleier zu zerreißen wähnen.“ –
Eine Analyse der Alltagssprache ergibt, dass wir das Wort „Ewigkeit“ oft in Form der übertreibenden Bekräftigung verwenden: „Ich warte hier schon ewig auf dich“ etc.

14) Es war nur konsequent, dass die Konzeptionen einer autonomen Imagination in Aufklärung und Romantik solche Überlegungen zu einer Wirksamkeit des „bloß“ Imaginierten förderten. So entwickelte S.T. Coleridge das Modell des „willing suspension of disbelief for the moment, which constitutes poetic faith“ (*Biographia Literaria*, J. Shawcross ed., 2 Vols., Oxford 1907,II S.6), John Keats das einer „negative capability“. Zu Keats zusammenfassend Viebrock, Helmut: *John Keats.* Darmstadt 1977, S. 99-102

15) Pindar: *Oden.* Griechisch/Deutsch. Übersetzt u. hrsg. von E. Dönt. Stuttgart 1986, S. 105. – Camus (*Der Mythos des Sisyphos*) 1999
16) KSA II S. 186
17) KSA IV S. 403 f. (*Das Nachtwandler-Lied*)
18) Vgl. dieses Denkmotiv in erzählerischem Kontext in NF S.216
19) Vgl. KSA IV S. 14 f.
20) *Feuerfunken* ist Leitmotiv und Titel des 3. Bandes der Romantrilogie *Bunte Schleier des Nichts*.
21) Benn 1968, S. 96. Das folgende Nietzsche-Zitat KSA XIII S. 500 (Herv. im Text)
22) Aus der Fülle der Beispiele seien herausgegriffen: Zdenko von Krafts Richard-Wagner-Trilogie (*Barrikaden. Liebestod. Wahnfried.* Leipzig 1920-22), Heinrich Zerkaulens Beethoven – Biografie *Der feurige Gott* (Leipzig 1943) und Zsolt von Harsányi: *Ungarische Rhapsodie. Der Lebensroman von Franz Liszt* (Leipzig 1936); Bertram, Ernst: *Nietzsche – Versuch einer Mythologie* (Berlin 1918)
23) Vgl. DVI Abschnitt 2. 1
24) So Hölderlins Wunsch in *Andenken*. Friedrich Hölderlin: *Sämtliche Werke.* Kleine Stuttgarter Ausgabe. Beissner, Friedrich (Hrsg.) Stuttgart (Nachdruck Darmstadt) 1965/66. Bd. II, S. 198: „Was bleibet aber, stiften die Dichter."
25) DVI, bes. S. 493 ff.
26) KSA I S. 47 (Herv. im Text)
27) DVI, S. 257 ff. zur Ausdehnung und Verengung des „ästhetischen Zirkels der Imagination" in Idealismus und Romantik sowie die hierbei sich ergebenden einzelnen Denkmotive und Problemstellungen, wie sie bis heute bedeutsam geblieben sind. Solche Erweiterungs- bzw. Übertrittsphänomene des Ästhetischen und deren Schwierigkeiten hat Welsch als *Grenzgänge der Ästhetik* (1996) im Einzelnen analysiert.

Kapitel 13
Das aufgegebene Floß

Ruhepunkte der Philosophie

Selbst die Philosophie des aufgeklärten Nihilismus kann nichtig, d.h. ein bloßes Hilfsmittel werden, das wir hinter uns lassen wie ein Floß, das bei der Überfahrt gute Dienste leistete, wenn wir das Ufer erreicht haben. Diese beständige Möglichkeit ihrer Selbstaufhebung in angemessenen Situationen wird in ihr mitreflektiert und verschafft dem nihilistischen Philosophen eine lebensdienliche Gelassenheit: Das philosophische Fragen ist keine Peitsche, die ihn rastlos umhertreibt.

Negieren ist der Grundzug des Denkens, auch wenn es immer wieder zu vorläufigen Positionen kommt. Denken als Negieren macht nicht vor sich selbst Halt. Die Philosophie hat diesen Sachverhalt für sich zu thematisieren, während das als gesund und normal geltende Alltagsbewusstsein die Konsequenzen längst gezogen hat und Fragen der Philosophie, wenn überhaupt, nur intermittierend zulässt. Keines ihrer Grundprobleme lässt sich durchgängig im Bewusstsein festhalten.

Innenansicht der Kuppel des Pantheon in Rom

So ist es ein beliebtes Klagemotiv philosophischer Meditation, dass wir Vergänglichkeit und Tod nicht angemessen in unser bewusstes Leben zu integrieren vermöchten. (1) Aber es liegt in der Natur des Denkens selbst, dass wir mit dem Gedanken an den Tod nicht beständig leben wollen, dass philosophische Reflexion über ihn nur als Zwischenspiel stattfindet und in diesem Sinne nichtig werden kann. Verhärtet sich die philosophische Reflexion, kann sie zu krankhafter Grübelei missraten, die das gesunde Leben zerstört; verfestigt sich dieses zu frisch-fröhlicher Munterkeit bloßer Anpassung, bedarf es der Philosophie zur rechten Gesundung. So hat selbst die Philosophie letztlich keinen sicheren Bestand. Sie ist dem Nihilismus bereits verfallen, den sie ihrer Logik folgend an ihrem Endpunkt ins Bewusstsein hebt, ist im Perspektivismus nur eine mögliche Perspektive (2): Was diese auszeichnet ist, dass das Denken innerhalb dieser Perspektive aufs Ganze geht, d.h. den Perspektivismus in sich aufnimmt und selbst reflektiert.

Die Philosophie des aufgeklärten Nihilismus bewahrt den Rest einer Philosophia perennis in dem Sinne, dass sie unsere Vorstellung von Ewigkeit als Fiktion, die unserer Nichtigkeit entgehen möchte, hervortreibt. Auch diese der Fiktionen bewusste Philosophie erweist sich letztlich als ein nichtiges Hilfsmittel, an dem wir nicht anhaften müssen und das wir loslassen können. Aber weiterhin leistet sie uns einen entscheidenden Dienst. Denn selbst wenn wir sie losgelassen haben, zehren wir von ihren Prägekräften. Auch wenn wir das sich seiner selbst bewusste Philosophieren aufgegeben haben, bleibt es – wie in der Fiktion von Ewigkeit – aufgehoben in lebensdienlichen Imaginationen, die wir im Durchgang durch jenes Philosophieren erworben haben. Sie gehören noch zur Philosophie in deren Randzone, in welcher der Nihilismus in Aktion übergeht. Solche Imaginationen können rationale, reflexive Momente in sich aufbewahren. Denn das bewusste, rationale Denken ist mit dem Imaginieren verschränkt, das sich als integraler Bestandteil von Denken in dessen weiterem Wortsinn erweist: Denken ist sowohl rationales, diskursives Denken als auch Imaginieren. Nur in arbeitshypothetischer Hinsicht, etwa in der Entwicklung epistemologischer Theorien, sind sie zu trennen. Deshalb spricht die Philosophie des aufgeklärten Nihilismus von einem „imaginativen Erkenntnisweg". (3)

Vor diesem erkenntnistheoretischen Hintergrund ist Philosophie wie in dem luziden buddhistischen Gleichnis einem Floß vergleichbar, das zur Überfahrt über einen reißenden Strom gute Dienste leistet, das wir aber im Wasser irgendwohin treiben lassen, wenn wir am anderen Ufer an Land gegangen sind. Vage bleibt die Hoffnung, dass es dann anderen, die seiner habhaft werden könnten, ähnlichen Gewinn bringen möge, wie er uns zuteilwurde. Denn am anderen Ufer angekommen wollen wir das Floß, das wir vordem aus Ästen und Holzstücken zusammenbauten, nicht mehr auf unserem Rücken herumtragen. Es hat seinen Zweck erfüllt. Unbeschwert wollen wir weitergehen. (4)

Das Alltagsbewusstsein kennt diese situative Negation des Denkens als „Abschalten“ oder „Entspannen“, die Psychoanalyse als „Verdrängung“, die für unser Bewusstsein unumgänglicher und gesünder ist, als zuweilen in diesem Wissenschaftszweig angenommen wird. Was die Philosophie hiervon abhebt, ist die Negation des Denkens durch Denken, d.h. einen bewussten Denkakt. Freilich stoßen wir bei diesem philosophischen Grenzgang auf ein höchst schwieriges, wenn nicht paradoxes Unterfangen. Erst auf diesem Grenzgang wird die Bedeutung der Einbildungskraft mit ihren lebenswichtigen Fiktionen erhellt, in welchen das sich selbst negierende, diskursive Denken aufgehoben wird und seine Ruhe finden mag.

Der im Wesentlichen negierende Zug des diskursiven Denkens ist oft hervorgehoben worden. So resümiert W. Adorno (5): „Denken ist, an sich schon, vor allem besonderen Inhalt Negieren, Resistenz gegen das ihm Aufgedrängte ...“ Er folgt damit Hegel (6): „Die Tätigkeit des Scheidens ist die Kraft und Arbeit des Verstandes, ... die ungeheure Macht des Negativen; es ist die Energie des Denkens, des reinen Ichs.“ Hegel – anders als lange vor ihm Nagarjuna (7) – kennt aber keine Selbstnegation des Denkens und der Philosophie. Auch Heideggers vielzitierte Formulierung, die Philosophie habe das Denken zu denken, zielt auf solche Selbstnegation nicht ab.

Nietzsche hat in Hinblick auf das historische Bewusstsein in „Vom Nutzen und Nachtheil der Historie für das Leben“ eindrucksvolle Argumente und Beispiele dafür gegeben, wie das Denken – hier exemplifiziert an der Reflexion auf Geschichte – in seiner Verengung und Selbstnegation vernünftiger sein kann als das in alle Verästelungen entwickelte historische Bewusstsein: Die Frische einer der Gegenwart zugewandten Tatkraft wird erst so gewonnen. Im Zusammenhang unserer Argumentation können wir sagen: Die Ausblendung des Historischen geschieht in der Konzentration auf eine ponierende Perspektive der Einbildungskraft, die ihre Evidenz, ihre Vernünftigkeit in solcher Einsgerichtetheit erweist. (8) Dies entspricht unserer praktischen Erfahrung, dass wir eine unbeschwerte Tatkraft gewinnen, wenn wir zu gegebener Zeit in unseren alltäglichen Entscheidungen störende Gedanken über Vergangenheit und Zukunft, unsere persönliche Geschichte ausblenden: „Wer sich nicht auf der Schwelle des Augenblicks, alle Vergänglichkeiten vergessend, niederlassen kann, wer nicht auf einem Punkte wie eine Siegesgöttin ohne Schwindel und Furcht zu stehen vermag, der wird nie wissen, was Glück ist und noch schlimmer: er wird nie etwas tun, was Andere glücklich macht."

Doch auch die Bilder von der auf einem Punkt stehenden Siegesgöttin oder dem aufgegebenen Floß sind ohne Endgültigkeit. Das diskursive Denken und seine Steigerung zu philosophischem Denken werden uns in bestimmten Situationen nichtig erscheinen; es mag aber gute Gründe geben, zu philosophischem Fragen zurückzukehren. Solche Bilder ohne Endgültigkeit können ihre jeweilige situative Evidenz behaupten und wieder ablegen, sind Stationen auf der Bewegung aller Bilder ins Nichts, das ihren Fluchtpunkt andeutet. (9) Es bleibt die Krux des Nihilismus, dass wir nicht im Voraus durch eine Systematik das Wissen darüber erlangen können, wann es Zeit ist, das philosophische Fragen in evidenten, lebensfördernden Imaginationen aufzuheben. Das nihilistische Philosophieren muss diesen Zeitpunkt, diese Situation „herausschmecken": Schon etymologisch ist „sophos" mit „schmecken" verwandt. In dieser Offenheit gewährt uns der Nihilismus aber auch ein höchstes Maß an Freiheit. Wiederum erweist er sich als janusköpfig: In die Unsicherheit des beständigen Fragens geworfen haben wir die Freiheit, selbst herauszufinden und zu entscheiden, wann wir zu fraglos in sich ruhenden Imaginationen Zuflucht nehmen oder den Imaginationen selbst einen fragenden Charakter zukommen lassen. Denn auch Imaginationen können suchenden Charakter annehmen und sich mit dem Verstande zusammen, der dann stärker hervortritt, in die Offenheit der Welt hineintasten: Sie werden unsere Tentakel, die uns vor Gefährdungen warnen und schrittweise Orientierung verschaffen. Zu dieser Möglichkeit unseres Denkens, in der sich diskursiver Verstand und Imaginieren verbinden und zusammen „herausschmecken" wollen, wie unser Weg verlaufen könnte, findet sich in Descartes' „Discours de la Méthode" eine erhellende Passage:

> Aber wie ein Mensch, der alleine und in der Dunkelheit voranschreitet, entschloss ich mich, so langsam zu gehen und in allen Dingen so viel Umsicht zu gebrauchen, dass, auch wenn ich nicht weit vorankäme, ich mich wenigstens davor bewahrte hinzufallen. (10)

Eine solche herumtastende Suchbewegung kann in einer sich eingrenzenden Imagination ihren vorläufigen Ruhepunkt finden, bevor neue Suchbewegungen erforderlich erscheinen. Es liegt in der Evidenz der jeweiligen Situation beschlossen, ob Suche erforderlich oder Ruhe möglich ist oder eine der vielfältigen Mischformen „herausgeschmeckt" werden kann.

In diesem Prozess können wir die Sequenzen und Konsequenzen von Gedankenbilderketten durchbrechen und uns ganz einer Imagination hingeben, die alle anderen ausschließt – bevor auch sie in der Negation zerfällt und in der Leere verschwinden mag. Diese Fähigkeit zum Negieren und Vernichten von Gedanken und Bildern, die uns mit logischer Konsequenz bedrängen mögen, ergibt sich aus der Kraft zum Perspektivismus der ponierenden Einbildungskraft. Die Selbstaufhebung des Denkens und Imaginierens ist unsere vielleicht höchste geistige Leistung, die wir dem Nichts im geistigen Vernichten verdanken: Erst in ihm werden wir Herr über unsere Gedanken und Bilder, wobei Kontingenzen und Irrationales den Fluss unseres Denkens mitbestimmen. Erst im vernichtenden Denken, das sich logischer Rechtfertigung in imaginativer Evidenz auch zu entledigen vermag, werden wir frei. Nicht den Gedanken und Anschauungen, die auf „Richtigkeit" abzielen, sondern die für uns heilsam sind, werden wir uns dann hingeben. Die Philosophie des aufgeklärten Nihilismus räumt in ihrer Nichtsgewinnung die große Leere frei, in welche die Einbildungskraft Bilder begrenzter Evidenz ein-bilden kann. Dann kann sich Freiheit ereignen: „ein Neubeginnen, ein Spiel, ein aus sich rollendes Rad, eine erste Bewegung, ein heiliges Ja-sagen". (11)

Das Kind, das in Zarathustras Gleichnis die Stadien des Kamels und des Löwen überwunden hat, verfährt in seiner Phantasietätigkeit ponierend, dezisionistisch, folgt keinem logischen Kalkül. Die Schöpferkraft schafft hier einen neuen Anfang. Mehr noch als unser erster Lebensabschnitt ist mit diesem Kind eine stete Möglichkeit in uns Menschen gemeint, als „ein aus sich rollendes Rad" einen Neubeginn in Gang zu setzen. Ihm voraus geht die Ruhe, die auch das Einströmen aller unserer Kräfte und

Möglichkeiten in die Leere ist. Das Nichts „zeigt“ sich hier als Gegenseite der Fülle, als ein Ruhepunkt, wie wir ihn immer wieder suchen und als Kraftquell zu nutzen vermögen.

Wir können einen solchen Ruhepunkt der Nichtsgewinnung einen Vorgeschmack des Nirwana nennen, auch wenn diese buddhistische Vorstellung mit allerlei pseudometaphysischem Ballast verbunden ist: der Erfahrung der „wahren“ Dinge oder des „wahren Geistes“, eines Jenseits, in das wir eingehen werden etc. Insbesondere der in die westliche Kultursphäre expandierte Buddhismus scheut die Berührung mit dem „reinen“ Nichts, den Vorwurf des Nihilismus, und ist oft eilig bestrebt, sich von diesem Schmähwort mit der philosophischen Korrektheit des westlichen Mainstreams abzugrenzen, ganz im Gegensatz zu frühen buddhistischen Vorstellungen, die keine Scheu davor hatten, das Nirwana als Leere und Nichts aufzufassen. Denn die Unruhe des suchenden Denkens treibt dessen Logik zur Ruhe vor sich selbst. In solchen Ruhepunkten der Nichtsgewinnung erfahren wir den Vorgeschmack des Nirwana, aus dessen Leere heraus wir neue, erfrischende Gedankenbilderketten in Gang setzen können: „Und jedem Anfang wohnt ein Zauber inne“ ist eine oft zitierte Sentenz, die sich aus diesem philosophischen Begründungszusammenhang ergibt und als konkrete Erfahrung der Nichtsgewinnung keine bloße Floskel bleibt (12).

Das Denken kann diese Ruhe vor sich selbst nur finden, wenn es sich selbst denkt und in solcher Selbstreflexion sich selbst negiert, aufgibt und loslässt. Dann hat das Denken – seiner Nichtigkeit eingedenk – sein Nirwana gefunden: ruht in dieser sich selbst auflösenden Anschauung von der verlöschenden Flamme oder dem verwehenden Wind oder anderen lebensdienlichen, weil Ruhe gewährenden Imaginationen. Es ist eine Erleuchtung, die wir in solchen Zeitpunkten und an solchen Raumorten erfahren, in solcher Verschmelzung unserer raumzeitlichen Kategorien: ein Vorgeschmack des Nirwana, das in solchem Vor-Schein in der „Mitte“ aller Dinge schon hier und jetzt „da“ ist – wenn denn das Nichts ein „Fund“, ein „Etwas“ wäre, das wir finden könnten. Solcher Vorgeschmack des Nirwana eröffnet sich in den evidenten Imaginationen von Heilung und Befreiung, die mit der Erfahrung des Nichts sich verbinden und dessen beängstigende, erstickende Leere vergessen lassen. (13) Unser Denken ist in solchen Imaginationen aufgehoben, hat zur Ruhe vor sich selbst in einer heilsamen Anschauung gefunden, die sich wiederum schrittweise ins Nichts auflöst. Wir sind in solchen Raumzeitpunkten, auch wenn wir dies vorübergehend in seliger Einbildung vergessen, zum Schein erlöst – in der alten Doppelsinnigkeit dieses Wortes als einer Täuschung wie vorausgreifenden Schau. Was solche Ruhepunkte von den mannigfachen Relax- und Wellnessangeboten unserer Freizeitindustrie unterscheidet, ist die zielgerichtete Erfahrung des Nichts, die der Nichtsvergessenheit entgegenwirkt und als nihilistische Grundierung weit über Einzelerfahrungen auf unser Leben ausstrahlen kann, wenn dieses Erlebnis nicht nur als eine Art Tankstelle dient, nach deren Service wir den üblichen Gang unseres Lebens unverändert fortsetzen.

Die vielen Verästelungen dieses Denkmotivs der Nichtsgewinnung zentrieren sich in ästhetischen Erfahrungen. Hier sei Schillers Definition des „ästhetischen Zustandes“ als Nullpunkt erwähnt sowie seine Definition des Spieltriebs, der „die Zeit *in der Zeit* aufzuheben“ in der Lage sei. (14) In solchen Erfahrungen erscheint die kosmische Weltordnung als Tanz und Spiel wie schon in Gedanken Heraklits oder der hinduistischen Mythologie des tanzenden Gottes Schiwa. Östliches und westliches Denken verbinden sich in mannigfachen Variationen in diesem Denkmotiv der Aufhebung der Zeit in der Zeit, wie T. S. Eliot es als „still point“ dargestellt hat:

> At the still point of the turning world. Neither flesh nor fleshless;
> Neither from nor towards;
> at the still point, there the dance is,
> But neither arrest nor movement. And do not call it fixity,
> Where past and future are gathered. Neither movement from nor towards,
> Neither ascent nor decline. Except for the point, the still point,
> There would be no dance, and there is only the dance.
> (...)
> Only through time time is conquered. (15)

Solche in Dichtung zentrierten Befindlichkeiten sind nicht so weit von Alltagserfahrungen entfernt, wie eine dünkelhafte Abgrenzung des Reichs der Bildung von ihnen vortäuschen mag. In

Langeweile, Stille, Entschleunigung, Meditation und der – wenn auch inzwischen inflationär zitierten – Achtsamkeit werden Leitfäden zur Nichtsgewinnung auffindbar. In plausibler Weise sind bereits triviale Tätigkeiten wie Wäsche waschen als Orte der Meditation empfohlen worden. Zen-Buddhisten praktizieren meditierend das achtsame Fegen von Blättern oder das Bogenschießen. Generell ist es dabei angebracht, die Meditation aus ihrem oft starren Reglement in buddhistischen Zentren und Schulungskursen zu befreien, wo teilweise auch persönliche Eitelkeiten, Rivalitäten und Gewinnabsichten eine Rolle bei der erstarrten Ritualisierung der Meditation spielen mögen. Trotz solcher Verzerrungen bleibt die Meditation primär eine herausragende Möglichkeit der Nichtsgewinnung und kann an allen erdenklichen Orten praktiziert werden, in den unsichtbaren „profanen Kathedralen des Nihilismus" (16): beim Warten an der Bushaltestelle, auf der Fahrt mit der U-Bahn, beim Verweilen auf einem belebten Platz, einer Strandwanderung oder beim Schwimmen; entscheidend ist nicht der Ort, sondern die Vorstellung vom Nichts, die sich uns in evidenter Weise als Leitfaden anbietet, einen Weg weist, auf dem die Erreichung des Zieles nicht das Wesentliche ist. Besondere Wegmarken zeigen sich dabei in allen Künsten.

Aus der Fülle der Beispiele sei eines aus der bildenden Kunst hinzugefügt: die Strichzeichnungen asiatischer Bilder, in denen flüchtige, oft nur andeutende Pinselstriche die Weite des weißen Grundes hervortreten lassen, in denen das Nichts in paradoxer Weise zur Anwesenheit kommt und der Darstellung einen eigentümlichen Schwebezustand verleiht. Das Gemälde einer Vase mit Blumen am Ende dieses Kapitels verwendet in sehr behutsamer Weise eine solche Zwischenraumtechnik des Nichts, wie sie an asiatische Strichzeichnungen erinnern mag. Unsere Alltagswahrnehmung kann von dieser möglichen Sichtweise geprägt werden, wenn wir das Nichts, solche Ruhepunkte zwischen den Dingen sehen gelernt haben und damit diesen sowie uns selbst eine eigentümliche Leichtigkeit verleihen.

Philosophie geht in all solchen Erfahrungen des Nichts in eine Lebenspraxis über, die den Übertrittsphänomenen der Kunst in das Leben ähnelt; in ihnen lässt sich gar eine Konvergenz von Kunst und Philosophie beobachten. Sicherlich regt die Pflege lebensdienlicher, evidenter Imaginationen wie der Meditation dazu an, den Begriff der Philosophie über ihren traditionellen Bereich hinaus zu erweitern und die philosophische Lebenspraxis in ihn einzuschließen. In Hinblick auf die Kunst habe ich von der Erweiterung und der Verengung eines ästhetischen Zirkels der Imagination gesprochen, zwei sich widerstrebenden, aber auch komplementären Bewegungen, die seit der Romantik nachhaltig bis heute die Kunstentwicklung und deren Theorie prägen. (17) Für Philosophie lässt sich eine analoge Doppelbewegung konstatieren, wobei der Rückzug in den ursprünglich philosophischen Bereich zur Selbstvergewisserung und Abwehr fragwürdiger Übertritte und Vermengungen sicherlich wie im ästhetischen Bereich als Gegenpol der unverzichtbaren Expansionsbestrebungen hin und wieder angeraten erscheint.

Im aufgeklärten Nihilismus verläuft die Philosophie in ihren Endpunkten ins Nichts ... Sie hat sowohl ihr Minimum an „Ergebnissen" erreicht, denn sie hat die traditionellen Grundfragen der Philosophie negativ „gelöst", als auch ihr Maximum an enttäuschender Aufklärung über all die „eingebildeten Wahrheiten" entwickelt, die sich in Nichts aufgelöst haben. So verfällt Philosophie schließlich ihrem eigenen Perspektivismus, den sie in Nietzsches Sinne hervorgetrieben hat, indem sie gemäß ihrem jeweiligen Blickwinkel sich selbst als Höhe– wie Tiefpunkt erscheinen kann. (18)

Mit „Endpunkten" ist nicht gemeint, dass es „letzte" Werke über den Nihilismus gibt. Philosophie wird ihn weiter differenzieren und entwickeln, neue geschichtliche Vorgänge reflektieren, aber letztlich doch nihilistisch gemäß dem Grundzug unseres „Zeitalters des Nihilismus" bleiben. Über diesen Grundzug aufzuklären und ihn zu entwickeln ist die Absicht der Philosophie des Nihilismus, die sich als ein fortwährendes Projekt versteht, das mit den neuen Kräften eines aktiven Nihilismus die Aufklärung – wenn es noch Hoffnung gibt – aus ihrer Blockierung herausführen könnte und uns Leitfäden zur Lebensbewältigung aufzeigt.

Der aufgeklärte Nihilist weiß, dass seiner „großen Erzählung" vielleicht andere folgen, andere Spiele in Zukunft gespielt werden als sein Spiel, in dem es geht: um das Nichts, aber auch dessen Bewältigung. Er ist der Metaphysiker, der die Metaphysik ins Nichts verabschiedet, in ihre Nullstufe überführt. Doch wie in der Mathematik die Nullstelle für eine Funktion hat auch jene Nullstufe der nihilistischen Philosophie eine zentrale Bedeutung für unser Denken: Sie löst verdinglichte Formen von Bewusstsein auf, annulliert Ideologien, die sich als „Wahrheit" gebärden.

Mit diesem Geschäft der Nichtsgewinnung wird Philosophie weiterhin sinnvoll sein und einen Begriff der Wahrheit in deren Negation pflegen, der bei solchen Annullierungen vonnöten ist. Philosophie als Fiktionswissenschaft wird Fiktionen als solche durchschaubar machen, aber nicht abwerten, wenn sie für uns gute Arbeitshypothesen und lebensfördernd sind. Sie wird die Rolle der Einbildungskraft angemessen zur Geltung bringen und im Sinne eines aktiven Nihilismus die Schaffung von Fiktionen bejahen, insoweit diese nicht Wahrheit behaupten, sondern selbstdurchsichtige, vorübergehende Evidenzen schaffen. Denn „die Wahrheit" und „die Vernunft" haben sich im nihilistischen Zeitalter in die Diaspora der Einbildungskraft verflüchtigt. Was uns geblieben ist, sind evidente, doch instabile Einbildungen bzw. Imaginationen. Der Begriff der Freiheit ist ein herausragendes Beispiel für die zentrale Rolle von Fiktionen in unserem Leben, wie sie von der etablierten Philosophie noch längst nicht reflektiert worden ist und in den Neurowissenschaften, welche erkenntnistheoretische Einsichten usurpieren, schlichtweg übergangen wird. (19) Ruhepunkte als vorübergehende Endpunkte der Philosophie konstituieren diesen Begriff von Freiheit als einer lebensfördernden, gar unser Leben als lebenswert ausweisenden Fiktion.

Die solche lebensdienlichen Vorstellungen produzierende Einbildungskraft in einen Determinismus einzuordnen, etwa im Bereich gehirnphysiologischer Prozesse, geht an der zu klärenden Sachlage vorbei und führt in dürre, rationalistische Gedankenketten, die nichts mit der Lebenskraft zu tun haben, die sich in diesem fingierenden Vermögen aktiviert: Es ist eine Fiktion der Freiheit, die gerade als Fiktion über ihre eventuelle Determination hinwegsieht und die Frage nach solcher Vorherbestimmtheit in der Innenansicht des Subjekts überflüssig werden lässt. Gerade in der gegenwärtigen Zeit der Coronakrise, in der ich dieses Buch schreibe, wird deutlich, wie sehr der von den Gehirnwissenschaften im philosophischen Diskurs aufgeblähte Determinismus, dem wir angeblich unterliegen, an der Sache, die zu begreifen ist, vorbeigeht: Freiheitseinschränkungen sind für uns eine reale Belastung, die wir mit allen Mitteln vermeiden wollen. Der Freiheitsentzug war immer schon die Strafe bzw. Sanktion, mit der eine gefährdete Rechtsordnung aufrechterhalten wird. Wenn wir das Gedankenexperiment durchführen, wir seien restlos determiniert, und dabei das Korollarium vernachlässigen, dass folglich auch dieses Gedankenexperiment determiniert wäre, dann bleibt immer noch die Illusion von Freiheit ein hochgeschätztes Gut, genauer gesagt: die von uns geschaffene Fiktion von Freiheit, wie wir sie in unserer Innenschau wirklich erleben. Selbst wenn dieses Freiheitserlebnis objektiviert würde, etwa in Formeln und Zahlen, würden diese immer noch nicht die Freiheit, wie wir sie in uns als Fiktion aktualisieren und erleben, adäquat widerspiegeln. Philosophie muss an diesem erkenntnistheoretischen Ort zur Fiktionswissenschaft werden und die Rolle sowie Bedeutung solcher Fiktionen für unser Leben auf den Begriff bringen. Sonst geht sie an dem Leben vorbei, das sie doch begreifen möchte. Deshalb wirkt angesichts des Beispiels der Freiheitseinschränkungen der Coronakrise die von den Neurowissenschaften dominierte Diskussion um Freiheit oder Determination seltsam abgehoben und weltfremd: Selbst wenn Freiheit eine Illusion ist, möchten wir diese uns liebgewordene Illusion nicht missen – genauer gesagt, diese von uns selbst geschaffene und in unserer Innenschau real gegenwärtige Fiktion, für die ihre eventuelle Determiniertheit irrelevant ist. Die Diskussion um unsere vollständige Determination ist eine pseudophilosophische Gedankenblase der Neurowissenschaften, deren Beschränktheit, ja Fachidiotie, die Bedeutung unserer fiktionsbasierten Innenschau – traditionell gesprochen: unseres Geistes – mit anmaßender Ignoranz übergehen will.

Die Fiktion von Freiheit überspielt also die Frage nach Determinationen, führt zu Anfangs- und Endpunkten von Kausalketten, die zugleich – manchmal nur minimale – Ruhepunkte für unser Denken sind, das sich an ihnen in eine Leere hineinbegibt, die sich als Kraftquell für die Freiheit zu neuen Denk- und Handlungsmöglichkeiten erweisen kann. In der Kontemplation und deren Steigerung, der Meditation, erschließen wir solche Erfahrungen der Leere, deren andere Seite die Fülle unserer Möglichkeiten ist. Die Leere und das Nichts sind dabei als imaginative Ziel- und Fluchtpunkte für unser Denken anzusehen: Wir werden unser Bewusstsein nicht vollständig „entleeren“, das Nichts nicht restlos „gewinnen“ können. Es werden Reste von Voreinstellungen, Prägungen aller Art, insbesondere die gattungsspezifischen, transzendentalen Strukturen a priori im Sinne Kants weiterhin wirksam sein. In dieser Hinsicht bleiben wir auch in unseren Bemühungen um das Nichts und die Leere „suboptimal“, wie wir uns insgesamt damit abfinden müssen, solche „suboptimalen“ Wesen zu sein. Trotzdem bleiben das Nichts und die Leere in besonderer Weise lebensdienliche Zielprojektionen, Fiktionen von Ruhepunkten, die für unsere Gewinnung von Freiheit, die sich aus der ruhigen Anschauung unserer noch nicht aktualisierten Möglichkeiten speist, geradezu unabdingbar sind.

Die Affinität zu buddhistischen Vorstellungen sollte dabei nicht vergessen lassen, welchen Beitrag die Beschäftigung mit den anderen Religionen für eine nihilistische Philosophie leisten kann, die sich als Fiktionswissenschaft versteht. Anders als in der platten Religionskritik, die in einer pseudoaufgeklärten, dümmlichen Arroganz die Religion pauschal kritisiert und über sie hinwegschreitet, hält die nihilistische Fiktionswissenschaft an den lebensdienlichen und lebensfördernden Vorstellungen in den Religionen fest, ohne deren umfassenden Wahrheitsanspruch zu teilen. Denn in den religiösen Traditionen dokumentieren sich die authentischen Antriebe und Sehnsüchte der Menschen, die über bloße Anpassung an die herrschenden Verhältnisse hinausgreifen. Wir stoßen hier nicht auf Offenbarungswahrheiten, aber auf ernstzunehmende Imaginationen, deren lebensdienlichen Kern wir jeweils in einem eklektizistischen Verfahren herausschälen und auf seine subjektive Evidenz hin befragen müssen. Der Bilderschatz nicht einer Religion, sondern aller Religionen ist dabei unabhängig von allen Wahrheitsansprüchen zu sichten, das nicht Überzeugende oder gar Anstößige auszusondern. So mögen wir etwa im Christentum die Vorstellung, dass der allmächtige Gott seinen Sohn einen qualvollen Opfertod „für uns alle“ sterben lässt, als wenig überzeugend, gar abstoßend ablehnen, in dem Gleichnis vom verlorenen Sohn und der bedingungslosen Liebe eines Vaters aber eine evidente Imagination finden. Religiöse Vorstellungen wie die der Auferstehung werden dabei konsequenter Weise säkularisiert, so wie Fausts Osterspaziergang eine Auferstehung im Geiste darstellt. Wir re-fiktionalisieren Mosaiksteine von Spiritualität, wobei der gewonnene Abstand zu Wahrheitsbehauptungen die Toleranz und die Pazifizierung der Religionen fördern kann. Da all diese Bilder und Geschichten der religiösen Traditionen nur eine bedingte Evidenz entfalten, können sie prinzipiell wieder nichtig werden und bleiben ohne dogmatische Verfestigungen auf einer beständigen Bilderflucht ins Nichts in Bewegung. Die urbuddhistische Vorstellung vom Nichts als des Nirwana, eine Befreiung und Erlösung verheißende Imagination, erweist sich für diese Bilderwelt von besonderer

Bedeutung, insofern sie den Fluchtpunkt aller Bildbewegungen markiert. (20)

Über das Nichts hinaus kann es schlechterdings „nichts" geben – es sei denn das „Etwas" einer neuen Gewissheit, die uns als Wahrheit erschiene und die vom Standpunkt des aufgeklärten Nihilismus aus nur eine neue Einbildung sein kann, die als solche nicht mehr erkannt wird. Wenn wir dann an eine neue Wahrheit glauben können, werden wir unser jetziges Unglück des Unwissens gegen das Glück einer neuen Gewissheit eingetauscht haben, ein verblendetes Glück, das vergessen hat, dass die Wahrheit, an die geglaubt wird, unserer undurchschauten Einbildungskraft entstammt. Mögen wir davor bewahrt bleiben, dass eine solche neue Gewissheit mit dem Unglück, Leid und Tod unzähliger Menschen erkauft wird, wie sie blindwütigen Ideologien geopfert wurden und noch geopfert werden! Vielleicht kommen wir an diesem Punkt zu dem vorläufigen Ergebnis, die Mühseligkeiten des Nihilismus einer Parusie solch neuer „Wahrheiten" bzw. „Seinsgewissheiten" vorzuziehen. (21)

Dabei bleibt angesichts all der fragwürdigen Überwindungen des Nihilismus an dessen defizitärem Status festzuhalten. Der aufgeklärte Nihilismus ist keine Wellnessphilosophie, wenngleich seine aktiven befreienden und beglückenden Impulse – wie in seiner Diffamierung leider üblich – nicht ausgeblendet werden dürfen. Die Leere bleibt in ihm grundlegende Erfahrung, fordert zum Begreifen heraus. So kann die Leerstelle des Todes Gottes im Nihilismus nicht vollkommen ausgefüllt werden – auch Nietzsches „Übermensch" taugt nicht als Ersatz für Gottes vordem vermutete Vollkommenheit und Allmacht. Damit reflektiert der Nihilismus einen Entzug, eine defizitäre Befindlichkeit, die in solcher Reflexion keine positive Wahrheit, aber eine suchende Wahrhaftigkeit bewahrt und Ehrlichkeit in der Verteidigung dessen beweist, was als Nihilismus immer noch diskreditiert wird. (22)

Wir sind erlösungsbedürftig geblieben; und kein Mensch vermag den anderen zu erlösen. Erst am Abglanz seiner Träume, welche die Evidenzen unserer Einbildungskraft uns vorführen, verstehen wird das Leben. (23) Wenn wir nur Zarathustras Rat folgen, der Erde treu zu bleiben, schlägt der aufgeklärte Nihilismus um in kruden Diesseitsglauben. Aber es gibt eine Verfallenheit an das Alltägliche, die dem Tode gleichkommt – ein Leben, das erst aufblüht in der Auflösung des Alltäglichen ins

Nichts. (24) So konstituiert sich im Zeitalter des Nihilismus unser Menschsein, insofern es menschlich bleiben will, im Spannungsfeld zweier konfligierender evidenter Imaginationen: der Vorstellung von einer Vollkommenheit, deren wir verlustig gegangen sind, und einer Zuwendung zu unserem Dasein, wie es nach Nietzsches kategorischem Imperativ der Lebensbejahung auf ewig wiederkehren möge, doch allzu oft in seiner aktuellen Gestalt keiner Wiederholung wert erscheint.
Wie ein flackerndes Licht in der Finsternis erhellen Evidenzen der Einbildungskraft mit glanzvoll sprühenden Feuerfunken vorübergehend unser Leben ein wenig; dessen Grundzug ist Leiden und Gefährdung, eine in unsere geistige Konstitution eingegangene Suchbewegung (25): „Orientierungslosigkeit, Vergeblichkeit, Verzweiflung, Langeweile, Depression – ein Fegefeuer ist dieser Nihilismus! Aber wofür werden wir bestraft und wozu leiden wir? Wovon und wozu werden wir gereinigt? Gehen wir neuen Himmeln oder Höllen entgegen? Woran werden wir einst glauben können? Was werden uns unsere Einbildungen vorzaubern, sodass wir uns, wenn wir nur könnten, nach diesem Fegefeuer des Nihilismus zurücksehnen würden, das uns immerhin eine leere, beliebige, absurde Freiheit schenkte?“ Vielleicht wollen wir Nihilisten bleiben.

Vase mit Blumen (F. D. 2015)

Anmerkungen

1) So spricht W. Adorno (1966, S.359f.) von „der bis heute fortdauernden Schwäche menschlichen Bewusstseins, der Erfahrung des Todes standzuhalten, vielleicht überhaupt sie in sich hineinzunehmen." Was hier Schwäche genannt wird, ist – im Perspektivismus der Philosophie des aufgeklärten Nihilismus – die Stärke der negierenden Kraft unseres Denkens in Form seiner Selbstaufhebung, sodass es in lebenswichtige Fiktionen eingehen kann, die unserem Willen zum Leben dienen.
2) Dies dürfte die tiefere Begründung für W. Adornos saloppe Formulierung sein, Philosophie sei „das Allerernsteste, aber so ernst wieder auch nicht." Ebd. S. 24
3) Vgl. PDN 2, bes. § 81
4) Siehe die Darstellung dieses Gleichnisses bei Glasenapp, Helmuth von: *Pfad zur Erleuchtung.* München 1974. S. 56: „Die Lehre gleicht einem *Floß,* das man benutzt, um über einen Strom (die Wandelwelt) an das andere Ufer (das Nirvâna) zu gelangen, das man aber, wenn es diesen Zweck erfüllt hat, nicht mehr mit sich herumschleppt."
5) W. Adorno 1966, S. 28
6) Hegel (*Vorrede* zur *Phänomenologie des Geistes*) 1952, S. 29
7) K. Jaspers (*Nagarjuna.* In: *Die Großen Philosophen.* München 1957. S. 943) über diesen in der westlichen Philosophie wenig beachteten Denker :
„Es gibt keine Grenze bei einem letzten Ruhepunkt, sondern nur im Scheitern des Denkens durch das Denken selber die Aufhebung des Denkens zu einem Mehr-als-Denken, zu der Vollkommenheit der Erkenntnis... Daher wird das Denken zu einem ständigen Sichüberschlagen. In jeder Aussage als solcher liegt schon das Widersinnige. Das Sagen wird begriffen als notwendig sich selber aufhebend. Dieses Sichaufheben ist die Möglichkeit des Erweckens der Wahrheit. – Die eigentliche Wahrheit kann nur dadurch offenbar werden, dass sie als ausgesagte sich verneint. Daher führt der Weg durch eine Wahrheit, die als gedachte keine ist, zur Wahrheit, die als nicht mehr gedachte sich zeigt. Diese eigentliche Wahrheit lebt als Denken von dem Verbrennungsprozess der vorläufigen Wahrheit." Es wird deutlich, wie die Rolle der Einbildungskraft hier besprochen werden müsste, der Nagarjuna noch keine Funktion zuweist.
8) KSA I, S. 252, 250
9) Vgl. PDN 2, Abschnitt 3. 2.: *Bilderflucht ins Nichts*
10) Descartes 2019, S. 37
11) KSA IV S. 31 (*Also sprach Zarathustra I. Von den drei Verwandlungen*)
12) Hesse, Hermann: *Sämtliche Werke.* Hrsg. von Volker Michels. Frankfurt am Main 2002. Bd. X (*Die Gedichte*), S. 366 (*Stufen,* V. 9)

13) Vgl. zu dieser Ambivalenz der Erfahrung die Sentenz im *Traktat über das Nichts*: „Das Nichts kann uns schmerzen und ersticken oder heilen und befreien." (NF S. 191) Sie korrespondiert der ambivalenten Struktur des Nihilismus, insbesondere dessen Auffächerung in einen passiven und aktiven Nihilismus.
14) Schiller 1967, V (*Ästhetische Briefe*) 21. Brief S. 635 f.; ebd. 14. Brief S. 612 f.
15) T. S. Eliot (*Four Quartets. Burnt Norton*) London 1972, S. 15 f. (V. 62–90).
16) Vgl. PDN 2, S. 74
17) Vgl. DVI, Abschnitt 2: *Der ästhetische Zirkel der Imagination*
18) Man denke an den Scheitelpunkt eines Maximums oder Minimums in einer Kurvendiskussion sowie an Heraklits Fragment (hrsg. von B. Snell: *Heraklit. Fragmente.* Tübingen 1965, S. 21): „Der Weg hin und her ist ein und derselbe."
19) Vgl. die ausführliche Diskussion von Freiheit und Determination in PDN 2, bes. §§ 71, 68, 122
20) Vgl. PDN 2 §§ 141 – 145: *Poesie der Religionen, Zur Evidenz der Religion als eines ästhetischen Phänomens, Kunstvolle Pazifizierung der Religionen, Vereinzelte Mosaiksteine der Spiritualität, Auferstehung*. Zum Denkmotiv der *Bilderflucht ins Nichts* s. dort den Abschnitt 3. 2.
21) Als Heidegger seine berühmt-berüchtigte Rektoratsrede 1933 hielt, glaubte er, eine solche Seinsgewissheit gefunden zu haben. Sein vieldiskutierter Irrtum war so singulär freilich nicht. Er ist ein Beispiel für all die von Ideologien verführten Menschen. Eine Sicherheit vor solcher Verführung kann uns der Nihilismus nicht gewährleisten. Wenn er aber aufgeklärter Nihilismus ist, kann er hinreichende Gegenkräfte entwickeln, die – zu unserem Leid oder Glück – den Glauben an „Wahrheiten" aller Art zunichtewerden lassen.

Zu Gottfried Benns und Heideggers Irrtum s. Safranski 1993, S. 202: „Heidegger wollte die Seinsvergessenheit im Denken überwinden. Aber als die Nationalsozialisten an die Macht kamen, glaubte er, das ‚Sein' sei nun wirklich angekommen." Safranski freilich bietet ein Beispiel für die Vermeidungsstrategie gegenüber dem Wort „Nihilismus". Wenn er von Wahrheit als „Erfindung" nur noch im Plural spricht, meint er evidente Einbildungen: „Der Mensch ist frei, frei für die Erfindung seiner Wahrheit. Und darum gibt es die unendlich vielen Wahrheiten." (Ebd. S. 206)
22) Vgl. W. Adorno (1966) S. 371 f. – Deshalb ist der Nihilismus kein „pathologischer Zwischenzustand" (Fink 1960, S. 154), sondern es ist angemessener, von unserer defizitären Befindlichkeit im Zeitalter des Nihilismus zu sprechen, von dem nur ein prophetisches Wissen behaupten könnte, dass er ein Zwischenzustand sei.
23) Vgl. NF S. 216
24) NF S. 192
25) Vgl. Aschenbachs Rede in *Feuerfunken*, dem Schlussteil der nihilistischen Romantrilogie *Bunte Schleier des Nichts*. FF S. 34 u. f.

Kapitel 14
Standhaft dem Nichts trotzen

Warum gibt es nihilistische Imperative?

Die volle Breite des Begriffes „Nihilismus" herzustellen ist das Anliegen der Philosophie des aufgeklärten Nihilismus, die unser Zeitalter damit in Gedanken zu fassen sucht. Dass es nicht alleine Verzweiflung, Depression und Todeswünsche sind, die wir mit diesen Gedanken verbinden können, sondern gar einen als „positiv" empfundenen Idealismus, beweist in besonderer Weise das Wort vom „heroischen Nihilismus", das in Auseinandersetzung mit Ernst Jüngers Schiften verbreitet worden ist und an Nietzsches Absetzung eines „aktiven" von einem „passiven" Nihilismus sowie den Gedanken des „Übermenschen"

Sisyphus
(Franz von Stuck 1920)

anknüpft. (1) Den Kern dieses Gedankens möchte ich im Folgenden aufgreifen, dabei aber „Heroismus" zumeist durch das bescheidenere Wort „Standhaftigkeit" ersetzen, nicht zuletzt um die kriegsverherrlichenden Konnotationen bei Jünger, denen allerdings in seinen Schriften andere Gedanken entgegenstehen, zu vermeiden. (2)

Schon in der Formulierung dieser Spielart von Nihilismus wird offenkundig, dass es nicht um eine „vernünftige" Zielsetzung gehen kann, d.h. „Vernunft"-Ideen, denen in Anlehnung an die Verstandestätigkeit Allgemeinheit und Notwendigkeit zukommen. Vielmehr stellt sich vordringlich die Frage nach dem Bild vom Menschen in seiner Standhaftigkeit, wie sie hier gemeint sein soll. Der primär imaginative Charakter dieser Zielprojektion wird damit deutlich, den in einem sekundären Schritt Reflexionselemente bereichern und der selbst Anstoß zu Reflexionen gibt. Jünger ging es in seinem Heroentum um eine einzigartige Möglichkeit der Existenz des Menschen, die dieser nur als einzelnes, herausragendes Individuum in besonderen kämpferisch-kriegerischen Situationen ergreifen und in ihnen einer als insgesamt sinnlos gedeuteten Welt trotzen kann. Wenn wir diesen Gedanken aus seiner Fixierung auf militärische Aktionen befreien, ergibt sich ein für die Bewältigung der nihilistischen Lebenssituation äußerst fruchtbarer Denk- bzw. Imaginationsansatz.

Dabei stellt sich mit Blick auf Jünger die Frage nach der Überzeugungskraft von Bildern, die Heroismus mit dem Gemetzel der Weltkriege, der Verleihung von Orden und das Überleben auf dem Schlachtfeld mit der Größe soldatischer Tugenden, nicht dem blindwütigen Zufall „In Stahlgewittern" in Verbindung bringen wollen. Unser Bilderschatz ist reicher, als die Verengung unseres Imaginierens auf die männlichen, soldatischen Tugenden der Militärtraditionen in Hinblick auf das Wort vom Heldentum glauben macht. Heroismus – keineswegs nur des Mannes, sondern auch der Frau – erweist sich in der Kraft, mit der wir im Nihilismus überleben wollen, wobei alte soldatische Tugenden wieder aufgegriffen und neu definiert werden können: Disziplin, das Aushalten auf verlorenem Posten, die Standhaftigkeit, der Durchhaltewille und der Kameradschaftsgeist. Vielleicht können wir sogar all dem Widersinn der Kriege und den in ihnen vergeudeten materiellen Ressourcen sowie menschlichen Energien nun endlich ein wenig an neu geschaffenem Sinn abgewinnen, indem wir ein andersartiges, dem ehemals militärischen entlehntes Ethos uns anverwandeln und mit neuer Evidenz verwirklichen, wie sie sich in unserem nihilistischen Zeitalter für uns entfaltet:

> Ein Kampf ums Überleben ist dieser Nihilismus, grauenhafter als die großen Weltkriege zuvor! Ein Kampf ohne Feind und Begeisterung, ein Kampf ums Überleben, das keinen Pfifferling mehr wert ist! Ein Kampf um die Erhaltung des Kampfesmutes! Und wie Feuerfliegen flackern in dieser Weltnacht Erinnerungen an alte soldatische Tugenden auf, Erinnerungen an das Aushalten auf verlorenem Posten! (3)

Camus hat in diesem Sinne vom „Menschen in der Revolte" gesprochen und dessen trotzige Kraft in einer Sisyphos-Existenz hervorgehoben. (4) Kein uneingestandenes Bilderverbot sollte uns beispielsweise daran hindern, standhaften, gar heroischen Nihilismus mit einer Mutter Teresa zu verknüpfen, die – wie ihre privaten Aufzeichnungen demonstrieren (5) – keineswegs naivfrömmelnd, sondern in ständiger Auseinandersetzung mit der Sinnlosigkeit unseres Tuns in einer gottlos-finsteren Welt ihre bewundernswerte, heroische Standhaftigkeit in den Slums Kalkuttas bewiesen hat.

Wir haben es schwer mit dem Wort vom Heldentum, sollten auf dessen gedanklichen Kern aber nicht verzichten. „Unglücklich das Land, das Helden nötig hat": Die Sentenz, die Brecht seinem Galilei in den Mund legt (6), lehnt im heraufziehenden Zweiten Weltkrieg die Glorifizierung des sinnlosen Sterbens ab – für welche Sache auch immer. In diesem Sinne kann gerade der Nihilismus das Bild vom Helden gänzlich negieren oder solche Bilder flexibel gebrauchen als flüchtige, in bestimmten Kontexten vielleicht überzeugende, aber letztlich nichtige Evidenzen der Einbildungskraft. Auf diese Weise kann im nihilistischen Zeitalter der Wunsch nach neuen Bildern von Heldentum erwachsen und einem Wortgebrauch, in dem alte Tugenden in neuem Geiste wie in der Rede von der Standhaftigkeit wieder aufleben. So kann der aufgeklärte Nihilismus unsere Orientierungslosigkeit durch die aktive Schaffung von Vorstellungen des heroischen Kampfes überwinden, in deren Wirksamkeit soldatische Tugenden in zivilisierter Form weiterleben. Wie ursprünglich chauvinistische Vorstellungen von Heldentum in zivilem Geiste umgedeutet und angeeignet werden können, mögen folgende Beispiele von Seneca, Heinrich Heine und Camus verdeutlichen.

Schon in Senecas Stoizismus nehmen soldatische Tugenden metaphorischen Charakter in Hinblick auf die Bewältigung eines sinnwidrigen Schicksals an:

> Mit ihrem Schritt (der sittlichen Vollkommenheit) muss man diesen Gipfel erobern; sie wird tapfer standhalten und, was immer geschieht, tragen, es nicht nur erduldend, sondern auch wollend, und alle Schwierigkeiten der Zeitläufte, wird sie wissen, ist Gesetz der Natur, und wie ein guter Soldat wird sie ertragen Wunden, vorzählen Narben und, durchbohrt von Geschossen, noch im Tode ihn lieben, für den sie fallen wird, ihren Feldherrn; jenen alten Rat wird sie im Sinne haben: folge Gott. (...) Was immer auf Grund des Zustandes der Welt zu erdulden ist, nehme man mit hohem Mut auf sich: diesen Fahneneid haben wir geleistet, zu ertragen die Verhältnisse der Sterblichkeit und uns nicht verwirren zu lassen durch das, dem zu entgehen nicht in unserer Macht ist. In einer Monarchie sind wir geboren worden: dem Gotte zu gehorchen ist Freiheit. (7)

Wie die soldatischen Tugenden tendiert auch das Wort „Gott" schon bei Seneca zum metaphorischen Gebrauch, zur evidenten Fiktion. In bewusstem Umgang mit solchen Fiktionen hat schließlich der Nihilist zu leben, dem sich selbst das, was Seneca mit ungebrochener Gewissheit noch die sittliche Vollkommenheit nennen konnte, in subjektive Einbildungen auflöst, die damit nicht wertlos sind.

Auch Heinrich Heine denkt an eine zivilisierte Adaption militärischer Tugenden: „Ich habe nie großen Wert gelegt auf Dichterruhm, und ob man meine Lieder preiset oder tadelt, es kümmert mich wenig. Aber ein Schwert sollt ihr mir auf den Sarg legen; denn ich war ein braver Soldat im Befreiungskriege der Menschheit." (8)

Es war eine gute kommunalpolitische Entscheidung, diese Sentenz in das Heine-Denkmal auf dem Rathausplatz in Hamburg einzugravieren und in den öffentlichen Raum zu positionieren, denn dass vormals militärische Tugenden in unmilitärischer Sinngebung eine unsere Zivilgesellschaft fördernde Kraft entfalten können, ist eine Vorstellung, die gerade in einer pazifistisch gestimmten Bevölkerung in einem Deutschland nach zwei verlorenen Weltkriegen aufbewahrt werden sollte.

Camus rückt das Kämpferische in der Erfahrung des Nichts in den Mittelpunkt:

> Das Gefühl der Absurdität kann an jeder beliebigen Straßenecke jeden beliebigen Menschen anspringen. Es ist in seiner trostlosen Nacktheit, in seinem glanzlosen Licht nicht zu fassen.

Für Camus ist solche Absurdität eine Form der „Erscheinung" des Nichts, die zur Entscheidung drängt:

> Manchmal stürzen die Kulissen ein. Aufstehen, Straßenbahn, vier Stunden Büro oder Fabrik, Essen, Straßenbahn, vier Stunden Arbeit, Essen, Schlafen, Montag, Dienstag, Mittwoch, Donnerstag, Freitag, Samstag, immer derselbe Rhythmus – das ist meist ein bequemer Weg. Eines Tages aber erhebt sich das ‚Warum' … Der nächste Schritt ist die unbewusste Rückkehr in die Kette oder das endgültige Erwachen. Schließlich führt dieses Erwachen mit der Zeit zur Entscheidung: Selbstmord oder Wiederherstellung. (9)

Die Kette bloßer Additionen als Erscheinungsform des Nichts wird hier deutlich, die additive Grundstruktur des nihilistischen Zeitalters. Sie fordert zur Abwehr der Sinnlosigkeit heraus und erfordert einen Kampfgeist, wie er – aus seinem ehemals chauvinistischen Kontext herausgelöst – nun zu neuem Gebrauche aktiviert werden kann.

In seinem Roman „Die Pest" zeigt Camus, dass wir unserem Leben eine Struktur, einen Sinn verleihen können, auch wenn wir wie Rieux einen aussichtslosen Kampf führen. (10) Was Rieux leitet, ist ein Glaube, von dem er weiß, dass er eine evidente Einbildung ist. Rieux' Kampf gegen die Pest, den er pflichtbewusst und tatkräftig bis an den Rand seiner Kräfte leistet, ist ein leuchtendes Beispiel des standhaften Nihilismus. Rieux' Taten sind aussichtslos, absurd angesichts der übermächtigen Seuche. Doch er wählt die Möglichkeit, gegen die Sinnlosigkeit des Lebens anzukämpfen. Es ist sein Glaube an eine alltägliche, über sein individuelles Schicksal hinausgehende Pflicht, deren Erfüllung er sich selbst als Ziel gesetzt hat. Rieux weiß, dass dieser Glaube auch eine Einbildung genannt werden kann. Und doch hält er illusionslos an ihm fest. Credo, quia absurdum: dieses Wort gewinnt für den Nihilisten eine neue, auf die Kraft der Imagination gegründete Bedeutung, die eine Absage an die Dogmatik aller rein rechnerischen, utilitaristischen oder ökonomischen Überlegungen ist. Obwohl dies oft zu einer hohlen Phrase missrät, lässt sich hier doch mit Fug und Recht sagen, dass der Weg des standhaften, gar heldenhaften Nihilisten zum Ziel geworden ist: Er ist ein Opfergang – für nichts.

Allerdings darf die nihilistische Grundlage einer solchen Ethik, wie wir sie bei Camus finden, nicht beschönigend überspielt werden, wenn in einer absurden, sinnwidrigen Welt plötzlich die Gedanken an Solidarität, Revolte für die Menschlichkeit und Pflichterfüllung für die Gemeinschaft auftauchen. Der aufgeklärte Nihilismus hat festzuhalten, dass es keine verlässliche theoretische Basis mehr für solche Imperative der Humanität gibt. Nur die subjektive Einbildungskraft kann dem Einzelnen den Impuls zum Glauben an diesen Imperativ noch eingeben: „Kämpfe gegen die Pest!" Doch bleibt diese Einbildung kontingent, willkürlich und ohne allgemeine Verbindlichkeit, d.h. immer wieder der Zufälligkeit der Situationen in einer absurden und sinnwidrigen Welt ausgeliefert. Diese Unsicherheit ist der Preis, den der Nihilismus für die Glaubwürdigkeit seiner letzten, noch als moralisch verstandenen Impulse zu entrichten hat. (11) So ist es nicht glaubwürdig, wenn Sartre die Essenz des Selbstentwurfes des Einzelnen unvermittelt zum Entwurf für die Menschheit erklärt. Dem Nihilismus jedoch vorweg das Fehlen sozialen oder politischen Engagements vorzuwerfen beruht auf einer Begriffsverengung zum passiven Nihilismus in Nietzsches Sinne, wie sie mit der generellen Diskreditierung dieses Begriffes einhergeht.

Wenn für den Soldaten der vergangenen grauenvollen Militärspektakel Feigheit vor dem Feinde als größte moralische Schwäche galt, so ist es für den standhaften Nihilisten die Feigheit vor dem Nichts. Sein neuer Kampfesmut ist es, den Horror Vacui zu überwinden, ein sinnlos ins Nichts geworfenes Leben zu formen und für Ziele, wie nichtig auch immer in langfristiger Sicht, mit Anstrengungen, vielleicht Entbehrungen und gleichsam soldatischer Disziplin zu arbeiten. Dabei ist der Kampf des standhaften Nihilisten heute unspektakulär; ohne Blutrünstigkeit wird er im Stillen geführt, wenn wir dem Nichts, wenn es als grauenhaft ungreifbarer Feind erscheint, standhalten. Sobald das Gefühl unerträglicher Langeweile, Leere und Sinnlosigkeit wieder alles durchdringt, alle Kraftanstrengungen zu lähmen droht, dann gilt es, auf verlorenem Posten auszuharren, „das letzte Gefecht" zu bestehen, wie in den Kriegen schon millionenfach geschehen. Nehmen wir standhafte Nihilisten uns ein Beispiel an all jenen glorreich vergeudeten Energien der Menschheit! Vielleicht haben wir dann eine Ahnung, dass wir sie einem späten, unprätentiösen und fragilen Sinn zugeführt haben – zu spät für die Gefallenen: Wir meißeln an uns, dem Grabmal unbekannter Soldaten.

Im Zuge solcher Überlegungen liegt es nahe, das Leben im nihilistischen Zeitalter als Opfergang zu begreifen. Dass ein Opfer erst zum wirklichen Opfer wird, wenn es keinen Gegenwert verspricht, keine Tauschaktion besiegelt, ergibt sich aus dem Begriff selbst. Das echte Opfer wird für „nichts" gegeben. Dass gerade im nihilistischen Zeitalter unser Handeln sich auf solche „Opferung" hinbewegt, liegt ganz in der Logik einer Argumentation, welche auf die Fiktionalität unserer Lebensbegründungen und Zielprojektionen abzielt. Die Ambiguität von „Opfer" im Deutschen wird durch den Vergleich mit „sacrifice" und „victim" im Englischen deutlich. Die heutige philosophische Diskussion tendiert dazu, den Begriff des Opfers in Richtung auf das sinnlose Selbstopfer ohne Vorteilskalkulationen zu interpretieren, d.h. dem Begriff seine nihilistische Färbung zu verleihen. Diese entspricht buddhistischen Vorstellungen, die – anders als das Christentum – eine „heilige Ökonomie" als Himmelslohn nicht kennen:

> Auch die christliche Feindesliebe ist nicht frei von Ökonomie. Die Forderung, einseitig zu geben, ohne zurückzufordern, geht mit einer heiligen Ökonomie einher. Erwartet wird nämlich eine göttliche Belohnung ... Im Zen-Buddhismus gäbe es dagegen keine göttliche Instanz, welche die Ökonomie auf einer höheren Ebene wiederherstellen würde. Man gibt und vergibt ohne jede ökonomische Berechnung. Es gibt eben niemand, der haus-hielte. (12)

Den Homo – Epitheta kann somit in unserem Zeitalter ein neues hinzugefügt werden: der Mensch ist ein Homo sacrificus. Anders als in militärischen Ideologien wird hier das Opfer letztlich für nichts gegeben, denn auch die lebenswerten Imaginationen, die dem Homo sacrificus mit seinem Opfer vorschweben, sind der Vergänglichkeit preisgegebene, ins Nichts gehaltene Gebilde. Das Leben dieses Homo sacrificus ist ein dem Nichts kämpferisch trotzender Opfergang, der zwar da großen Gewinn zu schaffen vermag, wo geopfert wird, der aber doch letztlich einer Logik des Zerfalls folgt und in finaler Perspektive ins Nichts verläuft. Der Homo sacrificus ist der unspektakuläre, im Hintergrund wirkende Gegenentwurf zum Homo oeconomicus, der die Fassade unserer gesellschaftlichen Welt bestimmt, welche das Nichts vergessen will und sich nur um „etwas Positives" kümmert, das profitablen Tauschaktionen dienen kann.

Im Umkreis der hier skizzierten Standhaftigkeit, die dem Nichts zu trotzen und der Sinnlosigkeit einen fragilen, vorübergehenden Sinn abzuringen sucht, können folglich Pflichten und ein Pflichtbewusstsein auftauchen. Dieser Gedanke widerspricht landläufigen Vorstellungen vom Nihilismus, die ihn mit einer labilen, anarchistischen oder chaotischen Lebensführung gleichsetzen und damit diskreditieren. Doch gerade die bewusste Erfahrung des Nichts und die Auseinandersetzung mit einer als sinnleer bzw. sinnwidrig erfahrenen Existenz fordert den aktiven Nihilisten zur Formung heraus. Er unternimmt Ordnungsversuche in dem ihn umgebenden Chaos, indem er in kreativer Weise Strukturen ins Nichts hineinstellt. (13) Auch in der Kunst selbst wird der Nihilist das ihn umgebende Chaos nicht noch einmal abbilden und verstärken, sondern diesem Strukturen, Ordnungs- und Deutungsversuche entgegensetzen. Weit über den auf Kunstwerke traditioneller Art eingeengten Begriff der ästhetischen Einbildungskraft hinaus entwirft sie im aktiven Nihilismus evidente Strukturen in Erkenntnisprozess, Ethik und Lebensgestaltung. Auch Pflichten können aus einer solchen Formkraft erwachsen. Dann erweist Pflichterfüllung ihren Sinn als trotzige Formung und Selbstbehauptung unseres ins Nichts gehaltenen Lebens. In solcher Pflichterfüllung verschmerzen wir durch Lebenskunst den Verlust an Wahrheit im nihilistischen Zeitalter. Um die Durchsetzung solcher Pflichten zu steigern, geben wir sie gerne als überpersönlich und objektiv aus. Damit verlassen wir in solchen Fiktionenverschiebungen den Charakter von Pflichten als selbstgeschaffenen Einbildungen. So hilfreich solche Placeboeffekte auch für begrenzte Zeitspannen sein mögen, bewegen sie sich doch auf einer prekären Gratwanderung, auf der wir den aufgeklärten Nihilismus verlassen und in nicht mehr durchschaubare Wahrheitsbehauptungen abstürzen könnten. (14) Solange aber Pflichten als von uns geschaffene Ordnungsversuche prinzipiell erkennbar sind und nur intermittierend einen „wahren" Charakter zur Verstärkung annehmen, bleiben sie unser Eigentum, stehen nicht über uns, sondern uns zur Verfügung.

Im Folgenden möchte ich eine Reihe solcher Pflichten in Form von Imperativen auflisten, deren philosophische Begründung im Anschluss an die Studien zur „Philosophie des aufgeklärten Nihilismus" in den vorangegangenen Kapiteln gegeben wurde. Unsere Tradition bietet einen Schatz an gehaltvollen Sentenzen und Zitaten, Lebensregeln und Lebensweisheiten. Wie wir wissen, gibt es dabei zu allen Thesen Gegenthesen, Ausnahmen, Einschränkungen, Modifizierungen etc. Vollgültig objektive Wahrheiten – an diese negative Wahrheit werden wir in unserem Zeitalter des Nihilismus immer wieder schmerzlich, aber auch im Bewusstsein unserer Freiheit erinnert – sind nicht verfügbar. Doch wir können wertvolle Anregungen sammeln, die uns in konkreten Situationen helfen, eigene evidente Vorstellungen von dem zu entwickeln, was wahr und falsch, richtig und gut sein könnte, was getan werden sollte. Mit all diesen Einschränkungen ist die folgende Zusammenstellung zu sehen: Als aktive Nihilisten können wir zwar auf keine Wahrheit pochen, brauchen aber auf positive, normative Aussagen nicht zu verzichten, die wir in konkreten Situationen gemäß ihrer jeweiligen Evidenz übernehmen und anwenden, modifizieren, durch ganz neue ersetzen, ergänzen oder verwerfen können. Insofern handelt es sich bei den folgenden Imperativen um An-Gebote. Ihr neuartiger, vielleicht unschätzbarer Vorteil ist, dass diese Orientierungshilfen für den aktiven Nihilisten in einer unserem Zeitalter gemäßen Philosophie begründet sind.

Der übermütige Sisyphos
(Wolfgang Mattheuer 1973)

Anmerkungen

1) Zur Unterscheidung von aktivem und passivem Nihilismus s. KSA XII S. 350 f. Die Positionen, zu denen der aktive Nihilismus gelangt, bedeuten keine Überwindung des Nihilismus, sondern finden innerhalb dessen Bandbreite ihre Realisierung: „Die Haltung des Jasagens beinhaltet keine Überwindung des Nihilismus, sondern im Gegenteil die Willenserklärung, auch ohne Wahrheit auszukommen." Duhamel 2006, S. 19
Heroischer Nihilismus deutet sich als Denkmotiv schon in Nietzsches Schopenhauer-Rezeption an; vgl. KSA I S. 382 ff. – Alfred von Martin (*Der heroische Nihilismus und seine Überwindung: Ernst Jüngers Weg durch die Krise*". Krefeld 1948) führte den Begriff des „heroischen Nihilismus" in die Auseinandersetzung um

Ernst Jüngers Kriegsschriften ein. Es ist symptomatisch, dass er sogleich die „Überwindung" des Nihilismus bei Jünger diagnostizierte, statt der Bandbreite dieses Begriffes nachzugehen.

2) Siehe das Ende von Ernst Jüngers *In Stahlgewittern. Ein Kriegstagebuch* (Berlin 1937, S. 319 f.), in dem die Darstellung des Infernos mit Ordensverleihungen abgerundet wird. Aber es gibt bei Jünger auch andere Töne, differenziertere Formen des heroischen Nihilismus: „Der kennt am wenigsten die Zeit, der nicht die ungeheure Macht des Nichts in sich erfahren hat, und der nicht der Versuchung unterlag. Die eigene Brust: das ist, wie einst in der Thebais, das Zentrum der Wüsten – und Trümmerwelt. Hier ist die Höhle, zu der die Dämonen andrängen. Hier steht ein jeder, gleichviel von welchem Stand und Rang, im unmittelbaren und souveränen Kampfe, und mit seinem Siege verändert sich die Welt. Ist er hier stärker, so wird das Nichts in sich zurückweichen. Es wird die Schätze, die überflutet waren, auf der Strandlinie zurücklassen. Sie werden die Opfer aufwiegen." E. Jünger: *Über die Linie*. Frankfurt am Main 1951, S. 44. – Anders als in meiner Studie PDN 2 (Abschnitt 2. 2. 3.) verwende ich hier den Terminus „Heroischer Nihilismus" nur am Rande.

3) Vgl. Aschenbachs Monolog in FF S. 33 f.

4) Camus (*Der Mythos des Sisyphos*) 1999, S. 153 ff. Vgl. die Adaption in FF (*Sisyphos' letzter Abstieg*) S. 187-192

5) Kolodiejchuk, B. MC (Hrsg.): *Mutter Teresa: ‚Komm, sei mein Licht'*. München 2010. Bes. Kap. 12, S. 311 ff.: „Gott bedient sich des Nichts, um Seine Größe zu zeigen."

6) Brecht, Bertolt: *Leben des Galilei*. Berlin 1955, S. 114

7) Seneca: *Philosophische Schriften* Bd. II (*De Vita Beata*) S. 39

8) Heine, Heinrich: *Sämtliche Werke*. Elster, Ernst (Hrsg.) Leipzig, Wien 1890. Bd. III S. 281

9) Camus 1999, S. 23, 24 f.

10) In diesem Sinne kommentiert Camus (*Tagebücher 1935 – 1951*, Reinbek bei Hamburg 1972, S. 183) seinen Roman:
„Pest. Alle kämpfen – und jeder auf seine Weise. Die einzige Feigheit besteht darin, auf die Knie zu fallen … Man sah Unmengen neuer Moralisten auftauchen, und ihre Schlussfolgerung lautete immer gleich: Man muss auf die Knie fallen. Aber Rieux erwiderte: man muss auf diese oder jene Weise kämpfen… Rieux: ‚In jeder im Kampf stehenden Gemeinschaft sind Menschen nötig, die töten, und Menschen, die heilen. Ich habe das Heilen gewählt. Aber ich weiß, dass ich im Kampf stehe'."

11) Es ist eine anregende Perspektive, Sozialarbeit unter diesem Aspekt des Nihilismus zu beleuchten. Vgl. Gaul, Nathalie: *Vom Umgang mit Sinnlosigkeit. Die Absurdität des Helfens am Beispiel Albert Camus' ‚Die Pest'*. Marburg 2010. – Jean-Paul Sartre verharmlost die existenzialistische und nihilistische Befindlichkeit, die er zunächst sehr eindringlich hervorkehrt, wenn er dem Selbstentwurf des Ein-

zelnen unvermittelt den Entwurf für alle Menschen, einen kategorischen Imperativ der Verallgemeinerungsfähigkeit unterschiebt: *„Der Mensch ist voll und ganz verantwortlich … Der Mensch wählt sich, indem er alle Menschen wählt … Der individuelle Akt bindet die ganze Menschheit“* in: *Ist der Existentialismus ein Humanismus?* (1963) S. 12 f. Sartre hat sich zwar später von der Erstfassung dieses sehr einflussreichen Essays distanziert, das theoretische Problem aber nicht überzeugend gelöst. Man könnte ein Syndrom darin sehen, dass er nach einem radikalen philosophischen Ansatz, der von dem Verlust an Wahrheit im nihilistischen Zeitalter ausgeht, vor den Folgen zurückschreckt. Ich habe mich bemüht, in der „Philosophie des aufgeklärten Nihilismus“ solchen Folgen mit der Vorstellung einer ehrlichen Gelassenheit nicht auszuweichen.

12) Han, Byung-Chul 2002, S. 124 f. – Einzuschränken bleibt, dass im Begriff des guten oder schlechten Karmas ökonomische Überlegungen auch im buddhistischen Denken vorhanden sind.

13) Vgl. PDN 2 § 113 *Pflicht als Formkraft*, § 114 *Dem Nichts trotzende Spiele.* Der Generaltitel des 2. Abschnittes lautet: *Ordnungsversuche im Chaos*

14) Vgl. PDN 2 § 115 *Imaginative Placeboeffekte*, § 16 *Fiktionenverschiebungen*, § 82: *Ausblicke auf Gratwanderungen*

Kapitel 15
Ein Leitfaden in 50 Imperativen

Angebote für den aktiven Nihilisten

1. *Imaginiere Dein Leben und jeden Tag als eine Nachtfahrt ins Ungewisse, auf der Du nicht mehr erreichen kannst, als einzelne Lichtkreise zu überblicken, zu verstehen und Dich an ihnen vielleicht zu erfreuen!*
2. *Du kannst auf der Nachtfahrt Deines Lebens keine Spur hinterlassen, aber eine zeitweilig aufleuchtende Lichtspur sein!*
3. *„Carpe noctem" gilt auf der Nachtfahrt des Lebens: Sei dankbar für flüchtige Feuerfunken, die das Höchste sind, was Du zu schaffen vermagst: lebenserhaltende, lebensfördernde, lebenssteigernde evidente Imaginationen!*
4. *Suche nach Erleuchtungen, bedenke aber auch, dass sie Irrlichter sein können!*
5. *Schätze alles „Göttliche" auf Erden als einen Lichtgedanken, eine Dir ein-leuchtende Imagination – flüchtig wie des Blitzes Schein!*
6. *Denke den Tag von der Nacht her und sieh all die Unwissenheit, die unser kleines Fleckchen Wissen umgibt!*
7. *Kämpfe wie Rieux in Camus' Roman gegen das sinnlose Leiden, die unbesiegbare „Pest"!*
8. *Trotze standhaft und kämpferisch dem Nichts: der Sinnlosigkeit, Sinnwidrigkeit!*
9. *Nutze Deine Freiheit, eine neue Gedankenbilderfolge zu jedem Dir geeignet erscheinenden Zeitpunkt in Gang setzen zu können!*
10. *Du kannst Respekt zeigen, ohne als Götzendiener niederzuknien!*
11. *Wähle zwischen äußerster Anspannung des Willens und Willensaufgabe auch den Mittelweg: Verbreitere Deinen Willen hinein in den Lebensstrom!*
12. *Wenn auch die Erfahrungen des Nichts ängstigen und quälen: Entwickle seine heilenden und befreienden Kräfte!*
13. *Suche in Deinem Tagesablauf Punkte der Ruhe und Leere: der Nichtsgewinnung als Kraftquell für die Freiheit Deiner Gedanken, Entscheidungen und Tätigkeiten!*

14. *Wähle zur rechten Zeit jeweils Deine Rolle des Kamels, des Löwen und des Kindes, wie sie Nietzsches Zarathustra als die drei Verwandlungen des Geistes dargestellt hat!*
15. *Akzeptiere, dass Du ein suboptimales Wesen bist – auch in Deinem Streben nach guter Kontemplation und Meditation, solchen Formen der Nichtsgewinnung!*
16. *Sieh in der Philosophie zuweilen ein Floß, das Du aufgibst, wenn es Dich ans andere Ufer gebracht hat, und das dann vielleicht anderen gute Dienste leistet!*
17. *Nenne das Nichts und den Nihilismus beim Namen: Gib ihnen ihre volle Bedeutung zurück!*
18. *Habe den Mut, die Rolle des Nihilisten zu akzeptieren, der anmaßenden Wahrheitsbehauptungen kämpferisch entgegentritt, aber subjektive Evidenzen ernst zu nehmen weiß!*
19. *Beanspruche weder mit Deinem Verstand noch Deiner Imagination eine letztgültige positive Wahrheit, doch verzichte nicht auf die Vorstellung von Wahrheit zur Abwehr anmaßender Wahrheitsbehauptungen!*
20. *Schneide wie mit einem Rasiermesser unerbittlich Gedanken und Bilder weg, wenn sie Dich von Deinen als evident errungenen Imaginationszielen ablenken wollen!*
21. *Blähen sich Wichtigkeiten und Widrigkeiten zu sehr auf, dann nimm die kosmologische Perspektive ein: Wir sind Sternenstaub!*
22. *Wenn Deine Gedankenbilder in ein fruchtloses Gedankenkarussell oder Kopfkino abirren, dann lasse den Dreiklang ertönen: Ich, Hier, Jetzt!*
23. *Erfreue Dich an den bunten Schleiern des Nichts, bringe sie zum Wehen!*
24. *Wirke mit Deiner Imagination der Verfallenheit an das Alltägliche entgegen, die dem Tode gleichkommt!*
25. *Vergiss nicht die gute Nachbarschaft der nächsten Dinge: in all ihrer Gewöhnlichkeit könnten sie am verlässlichsten und gehaltvollsten sein!*
26. *Umrahme hin und wieder Augenblicke wie ein Gemälde, das du malst und dem Du mit wenigen Pinselstrichen einen flüchtigen Schein von Schönheit verleihst!*
27. *Die evidente Perspektive zählt: Wechsle sie im rechten Moment und nutze die Zoomfunktion Deiner Einbildungskraft!*
28. *Erahne und berücksichtige die ungeschriebenen Nachtseiten der Weltgeschichte, die in Geschichten – darunter auch Deine – zerfällt!*

29. *Du kannst den Sinn Deines Lebens nicht verfehlen, weil es keinen gibt: Es sei der Sinn in Eurem Leben, dem Leben einen Sinn zu geben!*
30. *Akzeptiere, dass „der" Sinn Deines Lebens in Sinnfragmente zerfällt!*
31. *Sapere et imaginari aude: Folge Deinem Verstand und den ihn einbeziehenden Evidenzen Deiner Einbildungskraft!*
32. *Deine Imaginationen kannst Du beständig falsifizieren und verifizieren, zu größerer Evidenz entwickeln, wobei der Verstand wertvolle Dienste leistet!*
33. *Spüre in vorgeblich rein verstandesmäßigen Argumentationen die verborgenen Imaginationen auf, die sie antreiben und denen sie dienen!*
34. *Wenn Du von Sachzwängen hörst, dann frage, welcher Wille zur Macht hinter ihnen steht und Ziele setzt!*
35. *Spüre in allen Moralen und vorgeblich „rein" geistigen Ideen, welche Dich vereinnahmen wollen, den Machtwillen auf, bevor Du mit Deinem in reflektierter Weise antwortest!*
36. *Wenn andere sich auf „die Vernunft" berufen, dann denke an die dahinterstehende Imagination und den sie leitenden Willen zur Macht, zur Selbststeigerung und Selbsterhebung, bevor Du Dich auch – als rhetorisches Mittel – auf „die Vernunft" berufst!*
37. *Auch wenn Du nur eine Laus, ein mühselig dahinkriechender Erdenwurm bist: Geh aufrecht als Verlängerung des Erdradius und schreite als selbstbewusstes, würdevolles Geschöpf voran!*
38. *Akzeptiere Deine Rolle als Sisyphos und erwarte nicht, dass Dein Stein auf dem Berggipfel liegen bleibt, sondern erfreue Dich an erträglichen, glückhaften Augenblicken des Abstiegs!*
39. *Strebe nach Verbesserung, aber nimm Abschied vom Übermenschen, denn Du bleibst doch, wer du bist: ein vergängliches, verletzliches, nichtiges Erdenkind!*
40. *Wenn Du wie mit offenen Wunden durchs Leben gehst, dann vergiss nicht, sie selbst zu desinfizieren!*
41. *Werde, der Du bist: ein menschlicher Mensch, der noch menschlicher werden kann!*
42. *Auch wenn ihr Abglanz am eindrücklichsten zeigt, was unser Leben sein könnte: Erwarte sogar von der Kunst keine vollkommene Erfüllung, keine Erlösung!*
43. *Setze nicht zu viele Hoffnungen in Menschen und Dich selbst: Kein Mensch kann den anderen erlösen!*

44. *Sieh in gebildeten die „eingebildeten" Menschen und beurteile ihre Bildung danach, ob in ihr alles Wissen und aller Verstand zu menschlichen, Dich überzeugenden Imaginationen führen!*
45. *Lass Machtkämpfe zu Machtspielen werden und gewinne Macht über Deinen Willen zur Macht!*
46. *Lass Dich nicht von der Fachidiotie mancher Neurowissenschaftler beirren, die den Determinismus propagieren, sondern vertraue auf Dein inneres Erleben von Freiheit, Deinen evidenten Freiheitsdrang!*
47. *Du kannst für jeden Tag, jeden Zeitabschnitt, jeden Augenblick den Imperativ erfinden, der Dir philosophisch „schmeckt": Deine „Losung des Tages"!*
48. *Lass Gedanken an Vergänglichkeit und Tod, ohne Todesgedanken zu verfallen, Dein Leben lebendiger machen!*
49. *Nicht-Denken kann vernünftiger als rational zergliederndes Denken sein: So nutze Deine Freiheit, den Tod immer wieder mit der großen Kraft des vernichtenden Denkens zu vergessen und Dich lebensfördernden Imaginationen hinzugeben!*
50. *Folge keinem Imperativ, der Dir nicht einleuchtet!*

Galaxienhaufen mit Tausenden Einzelgalaxien
2 Milliarden Lichtjahre entfernt
Jeder Fleck eine Milchstraße mit vielen hundert Milliarden Sternen

Bildnachweise

Den Bildern zu Anfang (A) bzw. Ende (E) der Kapitel liegen eigene Fotografien des Autors mit dessen Urheberrecht zugrunde.

Kap. 1: (E) *Feuerfunken* – Cover (Hendrik Dod) zu Bd. 3 der Romantrilogie *Bunte Schleier des Nichts*

Kap. 2: (E) *Tag der Erleuchtung* – Cover (Renate Dod) zu Bd. 2 der Romantrilogie *Bunte Schleier des Nichts*

Kap. 3: (E) Aufnahme des Event Horizon Telescope in einer Ausstellung des Planetariums Hamburg 01. 11. 2020: *Schwarzes Loch* der Galaxie M 87

Kap. 4: (A) *Blick ins Unendliche III* (Ferdinand Hodler: Ölgemälde ca. 1905) (E) *Arabischer Friedhof* (Wassily Kandinsky 1909)

Kap. 5: (A) *Le Penseur* (Auguste Rodin 1880 / 1882)
Musée Rodin in Paris (E) *Ohne Titel* (Swantje Dod 2017)

Kap. 6: (A) *Ariadnefaden* (Dagmar Rauwald 2020)

Kap. 7: (A) *Suchtdruck* (Dagmar Rauwald 2020)

Kap. 8: (E) *Nachtfahrt* – Cover (Tatjana Green, Toronto) zu Bd. 1 der Romantrilogie *Bunte Schleier des Nichts*

Kap. 9: (A) *Stehende* (Alberto Giacometti 1948 / 49) (E) *Drei Männer im Boot* – Bronzeskulptur an der Hamburger Außenalster (Edwin Scharff)

Kap. 10: (A) *Arc de Triomphe* (Innenansicht) – Paris (E) *Kriegerdenkmal* im Hamburger Stadtteil Rahlstedt mit der Inschrift: Den im Weltkriege 1914 – 1918 gefallenen Helden in Dankbarkeit errichtet. Die Gemeinde Altrahlstedt.

Kap. 11: (E) *Offene Form* (Dagmar Rauwald 2020)

Kap. 12: (A) *Selbstbildnis mit Seifenblasen* (Max Beckmann um 1900)
(E) *Künstlerin* (Swantje Dod 2017)

Kap. 13: (A) Pantheon in Rom – Innenansicht der Kuppel
(E) Vase mit Blumen (Frederik Dod 2015)

Kap. 14: (A) *Sisyphus* (Franz von Stuck 1920)
(E) *Der übermütige Sisyphos* (Wolfgang Mattheuer 1973)

Kap. 15: (E) Aufnahme des Hubble Teleskops in einer Ausstellung des Planetariums Hamburg 01. 11. 2020: *Galaxienhaufen* mit Tausenden Einzelgalaxien, 2 Milliarden Lichtjahre entfernt

Verzeichnis der Siglen

Folgende Siglen wurden verwendet
(ausführliche Angaben in den Literaturhinweisen):

KW = Kant: Werke
Abkürzungen der drei Kritiken: Bd.II – KrV, Bd.IV – KpV, Bd.V – KU

KSA = Nietzsche: Sämtliche Werke. Kritische Studienausgabe in 15 Bänden

DVI = Dod: Die Vernünftigkeit der Imagination in Aufklärung und Romantik

Dod: Romantrilogie „Bunte Schleier des Nichts“:

NF = Nachtfahrt
TE = Tag der Erleuchtung
FF = Feuerfunken

PDN 1 = Dod: Der unheimlichste Gast. Die Philosophie des Nihilismus

PDN 2 = Dod: Der unheimlichste Gast wird heimisch. Die Philosophie des Nihilismus – Evidenzen der Einbildungskraft

Literaturhinweise

Wenn in den Anmerkungen am Ende des jeweiligen Kapitels kein ausführlicher Nachweis der Veröffentlichung erfolgt, geben ihn diese Literaturhinweise. In einigen Zitaten wurde die Rechtschreibung in behutsamer Weise der heutigen Norm angeglichen.

Aristoteles: *Sophistische Widerlegungen* (Organon VI). Übersetzt und mit Anm. versehen von Eugen Rolfes. Hamburg 1968

Benn, Gottfried: *Nach dem Nihilismus.* (Zuerst 1932) In: Das Gottfried Benn – Buch. Eine innere Biographie in Selbstzeugnissen. Frankfurt am Main, Hamburg 1968. S. 90 – 97

Camus, Albert: *Der Mythos des Sisyphos*. Reinbek bei Hamburg (1942) 1999

Carbone, M. / Jung, J.: *Friedrich Nietzsche. Die Kunst der Gesundheit.* Freiburg i. Brsg. 2014

Descartes, René: *Discours de la Méthode. Bericht über die Methode.* Stuttgart 2019

Dod, Elmar: (DVI) *Die Vernünftigkeit der Imagination in Aufklärung und Romantik. Eine komparatistische Studie zu Schillers und Shelleys ästhetischen Theorien in ihrem europäischen Kontext.* (= Studien zur deutschen Literatur. Hrsg. von Barner, Brinkmann, Wiedemann. Bd.84) Tübingen: M. Niemeyer 1985

(NF) *Nachtfahrt.* Roman (= Bd. 1 der Trilogie *Bunte Schleier des Nichts*). Münster/Westf. 2006

(TE) *Tag der Erleuchtung.* Roman (= Bd. 2 der Trilogie *Bunte Schleier des Nichts*). Münster/ Westf. 2007

(FF) *Feuerfunken.* Roman (= Bd. 3 der Trilogie *Bunte Schleier des Nichts*) Münster/Westf. 2009

(PDN 1) *Der unheimlichste Gast. Die Philosophie des Nihilismus.* Marburg 2013

(PDN 2) *Der unheimlichste Gast wird heimisch.*
Die Philosophie des Nihilismus – Evidenzen der Einbildungskraft. Baden – Baden 2019

Duhamel, Roland: *Die Decke auf den Kopf. Versuch einer Deutung des Nihilismus.* Würzburg 2006

Fink, Eugen: *Nietzsches Philosophie.* Stuttgart 1960

Gehlen, Arthur: *Der Mensch, seine Natur und seine Stellung in der Welt.* Wiesbaden 1976

Geier, Manfred: *Das Sprachspiel der Philosophen. Von Parmenides bis Wittgenstein.* Hamburg 1989

Gumin, H. / Meier, H. (Hrsg.): *Einführung in den Konstruktivismus.* München (1985) 2010

Han, Byung-Chul: *Philosophie des Zen-Buddhismus.* Stuttgart 2002

Hegel, G. W. F.: *Werke (in 20 Bänden).* Hrsg. von E. Moldenhauer und K. M. Michel. Frankfurt am Main 1970 *Phänomenologie des Geistes (Vorrede).* Hamburg 1952

Horkheimer, Max: *Zur Kritik der instrumentellen Vernunft.* Frankfurt am Main 1967

Horkheimer / W. Adorno: *Dialektik der Aufklärung. Philosophische Fragmente (1944)* Frankfurt am Main 1969

Hübner, Benno: *Die Nacht des Seins. Vierzig Jahre Denken, um nur noch schwarz zu sehen. Martin Heidegger*. Wien 2007

Jauß, Hans Robert: *Die nicht mehr schönen Künste: Grenzphänomene des Ästhetischen.* Lindau 1966

Jünger, Ernst: *Über die Linie*. Frankfurt am Main 1951,

Kant, Immanuel: (KW) *Werke in sechs Bänden.* Hrsg. von Wilhelm Weischedel. Darmstadt 1956 ff.

Misselhorn, Catrin: *Grundfragen der Maschinenethik.* Stuttgart 2019

Müller-Lauter, Wolfgang: *Zarathustras Schatten hat lange Beine.* In: Arendt, Dieter (Hrsg.): *Der Nihilismus als Phänomen der Geistesgeschichte in der wissenschaftlichen Diskussion unseres Jahrhunderts.* Darmstadt 1974. S. 169-194

Nussbaum, Martha C.: *Die Grenzen der Gerechtigkeit.* Berlin 2010

Peirce, Charles Sanders: *How to make our ideas clear.* (1878) *Über die Klarheit unserer Gedanken.* Frankfurt am Main 1968 (Übers.)

Pöggeler, Otto: *Hegel und die Anfänge der Nihilismus-Diskussion*. In: Arendt, Dieter (Hrsg.): *Der Nihilismus als Phänomen der Geistesgeschichte in der wissenschaftlichen Diskussion unseres Jahrhunderts.* Darmstadt 1974

Precht, R. D.: *Jäger, Hirten, Kritiker*. München 2018

Rauschning, Hermann: *Masken und Metamorphosen des Nihilismus.* Wien 1954

Rosen, Stanley: *Nihilism – a philosophical essay.* New Haven: Yale University Press 1969

Rousseau, Jean Jacques: *Abhandlung über den Ursprung und die Grundlagen der Ungleichheit unter den Menschen.* (1755) Stuttgart 1998

Safranski, Rüdiger: *Wieviel Wahrheit braucht der Mensch? Über das Denkbare und das Lebbare.* Frankfurt am Main 1993

Sartre, Jean-Paul: *Ist der Existentialismus ein Humanismus?* Berlin 1963

Schiller, Friedrich: *Sämtliche Werke* (5 Bde.) Hrsg. von G. Fricke, H. G. Göpfert, H. Stubenrauch. München 1965 – 1967

Schmidt-Salomon, Michael: *Hoffnung Mensch*. München 2014

Schmidt, Siegfried J.: *Die Endgültigkeit der Vorläufigkeit: Prozessualität als Argumentationsstrategie*. Weilerswist 2010

Schopenhauer, Arthur: *Werke in fünf Bänden.* Hrsg. von Ludger Lütkehaus. Zürich 1988

Seneca, L. Annaeus: *Philosophische Schriften.* (5 Bde.) Darmstadt 2011

Sorgner, Stefan Lorenz: *Menschenwürde nach Nietzsche. Die Geschichte eines Begriffs*. Darmstadt 2010

Stirner, Max: *Der Einzige und sein Eigentum* (1844) Stuttgart 1981

Vaihinger, Hans: *Die Philosophie des Als Ob.* Leipzig 1927

W. Adorno, Theodor: *Negative Dialektik.* Frankfurt am Main 1966 *Ästhetische Theorie.* Frankfurt am Main 1970

Welsch, Wolfgang: *Grenzgänge der Ästhetik.* Stuttgart 1996 *Blickwechsel. Neue Wege der Ästhetik.* Stuttgart 2012 *Ästhetisches Denken.* Stuttgart 2017

Sachindex

Ohne Seitenhinweise auf Inhaltsverzeichnis, Liste der Imperative im letzten Kapitel, Literaturangaben sowie einige zentrale philosophische Begriffe, insbesondere der Philosophie des aufgeklärten Nihilismus, die in großer Dichte auftreten. Unter den Hauptwörtern auch Seitenhinweise auf verwandte Adjektive und Derivative. Bei zahlreichen Verweisen Hervorhebung von Kernstellen in Kursivdruck.